Schriften zur angewandten Wirtschaftsforschung

Herausgegeben von

WOLFGANG FRANZ, HELMUT HESSE,

MANFRED STADLER

89

Ilka Meyne

Allokations- und Verteilungsregeln in internationalen Umweltabkommen

Mohr Siebeck

Ilka Meyne, geboren 1969; Studium der Betriebs- und Volkswirtschaftslehre an der Universität-Gesamthochschule Siegen; Wissenschaftliche Mitarbeiterin an der Martin-Luther-Universität Halle-Wittenberg; 2001 Promotion.

Die Deutsche Bibliothek – CIP-Einheitsaufnahme

Meyne, Ilka:
Allokations- und Verteilungsregeln in internationalen Umweltabkommen/
Ilka Meyne. - Tübingen : Mohr Siebeck, 2002
(Schriften zur angewandten Wirtschaftsforschung; 89)
ISBN 3-16-147827-4

Das Buch wurde von Müller + Bass in Tübingen auf alterungsbeständigem Werkdruckpapier gedruckt. Den Umschlag entwarf Uli Gleis, Tübingen.

ISSN 0582-0286

Dank

Die vorliegende Arbeit entstand während meiner Zeit als wissenschaftliche Mitarbeiterin bei Prof. Dr. Dr. Marlies Ahlert an der Martin-Luther-Universität Halle-Wittenberg.

Mein besonderer Dank gilt zunächst meiner Doktormutter dafür, dass sie stets an die Vollendung dieser Arbeit geglaubt hat. Bei Herrn Prof. Dr. Alois Wenig und Herrn Prof. Dr. Rüdiger Pethig möchte ich mich für die Gutachten bedanken.

Mein Dank gilt außerdem allen meinen Kollegen an der wirtschaftswissenschaftlichen Fakultät, die mich unterstützt und mit Interesse begleitet haben. Dr. Manfred Jäger, Dr. Ulrike Neyer, Dipl.-Kfm. Dietmar Imhäuser, Dipl.-Vw. Ronny Klein, Dr. Bernd Siebenhüner und Dipl.-Vw. Katrin Ullrich danke ich für die kritische Durchsicht des Manuskripts. Im Kampf mit dem Computer haben mich Dr. Manfred Jäger, Dipl.-Vw. Ronny Klein und Dipl.-Vw. Jürgen Wiemers unterstützt.

Ein besonderer Dank gebührt meinen Eltern, ohne deren Unterstützung diese Arbeit nicht möglich gewesen wäre. Mein größter Dank geht an Dietmar Imhäuser für seine Geduld und sein Verständnis. Ihm möchte ich diese Arbeit widmen.

Inhaltsverzeichnis

Symbolverzeichnis

$i = 1, \ldots, n$	Länderindex
$B_i(\cdot)$	Vermeidungsnutzen
$C_i(\cdot)$	Vermeidungskosten
$D_i(\cdot)$	Schadensfunktion
$\pi_i(\cdot)$	Vermeidungsnettonutzen
$R_i(\cdot)$	Reaktionsfunktion
e_i	Emissionsmenge
E	aggregierte Emissionsmenge
h_{ij}	Transportkoeffizient
$\mathbf{H}$	Transportmatrix
I_i	Immissionsmenge
$\mathbf{I}$	Immissionsvektor
K	Menge der kooperierenden Länder
N	Menge der verhandelnden Länder
q_i	Vermeidungsmenge
$\mathbf{q}$	Vermeidungsvektor
Q	aggregierte Vermeidungsmenge
S_i	Strategiemenge
T_i	Transferzahlung

Kapitel 7

m	Mindestteilnahmeregel
L	Menge der Ratifizierer
$p_i(\cdot)$	Ratifizierungswahrscheinlichkeit
$P_i(\cdot)$	Payoff bei zwei Verhandlungsrunden
v	Wert einer Koalition
θ	Vermeidungsquote
$\phi_i(\cdot)$	Auszahlung von Land i nach dem Shapley-Wert

Einleitung und Überblick

Neben Problemen regionaler und nationaler Umweltverschmutzung ist in den letzten Jahrzehnten grenzüberschreitende Umweltverschmutzung sowohl theoretisch als auch politisch in den Blickpunkt des Interesses gerückt. Die Vielzahl existierender internationaler Umweltabkommen scheint dies zu belegen. Trotzdem werden viele der bisherigen Lösungen als bei weitem nicht ausreichend betrachtet. Auch ist häufig zu beobachten, dass die Gestaltung der Vertragsverpflichtungen eher „Daumenregeln" als ökonomischen Kriterien folgt. Das 1997 unterzeichnete Kyoto-Protokoll zur Reduzierung von Treibhausgasen stellt hierfür ein prominentes Beispiel dar. Die dort festgelegten Emissionsobergrenzen sind nicht systematisch ermittelt, sondern als Ausdruck der Verhandlungsstärke der einzelnen Länder zu interpretieren. Über viele Punkte – wie z.B. den Handel mit Emissionsquoten zwischen unterschiedlichen Ländern – konnte zudem bis heute keine Einigung erzielt werden. Unsicher ist ferner, ob das Protokoll von einer ausreichenden Anzahl von Ländern ratifiziert wird und somit in Kraft treten kann.

Die Möglichkeiten souveräner Staaten, durch internationale Umweltabkommen gemeinsame Vorteile zu realisieren, bilden den Inhalt des vorliegenden Beitrags. Im Vordergrund der Betrachtung steht der Zusammenhang von Allokations- oder Verteilungsregeln und dem realisierten Verhandlungsergebnis, wobei der Begriff der „Allokationsregel" die Tatsache zum Ausdruck bringt, dass die Wahl einer Regel nicht nur die Auszahlungen der einzelnen Länder sondern zugleich die Höhe des Kooperationsgewinnes determiniert. Verteilungsregeln hingegen beziehen sich auf die Aufteilung eines vorher festgelegten Betrages. Je nachdem ob Seitenzahlungen zwischen den Verhandelnden zulässig sind, ist jedoch eine strenge Abgrenzung beider Begriffe nicht immer möglich, weshalb im Weiteren auf trennscharfe Definitionen verzichtet wird.

Diese Regeln können im Verlauf der Verhandlungen explizit festgelegt werden – wie z.B. die Forderung nach einer einheitlichen prozentualen Reduktion von Schadstoffemissionen für alle Länder – oder – wie beim Kyoto-Protokoll – durch Aushandeln einzelner Vertragsverpflichtungen für jedes Land bestimmt werden. In beiden Fällen ist die Einigung zwischen den Ländern Grundvoraussetzung für das Zustandekommen eines Abkommens. Die Frage danach, ob und inwieweit der Rückgriff auf einfache – und möglicherweise ineffiziente – Regeln den Verhandelnden tatsächlich eine Einigung erleichtert, ist deshalb für die Erzielung von Kooperationsgewinnen durch Umweltverhandlungen von besonderer Bedeutung.

Ziel der Arbeit ist es, herauszuarbeiten, welche Faktoren die Auswahl von Regeln beeinflussen, und wie diese Regeln wiederum auf das Verhandlungsergebniss einwirken.

Da der Beitritt zu einem Abkommen freiwillig erfolgt und die gewählte Regel die Auszahlung eines Landes beeinflusst, können inhaltliche Aspekte internationaler Umweltabkommen nicht isoliert von strategischen Überlegungen betrachtet werden. Aus diesem Grund beschäftigt sich *Kapitel 1* mit der ökonomischen Anreizsituation internationaler Umweltprobleme.

Auf diesen Überlegungen aufbauend dient *Kapitel 2* der kritischen Auseinandersetzung mit Modellen internationaler Verhandlungen, die auf unterschiedliche spieltheoretische Konzepte Bezug nehmen. Hauptanknüpfungspunkt bildet die Tatsache, dass ein Abkommen zwischen souveränen Staaten nur dann stabil ist, wenn dessen Einhaltung im Interesse derselben liegt. Der Schwerpunkt der Betrachtungen liegt auf der Frage, wie dieses Eigeninteresse angemessen zu modellieren ist.

Unter Berücksichtigung der in Kapitel 2 gewonnen Erkenntnisse bietet sich das Konzept selbstdurchsetzender Abkommen zur weiteren Analyse der strategischen Anreizsituation internationaler Umweltabkommen an. *Kapitel 3* widmet sich den Einflussfaktoren auf Größe und Zusammensetzung selbstdurchsetzender Umweltabkommen. Ferner wird untersucht, inwieweit die Forderung nach Stabilität einen Erklärungsbeitrag dazu liefert, nach welchen Regeln die Verhandelnden die Vertragsverpflichtungen ermitteln.

Ein Nachteil spieltheoretischer Modelle zu Verhandlungen zwischen mehr als zwei Personen liegt darin, dass bei der Kooperationsentscheidung bereits von einer gegebenen Allokationsregel zur Ermittlung und Verteilung der Kooperationsgewinne ausgegangen wird, während oft gerade die Verhandlungen um einen konkreten Abkommensinhalt großes Konfliktpotential in sich bergen. Unter diesem Aspekt befasst sich *Kapitel 4* mit der Bedeutung von Allokationsregeln im Verhandlungskontext. Es wird davon ausgegangen, dass die Verwendung von Allokations- bzw. Verteilungsregeln dazu dient, die Komplexität der Verhandlungssituation zu reduzieren, um so den Verhandelnden die Beurteilung potentieller Verhandlungsergebnisse zu erleichtern. Anschließend wird in *Kapitel 5* anhand dreier Umweltregime untersucht, welche Merkmale internationaler Umweltprobleme zur Gewichtung unterschiedlicher Argumente für oder gegen die Verwendung einer bestimmten Regel beitragen.

Das eingangs erwähnte Beispiel des Kyoto-Protokolls macht ebenfalls deutlich, dass die Annahme monolithischer Verhandlungsparteien im Grunde genommen zu kurz greift. Umweltverhandlungen sind auch dann als gescheitert anzusehen, wenn ein unterzeichnetes Abkommen nicht in Kraft tritt, weil dieses von einer zu geringen Anzahl von Ländern ratifiziert wurde. Deshalb ist es notwendig, die unterschiedlichen Entscheidungsprozesse auf nationaler und internationaler Ebene zu berücksichtigen. Anders als in den vorhergehenden Kapiteln unterstellen die folgenden Betrachtungen somit nicht, dass die Interessen eines Landes durch einen „wohlwollenden Diktator" repräsentiert werden.

Kapitel 6 ist in diesem Sinne der Analyse des Zusammenspiels politischer Akteure sowohl auf nationaler als auch auf internationaler Ebene gewidmet. Hierzu werden verschiedene Modelle politischer Entscheidungsfindung hinsichtlich ihrer Relevanz für internationale Umweltverhandlungen untersucht.

Der Einfluss nationaler Entscheidungsprozesse auf die Kooperationsniveau und inhaltliche Gestaltung internationaler Umweltabkommen sind Gegenstand von *Kapitel 7*. Es wird ein Modell zu Verhandlungen mit nicht-monolithischen Verhandlungsparteien entwickelt. Als Grundmodell der Analyse dient das Konzept selbstdurchsetzender Abkommen, wobei ebenfalls die Ergebnisse der vorangegangenen Kapitel in die Abbildung des Verhandlungsprozesses mit einfließen. *Kapitel 8* fasst die wichtigsten Ergebnisse noch einmal kurz zusammen.

Kapitel 1

Zur Ökonomie internationaler Umweltprobleme

1.1 Einführung

Über die Beziehung Mensch – Umwelt ist mit zunehmendem Bewußtseinswandel einer immer breiter werdenden interessierten Öffentlichkeit viel diskutiert worden und spätestens seit den 60er Jahren hat die Analyse von Umweltproblemen ihren festen Platz in der ökonomischen Theorie.[1] Erkennt man die Tatsache an, dass menschliche Eingriffe in die Natur auch sozial erwünscht sein können, so ist es möglich, der Umwelt ökonomische Funktionen zuzuordnen und diese unter dem Aspekt der Knappheit zu untersuchen. Unsere Umwelt dient uns als Lebensraum, ihr entnehmen wir Rohstoffe zur Produktion von Gütern, wir verwenden sie als Aufnahmemedium für unerwünschte Nebenprodukte, die bei Produktion oder Konsum entstehen. Und schließlich werden durch sie direkt Konsumgüter zur Verfügung gestellt, etwa durch den Freizeit- und Erholungswert bestimmter Gebiete und Landschaften.[2]

Eine Mindestanforderung bei die Nutzung der Umwelt als Lieferant knapper Ressourcen ist deshalb deren Allokation nach dem ökonomischen Prinzip. Diese Forderung ist sehr schwach, und stellt im Wesentlichen darauf ab, dass keine natürlichen Ressourcen "verschwendet" werden, d.h. mit dem gleichen Mitteleinsatz kein besseres Ergebnis – bzw. das gleiche Ergebnis nicht mit geringerem Mitteleinsatz – erzielt werden kann. Von einem Umweltproblem kann man dann sprechen, wenn das Effizienzkriterium nicht erfüllt ist.

Durch den Einsatz geeigneter umweltpolitischer Instrumente ist es möglich, den effizienzschädigenden Effekten von Umweltproblemen entgegenzuwirken. Entscheidend ist jedoch, dass diese nur dann optimal eingesetzt werden können, wenn es entweder eine übergeordnete Autorität gibt – den vielzitierten zentralen Planer –, der die entsprechenden Maßnahmen durchsetzen und deren Einhaltung überwachen kann, oder deren Umsetzung im Interesse aller Betroffenen liegt.

Erstreckt sich das Umweltproblem über die Grenzen eines Landes hinaus, so fehlt eine übergeordnete Autorität, die eine geeignete Umweltpolitik

[1] Vgl. Cropper/Oates 1992, S. 383.

[2] Vgl. Siebert 1995, S. 10ff.

zur Internalisierung der externen Effekte durchsetzen könnte. Effizienzverbesserungen können also nur auf freiwilliger Basis mittels internationaler Umweltabkommen erreicht werden. Ein internationaler Koordinationsbedarf als Folge ineffizienter Ressourcennutzung kann auf vielfältige Ursachen zurückgeführt werden. Zum besseren Verständnis der den Umweltverhandlungen zugrunde liegenden Anreizstruktur werden im Folgenden die Ursachen und Merkmale internationaler Umweltprobleme näher beleuchtet. Daran schließt sich eine Darstellung des Referenzmodells an, welches als Grundlage einer weitergehenden Betrachtung internationaler Umweltabkommen dienen soll.

1.2 Ursachen und Merkmale internationaler Umweltprobleme

1.2.1 Ursachen

1.2.1.1 Handel und Standortwahl

Umweltpolitische Maßnahmen sind häufig in einem länderübergreifenden Kontext zu beurteilen. Einerseits dienen die Wettbewerbsfähigkeit eines Landes sowie dessen Attraktivität als Wirtschaftsstandort als gängige Argumente gegen eine strikte Umweltpolitik. Andererseits wird ebenso das sogenannte „Ökodumping", d.h. die Toleranz geringer Umweltstandards insbesondere in einkommensschwachen Ländern, als Problem angesehen. Keine dieser Sichtweisen lässt sich jedoch ohne Einschränkungen theoretisch fundieren.

Internationale Handelsbeziehungen führen über den Weltmarktpreis dazu, dass verschmutzungsintensive Produkte aufgrund des komparativen Kostenvorteils in demjenigen Land produziert werden, in welchem Umweltschäden nur gering bewertet werden.[3] Dieses Ergebnis mag zwar ethisch bedenklich sein, rechtfertigt jedoch aus ökonomischer Sichtweise keine weitere Politikkoordination. Eine internationale Koordination umweltpolitischer Maßnahmen wird notwendig, wenn aufgrund der Marktstrukturen handelspolitische Instrumente nur bedingt einsetzbar sind und ein Land bewusst strategische Umweltpolitik betreibt, um komparative Vorteile zu erlangen. Hierbei ist zu beachten, dass der nicht-kooperative Steuersatz sowohl unter als auch über der Pigou-Steuer liegen kann.[4]

Interdependenzen in der Umweltpolitik ergeben sich ebenfalls, wenn das Regulierungsniveau eines Landes Einfluss auf die Standortwahl der Unternehmen hat. Auch hier sind die Ergebnisse keineswegs eindeutig. Setzten

---

[3] Vgl. Baumol/Oates 1988 Kap. 16.4.

[4] Vgl. Rauscher 1994.

die Länder unabhängig von einander ihren Umweltsteuersatz fest, so sind die Konsequenzen daraus resultierenden Standortwechsels eines Unternehmens mit den verringerten Umweltschäden im Inland aufzurechnen. Aus diesem Grund kann die Wohlfahrt des Importlandes über derjenigen des Exportlandes liegen.[5]

Da der Verlust an Konsumentenrente des Importlandes bei einer restriktiven Umweltpolitik des Exportlandes nicht in das Wohlfahrtskalkül des letzteren mit einfließt, ist es zudem möglich, dass der nicht-kooperative Steuersatz über dem sozialen Optimum liegen. Dies ist der Fall, wenn bei sehr hohen Umweltschäden die betroffenen Länder den Prohibitivsteuersatz wählen, obwohl eine positive Produktionsmenge des betrachteten Gutes die Gesamtwohlfahrt erhöht.[6]

Die Ermittlung des Harmonisierungsbedarfs umweltpolitischer Regulierungsmaßnahmen, namentlich Umweltsteuern und -standards, ist für föderative Systeme wie z.B. die Europäische Union von Bedeutung. Allerdings haben die bisherigen Untersuchungen gezeigt, dass eine effiziente Koordination der Umweltpolitik nicht zwangsläufig mit einheitlichen Umweltsteuersätzen einhergeht. Auch führen diese bei sehr asymmetrischen Ländern nicht immer zu einer Pareto-Verbesserung. Eine effiziente Koordinierung der Umweltpolitik mittels Umweltabkommen dürfte deshalb nur sehr schwer zu erreichen sein.[7]

1.2.1.2 Nicht-physische Spillover

Koordinierungsbedarf besteht ebenfalls, wenn die zunehmende Umweltzerstörung in einem Land negative Auswirkung auf die Wohlfahrt eines oder mehrerer anderer Länder hat.[8] Ein typisches Beispiel ist der Verlust der Artenvielfalt durch die Abholzung der Regenwälder, durch den Einsatz von Insektiziden in der Landwirtschaft etc. Der Grund für die damit verbundenen Ineffizienzen ist die Tatsache, dass Artenvielfalt ein öffentliches Gut darstellt, sobald man neben dem reinen Gebrauchswert auch intrinsische Werte, also z.B. den Nutzen aus dem Wissen um die Existenz einer Art, und Optionswerte zukünftiger Nutzungsmöglichkeiten mit in Betracht zieht. In diesem Fall weichen das nationale und das global optimale Niveau voneinander ab. Eine Möglichkeit, diesen negativen externen Effekten entgegen zu wirken, besteht darin, dem Land, welches über die jeweiligen Ressourcen verfügt, durch Kompensationszahlungen zum Erhalt

[5] Vgl. Hoel 1997.
[6] Vgl. Markusen et al. 1995.
[7] Vgl. Ulph, A. 1997, 1999.
[8] Vgl. Russel/Landsberg 1971, S. 1309.

der gefährdeten Arten zu veranlassen. Die Höhe der Zahlungen sowie der Umfang geeigneter Maßnahmen bilden dann den Gegenstand eines internationalen Abkommens.[9] Für einen wirksamen Artenschutz können ferner Handelsbeschränkungen notwendig sein, wie dies im Washingtoner Artenschutzabkommen vereinbart wurde. Diese Art der Handelsregulierungen ist von den oben erwähnten Problemen strategischer Umwelt- und Handelspolitik abzugrenzen.

1.2.1.3 Physische Spillover

Physische Spillovereffekte liegen vor, wenn ein oder mehrere Umweltressourcen gemeinsam durch mehrere Länder genutzt werden. Hierbei geht es darum, den im Zeitablauf optimalen Pfad für den Ressourcenabbau zu bestimmen. Dieses ist notwendig, weil bei unkoordiniertem Ressourcenverbrauch nicht berücksichtigt wird, dass sich der Bestand nicht nur für das eigene Land sondern auch für die übrigen Nutzer verringert und deshalb der Abbau der Ressource zu schnell erfolgt. Das bekannteste Beispiel für ein Abkommen über die gemeinsame Nutzung nichterneuerbarer Ressourcen, die ist Seerechtskonvention der Vereinten Nationen von 1982. Hier wurde allerdings kein Zeitpfad für den Abbau der Meeresbodenressourcen vereinbart, sondern es ging im wesentlichen um die gerechte Vergabe von Abbaurechten mittels zweier internationaler Agenturen.[10]

Als Ressourcenabbau in obigem Sinne ist ebenfalls die Nutzung von Umweltmedien zur Aufnahme von Schadstoffen interpretieren. Zu Ineffizienzen kommt es dadurch, dass bei der Bestimmung des optimalen inländischen Regulierungsniveaus die negativen Auswirkungen der Emissionen in anderen Ländern nicht berücksichtigt werden. Hier sind insbesondere das Ozonloch, der anthropogene Treibhausseffekt sowie saurer Regen als Beispiele internationaler Umweltprobleme zu nennen. Durch internationale Abkommen können Effizienzsteigerungen erreicht werden, wenn es den Betroffenen gelingt, glaubwürdig bindend die hierzu notwendigen Emissionsreduzierungen zu vereinbaren. Von der Anreizsituation her sind physische und nicht-physische Spillovereffekte eng mit einander verwandt.

---

[9] Vgl. hierzu Barrett 1994a.

[10] Vgl. Sebenius 1984.

1.2.2 Merkmale

1.2.2.1 Räumliche Verteilung

Die räumliche Verteilung der Schadstoffe bzw. die räumliche Ausdehnung des Umweltproblems bietet nicht nur den Anlass für den internationalen Koordinationsbedarf, sie ist ebenfalls für die effiziente Ausgestaltung eines Abkommens sowie unter strategischen Gesichtspunkten von Bedeutung. Lassen sich die Länder disjunkt in Betroffene und Verursacher unterteilen, so sind Kooperationsgewinne nur zu erzielen, wenn die Verursacher mindestens für ihre zusätzliche Emissionsvermeidung kompensiert werden. Trittbrettfahreranreize entstehen, sobald mehrere Länder betroffen sind und die Kompensationszahlung eines Landes für die anderen ein öffentliches Gut darstellt.[11] Bei mehrseitigen externen Effekten müssen sich die Länder sowohl über das Regulierungsniveau als auch über die Verteilung der Kooperationsgewinne einigen.

In Tabelle 1.1 sind zur Veranschaulichung einige Beispiele für Umweltprobleme verschiedener räumlicher Dimension aufgeführt. Abgesehen von Bestandsgefährdungen durch Überfischung beziehen sich diese auf den Transport von Schadstoffen durch Umweltmedien. Mittels sogenannter Transport- oder Transferfunktionen lässt sich die räumliche Bewegung von Schadstoffen (ggf. unter Berücksichtigung chemischer Reaktionen) beschreiben und somit die Auswirkung der Aktivitäten eines Landes auf die Umweltqualität eines anderen ermitteln.[12] Globale Umweltprobleme weisen die Besonderheit auf, dass es für den entstandenen Schaden unerheblich ist, wo die Schadstoffe emittiert wurden.[13]

Insbesondere die Abgrenzung zwischen regionalen und grenzüberschreitenden Umweltproblemen macht auch deutlich, dass diese Einordnung sich nicht aus der Natur desselben sondern aus dem Verlauf von politischen Grenzen ergibt, die Änderungen unterworfen sein können. Des Weiteren tragen neue Konsum- und Produktionsmöglichkeiten aber auch die Gewinnung wissenschaftlicher Erkenntnisse – etwa über den athmosphärischen Transport von Schadstoffen – zu einer „Internationalisierung" bei.[14] Der Abbau der schützenden Ozonschicht durch FCKWs und andere Stoffe ist z.B. als Phänomen erst seit den 70er Jahren bekannt. Saurer Re-

[11] Vgl. Mäler 1990, S. 83.
[12] Vgl. Siebert 1985, S. 128, Siebert 1995, S. 187.
[13] Dieses bedeutet nicht, dass die Auswirkung in allen Ländern die gleiche ist.
[14] Vgl. Verbruggen/Jansen 1997, S. 233.

Tabelle 1.1: *Umweltmedien und Umweltprobleme*

	Umweltmedium	
Räumliche Dimension	*Wassersysteme*	*Atmosphäre*
National	Grundwasserbelastung durch Überdüngung	Großstadtsmog
International	Verschmutzung des Mittelmeeres	Saurer Regen
Global	Artenverlust durch Überfischung	Treibhauseffekt

gen als Folge von Schwefeldoxyd- und Stickoxydemissionen wurde ebenfalls lange als nationales Problem angesehen.[15]

1.2.2.2 Dynamik

Treibhausgase, ozonzerstörende Stoffe, SO_2-Emissionen u.ä. reichern sich in der Umwelt an. Daher ist der entstehende Umweltschaden nicht nur von den aktuellen Schadstoffkonzentrationen sondern auch von vergangenen Werten abhängig. Das Emissionsverhalten eines Landes hängt davon ab, ob dieses im Zeitablauf neue Informationen über die Schadstoffkonzentration erhält (Feedback-Gleichgewichte) oder nicht (Open-Loop-Gleichgewichte). In beiden Fällen liegt das nicht-kooperative Emissionsniveau im Steady State über dem sozialen Optimum.[16] Mäler/de Zeeuw (1998) modellieren das Konzept kritischer Schwellenwerte, sogenannter Critical Loads, bei deren Überschreitung irreversible Schäden entstehen. Diese Werte werden im Modell zwar auch im nicht-kooperativen Fall eingehalten, jedoch zu einem späteren Zeitpunkt und bei einer höheren Schadstoffkonzentration als bei kooperativer Schadstoffvermeidung.

1.2.2.3 Unsicherheit

Globale bzw. internationale Umweltprobleme sind oft durch einen hohen Grad an Unsicherheit gekennzeichnet. Unsicherheit kann über die

[15] Vgl. hierzu auch Kapitel 5.

[16] Vgl. van der Ploeg/de Zeeuw 1992. Eine Ausnahme bildet das Modell von Dockner/Long 1993, die unter bestimmten Voraussetzungen auch eine effiziente Lösung in nicht-kooperativen Strategien aufzeigen.

genauen Ursache-Wirkungszusammenhänge, die Kosten und den Nutzen von Anpassungsmaßnahmen sowie über das genaue Ausmaß der grenzüberschreitenden Verschmutzung bestehen. Diese Unsicherheit spiegelt sich im Allgemeinen in der Schadensbewertung wider, d.h. die genaue Höhe des mit den Emissionen verbundenen Schadens ist unbekannt.

Betrachtet man die Entwicklung des Emissionsverlaufs im Zeitablauf, so gibt es zwei Gründe, Vermeidungsmaßnahmen hinauszuzögern. Zum einen, um auf bessere Informationen zu warten,[17] zum anderen kann die Emissionsvermeidung aufgrund der Trittbrettfahrerproblematik zu gering sein. Das Zusammenwirken beider Effekte wird von Ulph, A./Ulph, D. (1996) und Ulph, A./Maddison (1997) in einem dynamischen Modell untersucht. Sie kommen zu dem Ergebnis, dass sich das Wohlfahrtsniveau der Länder im nicht-kooperativen Gleichgewicht durch die zusätzliche Information verschlechtern kann, wenn sich herausstellt, dass die verhandelnden Länder sehr unterschiedlich von dem Umweltproblem betroffen sind. Ein ähnliches Ergebnis erzielen Na/Shin (1998) in einem statischen Kontext, d.h bei einer einmaligen Entscheidung über das Emissionsniveau. Helm (1998) weist daraufhin, dass unterschiedliche Risikoeinschätzungen (priors) auch dazu dienen können, Verteilungsinteressen zu verschleiern, um so die Beteiligung an einem Umweltabkommen ablehnen zu können. Dieses Argument wird allerdings nicht weiter anhand eines formalen Modells verfolgt.

1.2.3 Relevanz für internationale Umweltabkommen

Ein internationaler Koordinationsbedarf ist auf vielfältige Ursachen zurückzuführen, wobei eine strenge Abgrenzung zwischen den einzelnen Punkten nicht immer möglich ist. Besonders deutlich wird dies an der Verflechtung zwischen Umwelt- und Handelspolitik. So kann eine strategische Umweltpolitik mit dem Ziel, Handelsvorteile zu erlangen, einerseits die Ursache für eine ineffiziente Ressourcennutzung sein (s.o.). Andererseits erfordern z.B. internationale Artenschutzabkommen Handelsrestriktionen als flankierende Maßnahmen. Handelsrestriktionen zum Ziele des Umweltschutzes sind jedoch insofern als problematisch anzusehen, als diese mit bereits bestehenden Freihandelsabkommen in Konflikt treten können. Prominentes Beispiel ist der sogenannte „Dolphin-Tuna-Conflict" zwischen den USA und Mexiko. Strittig war, ob das US-Embargo gegen Thunfisch,

[17] Golier et al. 2000 zeigen allerdings, dass unter bestimmten restriktiven Bedingungen das Warten auf neue Informationen unter Effizienzgesichtspunkten nicht immer zu rechtfertigen ist.

dessen Fangmethoden nicht denen der USA entsprachen, gegen GATT-Regeln verstößt.[18] Aufgrund dieser Einschränkungen sowie der bereits erwähnten Schwierigkeiten in der Koordination steuerpolitischer Instrumente mit reinen umweltpolitischen Zielen stellen handelspolitische Fragen zwar einen wichtigen Aspekt internationaler Umweltprobleme dar, sind jedoch nicht isoliert von physischen bzw. nicht-physischen Spillovereffekten zu betrachten.

Auch eine Betrachtung physischer und nicht-physischer Spillovereffekte ist nicht vollständig überschneidungsfrei möglich. Die zunehmende Zerstörung der tropischen Regenwälder trägt zum einen durch die damit verbundene Freisetzung von CO_2 zum Treibhauseffekt bei, zum anderen wird hierdurch ebenfalls vielen Tier- und Pflanzenarten der Lebensraum entzogen und damit der Verlust von Arten verursacht. Physische und nicht-physische Spillovereffekte weisen ferner eine ähnliche Anreizstruktur auf. Während bei physischen Spillovereffekten Trittbrettfahrerverhalten durch den Anreiz entsteht, von den Emissionsreduzierungen anderer Länder zu profitieren, ohne selbst zu den Kosten beizutragen, lässt sich ähnlich für Artenschutzabkommen argumentieren. Hier haben die Kompensationszahlungen an das Land mit den zu erhaltenden Ressourcen den Charakter eines öffentlichen Gutes, sofern auch die Bewertung dieser Ressourcen nicht nur auf die unmittelbare ökonomische Verwertung derselben Bezug nimmt.[19]

Ein wesentlicher Unterschied zwischen beiden Arten von Umweltproblemen besteht in den Möglichkeiten zur Abkommensausgestaltung. Da der Erhalt der Artenvielfalt ein Problem darstellt, welches vornehmlich Entwicklungsländer betrifft, steht hier die Frage nach der Gestaltung der Kompensationszahlungen im Vordergrund.[20] Abkommen zu grenzüberschreitender Luftverschmutzung oder zu globalen Umweltproblemen hingegen schließen nicht zwangsläufig eine Vereinbarung über Zahlungsverpflichtungen mit ein. Vielmehr sind Effizienzverbesserungen ebenfalls zu erreichen, wenn sich die betroffenen Länder verpflichten, eine geringere Menge an Schadstoffen zu emittieren. Von der Anreizsituation her können nicht-physische Spillovereffekte deshalb als ein Spezialfall physischer Spillovereffekte betrachtet werden. Aus diesem Grund beziehen sich die folgenden Ausführungen im Wesentlichen auf die Problematik physischer Spillovereffekte.

---

[18] Vgl. Verbruggen/Jansen 1997, S. 240.

[19] Z.B. unterstellt Barrett 1994 und 1994a in seinen Modellen zu Klima- bzw. Artenschutzverhandlungen beinahe gleiche Kosten- und Nutzenfunktionen.

[20] Vgl. Barrett 1994a, S. 112.

Hinsichtlich der Merkmale internationaler Umweltprobleme ist festzustellen, dass die negativen Konsequenzen einer unkoordinierten bzw. nichtkooperativen Umweltpolitik auch ohne die Modellierung der Dynamik bzw. Unsicherheit des jeweiligen Umweltproblems zu erklären sind. Zur Darstellung der den Umweltverhandlungen zugrundeliegenden Anreizsituation wird deshalb im nächsten Abschnitt auf ein einfaches Modell ohne Dynamik und Unsicherheit zurückgegriffen.

1.3 Das Referenzmodell

1.3.1 Allgemeine Annahmen

In diesem Abschnitt werden anhand eines einfachen Modells der nichtkooperative Status quo sowie die Pareto-effizienten Lösungen als Referenzsituationen für Umweltverhandlungen analytisch hergeleitet. Dies dient dazu aufzuzeigen, welchen Anreiz die von einem Umweltproblem betroffenen Länder haben, durch internationale Umweltabkommen Effizienzgewinne zu erzielen. Die Darstellung ist dabei eng an die Standardliteratur zu internationalen Umweltabkommen angelehnt.[21] Bezüglich des Verhaltens der Länder in der nicht-kooperativen Situation wird angenommen, dass jede Regierung die Wohlfahrt ihres Landes maximiert, ohne die Auswirkungen ihrer Umweltpolitik auf andere Länder zu berücksichtigen und die Wahl des Regulierungsniveaus in allen Ländern simultan erfolgt.

Betrachtet werden globale und transnationale Umweltprobleme mit physischen Spillovereffekten. Vereinfachend wird von folgenden Annahmen ausgegangen:

(i) Die Schadstoffe akkumulieren sich nicht in der Umwelt, der zeitliche Anfall der Emissionen ist deshalb zu vernachlässigen, (ii) die Ursache-Wirkungszusammenhänge sind hinreichend bekannt, (iii) die Umweltschäden sind monetär quantifizierbar, (iv) jedes Land kann sein Emissionsniveau in geeigneter Weise kontrollieren, (v) die damit verbundenen Kontroll- oder Vermeidungskosten sind ebenfalls bekannt, (vi) die Schadensfunktionen und Vermeidungskosten sind gemeinsames Wissen aller Länder.

Die Umweltpolitik vor den Verhandlungen wird anhand eines nichtkooperativen Spiels mit der Normalform $(N, S, \boldsymbol{\pi})$ dargestellt. $N = \{1, \ldots, n\}$ ist die Menge der Länder, $S = \times_{i \in N} S_i$ der Strategieraum, S_i die Stategiemenge von Land $i \in N$ und $\boldsymbol{\pi} = (\pi_1, \ldots, \pi_n)^T$ der Vektor der Auszahlungsfunktionen.

[21] Vgl. z.B. Barrett 1994, Mäler 1989.

1.3.2 Globale Umweltprobleme

1.3.2.1 Vermeidungskosten und -nutzen

Gehen wir zur besseren Übersicht zunächst vom Spezialfall globaler Umweltprobleme aus. Bei diesen ist der geographische Ort der Schadstoffemissionen für die Auswirkungen auf die Umwelt typischerweise nicht von Bedeutung, d.h. die dadurch in einem Land entstehenden Schäden hängen nur vom weltweiten Emissionsniveau ab. Emissionsvermeidung oder -reduzierung stellt somit ein reines öffentliches Gut dar.

Jedes Land kann sein Emissionsniveau durch geeignete umweltpolitische Maßnahmen kontrollieren. Ohne Regulierung beträgt die Emissionsmenge eines Landes e_i^0. Durch die Einführung der Obergrenze wird sichergestellt, dass aufgrund von Ressourcenbeschränkungen Produktion und Konsum als Ursache von Schadstoffemissionen nicht beliebig ausgedehnt werden können. Die Abwesenheit internationaler Umweltabkommen führt, wie noch zu zeigen ist, nicht zwangsläufig zur Unterlassung jeglicher Emissionsvermeidung. e_i^0 kann auch als diejenige Schadstoffmenge interpretiert werden, welche emittiert wird, wenn die sozialen Kosten der Emissionen auf nationaler Ebene noch nicht internalisiert sind. Die Höhe von e_i^0 dient dann z.B. als Maßstab für die Größe und wirtschaftliche Leistungsfähigkeit eines Landes.[22]

Zur Verringerung seines Schadstoffausstoßes kann ein Land Emissionsvermeidung betreiben. Mit q_i wird die vermiedene Schadstoffmenge eines Landes bezeichnet. Da die Schadstoffe sich nicht in der Umwelt anreichern, negative Emissionen also nicht möglich sind, gilt $0 \leq q_i \leq e_i^0$, d.h. $S_i = [0, e_i^0]$.

Die Kosten der Emissionsvermeidung sind entweder auf einen direkten Konsumverzicht, auf den Einsatz von Ressourcen für umweltfreundlichere Produktionstechniken oder auf die Verwendung von end-of-pipe-Technologien wie z.B. Filteranlagen zurückzuführen.

Für die Vermeidungskosten C_i gilt: $C_i = C_i(q_i)$ ist zweimal stetig differenzierbar, $C_i' > 0$ und $C_i'' > 0$ für alle $q_i \in S_i$ und $i \in N$.

Mit steigendem Vermeidungsniveau fallen höhere volkswirtschaftliche Kosten an. Die inländische Umweltpolitik soll ferner in dem Sinne rational sein, dass durch den Einsatz geeigneter umweltpolitischer Instrumente jede zusätzliche Vermeidungsmenge bei Vorliegen mehrerer Alternativen mit minimalen Kosten realisiert wird, so dass die Grenzkosten der Emissionsvermeidung mit zunehmender Vermeidungsmenge steigen. Ferner wird

[22] Vgl. Carraro/Siniscalco 1993, S. 312.

Abbildung 1.1: *Umweltschaden und Vermeidungsnutzen*

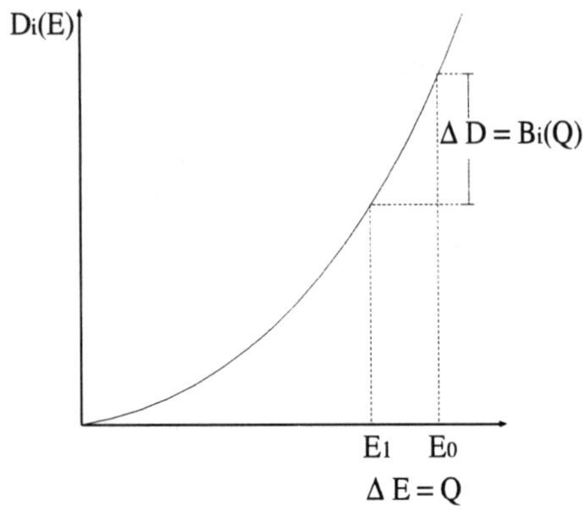

angenommen, dass die Reduzierungskosten nur von der Umweltpolitik des betrachteten Landes abhängig sind.[23]

Vermeidungsaktivitäten sind jedoch nicht nur mit Kosten verbunden: Sinkt das Emissionsniveau, so sinken auch die entsprechenden Umweltschäden. Der Bruttonutzen der Vermeidung ist als

$$B_i(Q) := D_i(E^0) - D_i(E^0 - Q)$$

definiert, wobei $E^0 = \sum_i e_i^0$, $Q = \sum_i q_i$ und D_i den von der Gesamtemissionsmenge abhängigen Umweltschaden bezeichnet.

Der Zusammenhang zwischen Umweltschäden und Vermeidungsnutzen wird in der Abbildung 1.1 deutlich. Steigt der Umweltschaden progressiv mit der Emissionsmenge, so führt Emmissionsvermeidung zu einem starken Rückgang der Schäden, wenn das ursprüngliche Emissionsniveau sehr hoch ist. Der Grenznutzen der Vermeidung sinkt also mit zunehmender Vermeidungsmenge. Mit anderen Worten, D ist konvex in E und folglich ist $-D(E^0 - Q)$ konkav in Q. Dies ist z.B. der Fall, wenn die Schadstoffbelastung die Widerstandsfähigkeit lebender Organismen herabsetzt,

[23] Heal 1994 diskutiert den Fall, bei dem – aufgrund besserer technologischer Voraussetzungen – die Grenzvermeidungskosten um so geringer sind, je restriktiver die Umweltpolitik der anderen Länder ist. Ein gegenläufiger Effekt tritt ein, wenn die Welthandelspreise emissionsarmer Energieträger steigen. Die Grenzvermeidungskosten steigen dann in den Reduzierungsmengen der anderen Länder. Der Einfachheit halber werden diese Effekte jedoch nicht weiter verfolgt.

so dass die Beeinträchtigung der Umwelt mit zunehmender Schadstoffmenge überproportional steigt. Umgekehrt geht ein sinkender Grenzschaden mit steigenden Vermeidungsnutzen einher. Betrachtet man z.B. den Freizeitwert bestimmter Gebiete, so ist der zusätzliche Schaden am höchsten, wenn das Gebiet noch wenig von Umweltverschmutzung betroffen ist.

Ohne eine weitere Kennzeichnung des Umweltproblems und des betrachteten Landes ist es schwer zu entscheiden, welcher Kurvenverlauf der plausiblere ist. Der genaue Verlauf der Schadens- bzw. Vermeidungsnutzenfunktion wird durch eine Reihe von Einflussfaktoren – u. a. von der Wirtschaftsstruktur eines Landes – bestimmt. Im Folgenden wird davon ausgegangen, dass der Vermeidungsgrenznutzen mit steigender Vermeidungsmenge nicht zunimmt.

$B_i(Q)$ ist zweimal stetig differenzierbar; $B_i' > 0$ und monoton, $B_i'' \leq 0$ für alle $Q \in [0, E^0]$ mit $E^0 = \sum e_i^0$ und $i \in N$.

Die Auszahlungsfunktion eines Landes $i \in N$, d.h. dessen *Nettonutzen der Vermeidung*, ist durch

$$\pi_i(\mathbf{q}) = B_i(Q) - C_i(q_i)$$

gegeben, mit $\mathbf{q} = (q_1, \ldots, q_n)^T$. Die Auszahlungsfunktion ist aufgrund der Annahmen über den Verlauf der Kosten- und Nutzenfunktionen konkav in Q und streng konkav in q_i.

1.3.2.2 Nicht-kooperatives Verhalten

Bei der oben angenommenen simultanen Festlegung der Reduzierungsmengen werden von jedem Land die Vermeidungsmengen der jeweils anderen Länder als gegeben angesehen. In diesem Fall bestimmt ein Land $i \in N$ seine optimale Vermeidungsstrategie durch:

$$\max_{q_i} \pi_i = B_i(Q) - C_i(q_i) \quad \text{u.d.N. } q_i \in [0, e_i^0]. \tag{1.1}$$

Die Kuhn-Tucker-Bedingungen für das obige Maximierungsproblem lauten:

$$\begin{aligned} B_i'(Q) - C_i'(q_i) - \lambda_i \leq 0, \quad q_i \geq 0, \quad q_i\left(B_i'(Q) - C_i'(q_i) - \lambda_i\right) = 0, \\ e_i^0 \geq q_i \geq 0, \quad \lambda_i \geq 0, \quad \lambda_i \cdot (e_i^0 - q_i) = 0. \end{aligned} \tag{1.2}$$

Sind die Ungleichheitsbeschränkungen nicht bindend, so reduziert ein Land solange, bis die Grenzkosten der Vermeidung gleich dem Grenznutzen der Vermeidung sind. Sofern eine innere Lösung existiert, ist diese aufgrund der strengen Konkavität von $\pi_i(\mathbf{q})$ in q_i eindeutig. Liegen die Grenzkosten

Abbildung 1.2: *Randlösungen*

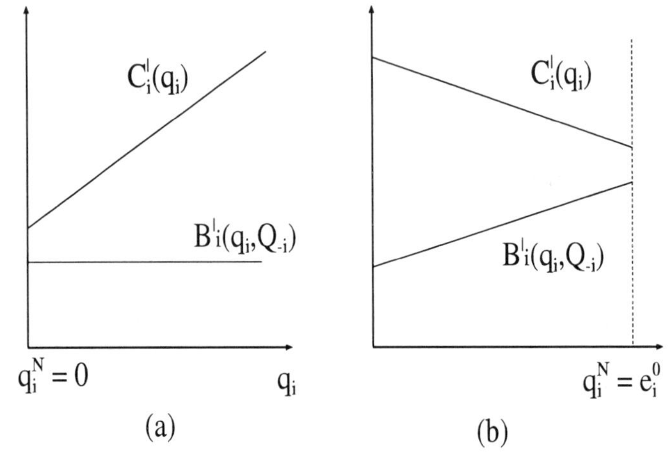

im relevanten Bereich über dem Grenznutzen, so unternimmt das Land keinerlei Vermeidungsaktivitäten (Abbildung 1.2(a)), liegen sie darunter, so dehnt es seine Vermeidungsmenge bis e_i^0 aus (Abbildung 1.2(b)). Die Frage ist nun, inwieweit ein Land durch die Emissionsvermeidung anderer Länder in seiner Umweltpolitik beeinflusst wird, d.h. in welchem Umfang es mit seinen eigenen Vermeidungsaktivitäten auf geänderte Vermeidungsmengen der anderen Länder reagiert. Da die Grenzvermeidungskosten ausschließlich von den im Land selbst vermiedenen Schadstoffmengen abhängen, kann eine Mengenänderung des Landes nur durch eine Veränderung der Grenzvermeidungsnutzen hervorgerufen werden.

Bei sinkendem Grenznutzen der Vermeidung ist der zusätzliche Nutzen einer weiteren vermiedenen Einheit ist um so höher, je geringer das Vermeidungsniveau der restlichen Länder ist, im Folgenden mit $Q_{-i} = \sum_{j \neq i} q_j$ bezeichnet. Sinkt Q_{-i}, so verschiebt sich die Grenznutzenkurve nach oben (Abbildung 1.3). Wegen $C_i'' > 0$ liegt der Grenzvermeidungsnutzen jetzt über den Grenzkosten, so dass sich eine weitere Erhöhung der Vermeidungsmenge für Land i lohnt – eine innere Lösung vorausgesetzt. Umgekehrt sinkt die optimale Vermeidungsmenge von Land i, wenn Q_{-i} steigt. Die erforderliche Mengenänderung ist um so größer je geringer die Steigung von C_i' ist. Bei konstantem Vermeidungsgrenznutzen eines Landes i, haben die Vermeidungsmengen der restlichen Länder kei-

Abbildung 1.3: *Grenznutzen und Gesamtvermeidung*

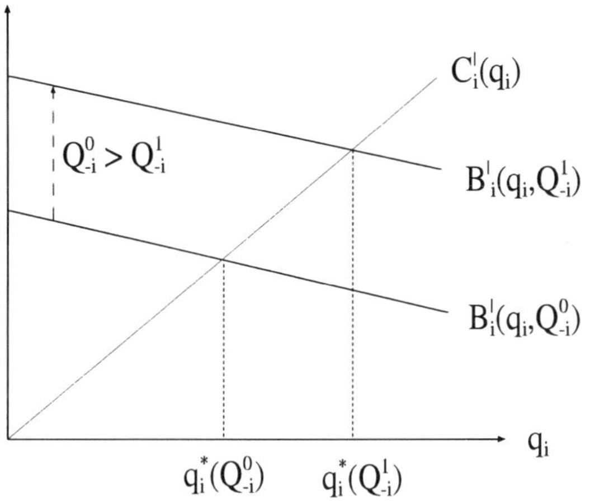

nen Einfluss auf die optimale Vermeidungspolitik von Land i. Anders ausgedrückt, Land i verfügt über eine dominante Vermeidungsstrategie. $\mathbf{q_{-i}} = (q_1, \cdots, q_{i-1}, q_{i+1}, \cdots, q_n)^T$ bezeichnet den Vektor der gewählten Strategien aller Länder außer i. Dominante Strategien sind wie folgt definiert:

Eine Vermeidungsstrategie $q_i^* \in S_i$ heißt *schwach dominante Strategie* für Spieler i, wenn (a) für alle $q_i \in S_i$ und für alle $\mathbf{q_{-i}} \in S_{-i}$, $\pi_i(q_i^*, \mathbf{q_{-i}}) \geq \pi_i(q_i, \mathbf{q_{-i}})$, und (b) es existiert ein $\mathbf{q_{-i}} \in S_{-i}$ mit $S_{-i} = \times_{j \neq i} S_j$, so dass die Ungleichung strikt ist. Eine Strategie heißt *stark dominant*, wenn die Ungleichung für alle $q_i \neq q_i^*$ und $\mathbf{q_{-i}} \in S_{-i}$ strikt ist.

Die Existenz dominanter Strategien[24] muss nicht nur in konstanten Grenzkosten begründet liegen. Eine Vermeidungsstrategie ist z.B. auch in dem Fall dominant, in welchem die Grenzvermeidungskosten eines Landes so hoch (die Grenzvermeidungsnutzen so niedrig) sind, dass sich Vermeidung für das betreffende Land selbst dann nicht lohnt, wenn kein anderes Land mehr Schadstoffe emittiert.

[24] Beachte, dass hier aufgrund der angenommenen Funktionsverläufe eine schwach dominante Strategie auch stark dominant ist.

Die Lösung des Optimierungsproblems aus Gleichung (1.1) kann als beste Antwort eines Landes auf die Reduzierungsmengen der anderen interpretiert werden, d.h.

$$R_i(Q_{-i}) = \{q_i \in S_i | \pi_i(q_i, \mathbf{q}_{-\mathrm{i}}) \geq \pi_i(q_i', \mathbf{q}_{-\mathrm{i}}) \text{ für alle } q_i' \in S_i\}$$

Aufgrund der strengen Konvexität der Auszahlungsfunktion ist die $R_i(Q_{-i})$ eine Funktion.[25] Nehmen wir zur Vereinfachung an, es existiere für jeden zulässigen Wert von $\mathbf{q}_{-\mathrm{i}}$ eine innere Lösung, so erhält man durch implizite Differentiation der Gleichung (1.2) die Steigung dieser Reaktionsfunktion:

$$R_i'(Q_{-i}) = -\frac{B_i''(Q)}{B_i''(Q) - C_i''(q_i)}.$$

Bei sinkenden Vermeidungsgrenznutzen sind die Vermeidungsmengen der Länder strategische Komplemente. Je größer die Vermeidungsgrenzkosten im Verhältnis zum Vermeidungsgrenznutzen sind, desto kleiner ist der Absolutwert der Steigung. Bei konstantem marginalem Vermeidungsnutzen verlaufen die Reaktionskurven waagerecht bzw. senkrecht zu den Achsen.

Zur Charakterisierung des nicht-kooperativen Status quo bietet sich das Konzept das Nash-Gleichgewicht an. Im Nash-Gleichgewicht hat jeder Spieler korrekte Erwartungen über das Verhalten der anderen und handelt mit dem Ziel, seine Auszahlungen zu maximieren.[26]

Ein Reduzierungsmengenvektor $\mathbf{q}^*$ ist ein *Nash-Gleichgewicht*, wenn $\mathbf{q}^* \in S$ und für alle $i \in N$ gilt: $\pi_i(q_i^*, \mathbf{q}_{-\mathrm{i}}^*) \geq \pi_i(q_i, \mathbf{q}_{-\mathrm{i}}^*)$ für alle $q_i \in S_i$.

Vorausgesetzt also, die anderen Länder vermeiden $\mathbf{q}_{-\mathrm{i}}^*$, dann kann Land i durch eine von q_i^* abweichende Vermeidungsmenge keine höhere Auszahlung erlangen. Äquivalent zu obiger Definition kann ein Nash-Gleichgewicht deshalb auch durch das Strategieprofil $\mathbf{q}^*$ beschrieben werden, für das

$$\forall i \in N \;\; q_i^* = R_i(Q_{-i}^*) \text{ mit } Q_{-i}^* = \sum_{j \neq i} q_j^*$$

gilt. Graphisch lässt sich dies im zweidimensionalen Fall durch den Schnittpunkt der Reaktionsfunktionen veranschaulichen (Abbildung 1.4).

Da S kompakt und konvex ist und die Auszahlungsfunktionen konkav in Q und streng konkav und somit auch in q_i sind, existiert ein Nash-Gleichgewicht.[27] Über das Gesamtvermeidungsniveau im Gleichgewicht

---

[25] Vgl. Friedman 1991, Lemma 3.5, S. 84.

[26] Vgl. Osborne/Rubinstein 1994, S. 14.

[27] Vgl. Friedman 1991, S. 72 Theorem, 3.1.

Abbildung 1.4: *Das Nash-Gleichgewicht*

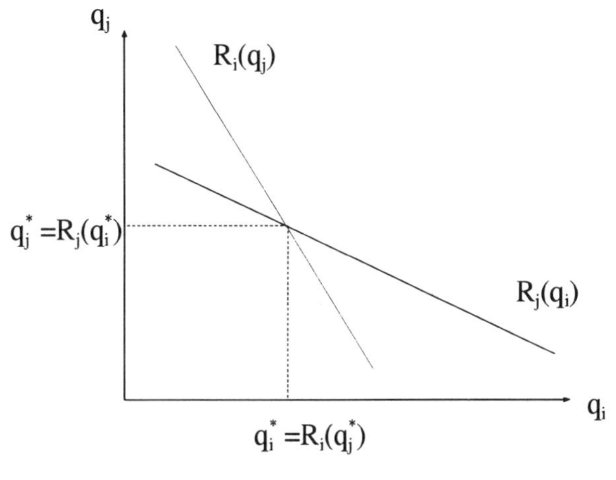

kann ohne Kenntnis der Auszahlungs- oder der Reaktionsfunktionen keine Aussage gemacht werden.[28]

Ein weitaus restriktiveres Gleichgewichtskonzept ist das des Gleichgewichts in dominanten Strategien.[29]

Ein Vermeidungsmengenvektor $\mathbf{q}^*$ ist ein *Gleichgewicht in dominanten Strategien*, wenn $\mathbf{q}^* \in S$ und q_i^* dominante Strategie für alle $i \in N$ ist.

Hier sind die gewählten Vermeidungsmengen aller Länder gänzlich unabhängig voneinander. Alle Reaktionskurven verlaufen orthogonal. Das Gesamtemissionsniveau ist um so geringer, je kleiner die Grenzvermeidungskosten der Länder im Verhältnis zu deren Grenzvermeidungsnutzen sind. Im Gegensatz zum Nash-Gleichgewicht existiert in dem Modell nicht immer ein Gleichgewicht in dominanten Strategien.

---

[28] Zwar bemerken Carraro/Siniscalco (1993, S. 324f.), dass die nicht-kooperative Vermeidung im Gleichgewicht zunimmt je steiler die Reaktionsfunktionen verlaufen. Dieses trifft jedoch nur zu, wenn sich die Achsenabschnitte der Funktionen nicht gleichzeitig ändern.

[29] Die verwendete Definition bezieht sich auf Definition 2.15 in Friedman 1989, S. 39. Eine schwächere Version ist in Osborne/Rubinstein 1994, S. 181 gegeben, wo lediglich Unabhängigkeit der Reaktionsfunktionen von den Strategien der jeweils anderen Spieler gefordert wird. Unter den getroffenen Annahmen ist diese Unterscheidung jedoch nicht weiter von Bedeutung.

1.3.2.3 Effiziente Vermeidungsstrategien

Im Folgenden wird die nicht-kooperative Vermeidungsmenge mit den effizienten Vermeidungsvektoren verglichen. Für eine Kennzeichnung der letzteren ist zu unterscheiden, ob Seitenzahlungen zwischen den Ländern zulässig sind oder nicht. Betrachten wir zunächst den Fall *ohne Seitenzahlungen.*

Ein Vermeidungsmengenvektor $\mathbf{q}$ ist *Pareto-optimal* (Pareto-effizient), wenn $\mathbf{q} \in S$ es keinen anderen Vermeidungsvektor $\mathbf{q}' \in S$ gibt, so dass gilt $\boldsymbol{\pi}(\mathbf{q}') \geq \boldsymbol{\pi}(\mathbf{q})$ und $\boldsymbol{\pi}(\mathbf{q}') \neq \boldsymbol{\pi}(\mathbf{q})$.

Bei effizienter Vermeidung ist es somit nicht möglich, die Auszahlung eines Landes durch die Wahl eines anderen Vermeidungsvektors zu erhöhen, ohne dass dieses für wenigstens ein Land mit einer geringeren Auszahlung verbunden wäre.

Da S konvex und die Auszahlungsfunktionen konkav sind, kann jedes Pareto-Optimum bei geeigneter Wahl eines Vektors $\boldsymbol{\alpha} = (\alpha_1, \cdots, \alpha_n)$ mit $\boldsymbol{\alpha} \neq \mathbf{0}$ nicht-negativer Gewichte durch folgendes Maximierungsproblem charakterisiert werden:[30]

$$\max_{\mathbf{q}} \sum_{i \in N} \alpha_i \pi_i(\mathbf{q}) mboxu.d.N. \quad \mathbf{q} \in S$$

Derjenige Vermeidungsvektor, welcher die Summe der Vermeidungsnettonutzen maximiert,[31] wird auch als *vollkooperative Lösung* oder *first-best-Lösung* bezeichnet. Die vollkooperative Lösung bietet einen Maßstab dafür, was die betroffenen Länder gemeinsam maximal bei einer Koordinierung ihrer Umweltpolitik erreichen können.[32]

Es ergeben sich für alle $i \in N$ folgende Bedingungen erster Ordnung:

$$\begin{aligned} \sum_j \alpha_j B_j'(Q) - \alpha_i C_i'(q_i) - \mu_i \leq 0, \\ q_i \cdot (\sum_j \alpha_j B_j'(Q) - \alpha_i C_i'(q_i) - \mu_i) = 0, \\ e_i^0 \geq q_i \geq 0, \quad \mu_i \geq 0, \quad \mu_i \cdot (e_i^0 - q_i) = 0. \end{aligned} \tag{1.3}$$

Vergleichen wir nun die effizienten Lösungen mit nicht-kooperativem Verhalten. Hierfür werden zunächst diejenigen Länder betrachtet, für die

---

[30] Vgl. z.B. Kreps 1990, S. 161, Proposition 5.3 und 5.4.

[31] Alle Länder erhalten das gleiche Gewicht.

[32] Obige Zielfunktion kann auch als eine Wohlfahrtsfunktion interpretiert werden, bei der das Gewicht eines Landes dessen Bedeutung für die globale Wohlfahrt angibt. Alternativ schlagen Eyckmans et al. 1993 die Interpretation der Gewichte als Indikator für die Verhandlungsmacht eines Landes vor.

$\alpha_i > 0$ ist. Die erste Zeile von (1.3) lässt sich dann umformen zu:

$$\sum_{j \neq i} (\alpha_j/\alpha_i) B_j'(Q) + B_i'(Q) - C_i'(q_i) - \mu_i/\alpha_i \leq 0. \tag{1.4}$$

Gilt für alle anderen Länder $\alpha_j = 0$, so stimmt die obige Bedingung mit derjenigen für die Maximierung des Vermeidungsnettonutzens von Land i überein (siehe Gleichung (1.1)). Erhält mindestens ein weiteres Land ein positives Gewicht, so ist der erste Summand von (1.4) positiv. Der Grenzvermeidungsnutzen von Land i liegt in diesem Fall über dessen Grenzvermeidungskosten, sofern $q_i \geq 0$ nicht bindend ist. Da die Höhe des Grenzvermeidungsnutzens – außer für $B_i''(Q) = 0$ – vom Gesamtvermeidungsniveau abhängt, ist keine allgemeine Aussage darüber möglich, ob die Vermeidungsmenge des Landes höher oder geringer ist als im Nash-Gleichgewicht.

Für $\alpha_k = 0$ ergibt sich aus (1.3) der folgende Ausdruck:

$$\sum_{j \neq k} \alpha_j B_j'(Q) - \mu_k \leq 0.$$

Es folgt, dass Land k keine Schadstoffe mehr emittiert, d.h. $q_k = e_i^0$ ist. Die effiziente Vermeidungsmenge ist also für Land k höher als bei nichtkooperativem Verhalten, sofern $e_k^0 - q_k \geq 0$ nicht bereits in der Ausgangssituation bindend war.

Das Nach-Gleichgewicht ist ineffizient, sofern für mindestens ein Land $i \in N$ (1.2) und (1.3) nicht übereinstimmen.[33] Dies ist der Fall, wenn Land i seine Vermeidungsmenge in der Ausgangssituation noch weiter erhöhen kann und dessen Grenzvermeidungskosten nicht oberhalb der aggregierten Vermeidungsgrenznutzen verlaufen. Setzt man $\alpha_j > 0$ für alle $j \in N$, so weichen beide Bedingungen voneinander ab.

Die Effizienz eines Vermeidungsvektors ist jedoch kein ausreichendes Kriterium, um diesen als „Kandidaten" für ein Umweltabkommen zu qualifizieren. Es ist auch zu untersuchen, inwieweit sich jedes Land durch diese Vermeidungsanforderungen gegenüber dem nicht-kooperativen Gleichgewicht verbessert oder verschlechtert. So ist es zwar effizient, wenn ein Land i weiterhin nach Gleichung (1.2) vermeidet, während alle anderen Länder gar nicht emittieren, d.h. $q_j = e_j^0$ für alle $j \neq i$.[34] Dies dürfte jedoch kaum als Vermeidungverpflichtung im Rahmen eines Umweltabkommens diskutabel sein. Weitere wichtige Referenzpunkte sind deshalb

[33] Beachte, dass es nicht notwendig ist, die Eindeutigkeit des Nash-Gleichgewichts zu postulieren.

[34] In diesem Fall wäre in Gleichung (1.3) $\alpha_i = 1$ und $\alpha_j = 0$ für alle $j \neq i$.

diejenigen Vermeidungsvektoren, die den Status quo dominieren, also für kein Land mit einer geringeren Auszahlung als der bei nicht-kooperativer Vermeidungspolitik verbunden sind.

Ein Vermeidungsvektor $\mathbf{q} \in S$ *dominiert* einen Vektor $\mathbf{q}' \in S$, wenn $\boldsymbol{\pi}(\mathbf{q}) \geq \boldsymbol{\pi}(\mathbf{q}')$ und $\pi_i(\mathbf{q}) > \pi_i(\mathbf{q}')$ für mindestens ein $i \in N$.

Nicht alle Vermeidungsvektoren, die das Nash-Gleichgewicht dominieren sind allerdings auch effizient.

Sind *Seitenzahlungen* zwischen den Länder möglich, so lassen sich Vermeidungs- und Verteilungsentscheidungen voneinander trennen. Die Auszahlung eines Landes i setzt sich nun zusammen aus dem Nettonutzen der Vermeidung $\pi_i(\mathbf{q})$ und einer Zahlung T_i. Wenn T_i positiv ist, erhält das Land eine Seitenzahlung, wenn T_i negativ ist, zahlt es den Betrag. Die Seitenzahlungen heißen selbstfinanzierend, falls $\sum_i T_i = 0$.

Sind Seitenzahlungen zugelassen, so ist ein Vermeidungsvektor $\mathbf{q} \in S$ zusammen mit einem Transfervektor $\mathbf{T}$ Pareto-effizient, wenn es keinen erreichbaren Vermeidungsvektor $\mathbf{q}'$ und keine selbstfinanzierenden Seitenzahlungen $\mathbf{T} = (T_1, \cdots, T_n)^T$ und $\mathbf{T}' = (T_i', \cdots, T_n')^T$ gibt, so dass $\boldsymbol{\pi}(\mathbf{q}') + \mathbf{T}' \geq \boldsymbol{\pi}(\mathbf{q}) + \mathbf{T}$ und $\boldsymbol{\pi}(\mathbf{q}') \neq \boldsymbol{\pi}(\mathbf{q})$.

In diesem Fall ist nur die vollkooperative Lösung effizient. Angenommen, $\mathbf{q}$ sei effizient, maximiere aber nicht die aggregierten Vermeidungsnettonutzen, und $\mathbf{T}$ seien selbstfinanzierende Seitenzahlungen. Dann gibt es ein erreichbares $\mathbf{q}'$ mit höheren aggregierten Gewinnen. In diesem Fall können wir selbstfinanzierende Seitenzahlungen $\mathbf{T}'$ mit $T_i' = T_i + \beta_i(\sum_i \pi_i(q') - \sum_i \pi_i(q))$, $\beta_i \geq 0$ und $\sum_i \beta_i = 1$ konstruieren. Wegen $\beta_i \geq 0$ gilt jedoch $\boldsymbol{\pi}(\mathbf{q}') + \mathbf{T}' \geq \boldsymbol{\pi}(\mathbf{q}) + \mathbf{T}$ und $\boldsymbol{\pi}(\mathbf{q}') \neq \boldsymbol{\pi}(\mathbf{q})$. $\mathbf{q}$ kann deshalb nicht effizient sein. Ist $\mathbf{q}$ umgekehrt die vollkooperative Lösung, aber nicht effizient, dann gibt es einen erreichbaren Vektor $\mathbf{q}'$, so dass $\boldsymbol{\pi}(\mathbf{q}') + \mathbf{T}' \geq \boldsymbol{\pi}(\mathbf{q}) + \mathbf{T}$ und $\boldsymbol{\pi}(\mathbf{q}') \neq \boldsymbol{\pi}(\mathbf{q})$. Da $\sum_i \pi_i(q') \leq \sum_i \pi_i(q)$ kann $\mathbf{T}'$ nicht selbstfinanzierend sein. $\mathbf{q}$ ist deshalb effizient.

1.3.3 Grenzüberschreitende Umweltverschmutzung

1.3.3.1 Nicht-kooperatives Verhalten

Diffusionsprozesse können im Falle globaler Umweltprobleme wie des Treibhauseffektes vernachlässigt werden. Sie sind jedoch z.B. für SO_2-Emissionen, welche sauren Regen verursachen, sehr wohl zu beachten. In diesem Abschnitt soll die Annahme gelockert werden, dass Diffusionsprozesse von Schadstoffen für die in einem Land herrschende Schadstoffkonzentration grundsätzlich unerheblich sei.

Zur Vereinfachung wird angenommen, der Zusammenhang zwischen Emissionen und Immissionen sei linear, so dass die Schadstoffdiffusion durch die quadratische $n \times n$ Matrix $\mathbf{H} = [h_{ij}]$ der Diffusionskoeffizienten ermittelt werden kann. Das Element h_{ij} der Matrix gibt an, welcher Anteil der Emissionen von Land j in Land i als Immission nieder geht. Das Transportmodell ist gegeben durch $\mathbf{I} = \mathbf{H}(\mathbf{e^0} - \mathbf{q})$, wobei $\mathbf{e^0} = (e_1^0, \ldots, e_n^0)^T$ Emissions- und $\mathbf{I} = (I_1, \ldots, I_n)^T$ den Immissionsvektor bezeichnen.

Zwar stellen globale Umweltprobleme wegen $I_i = \sum_j (e_j^0 - q_j)$ einen Spezialfall grenzüberschreitender Umweltprobleme dar.[35] Trotzdem lohnt es sich, beide Probleme getrennt darzustellen. Während nämlich bei globalen Umweltproblemen der Anreiz der betroffenen Länder, nicht-kooperative Vermeidungsanstrengungen zu unternehmen, vom Verlauf der Vermeidungsnutzen- und -kostenfunktionen abhängt, ist hier als zusätzlicher Faktor zu berücksichtigen, inwieweit ein Land von seinen eigenen Emissionen betroffen ist.

Die Kosten der Emissionsvermeidung sind weiterhin durch $C_i(q_i)$ mit den in 1.3.2.1 genannten Eigenschaften gegeben. Der Nutzen der Vermeidung hängt jedoch nicht mehr direkt von der Vermeidungsmenge sondern von der daraus resultierenden Immissionsmenge ab und ist nunmehr gegeben durch:

$$B_i(\mathbf{I}) := D_i(I_i^0) - D_i(I_i), \text{ mit } I_i^0 = \sum_{j \in N} h_{ij} e_j^0.$$

Analog zum vorherigen Abschnitt gelte ferner $B_i'' \leq 0$. Der Nettonutzen der Vermeidung ist somit konkav in $\mathbf{q}$ und streng konkav in q_i.

Genau wie bei globalen Umweltproblemen bestimmt ein Land seine nicht-kooperative Vermeidungsmenge, indem es diejenige Menge an Schadstoffen vermeidet, bei der Grenzvermeidungsnutzen und -kosten gleich sind. Da die Effekte von Ungleichheitsbeschränkungen bereits im vorherigen Abschnitt diskutiert wurden, wird im Folgenden die Existenz einer inneren Lösung vorausgesetzt. Die Bedingung erster Ordnung lautet:

$$B_i'(\mathbf{I}) h_{ii} - C_i'(q_i) = 0 \quad u.d.N. \quad \mathbf{I} = \mathbf{H}(\mathbf{e^0} - \mathbf{q}). \tag{1.5}$$

Wie zu erwarten, ist die zu vermeidende Menge bei sonst gleichem Vermeidungsnutzen um so höher je mehr ein Land von den Vermeidungsmaßnahmen profitiert, d.h. je größer der Anteil seiner Emissionen ist, der im Land selbst als Immission niedergeht. Durch Differenziation von (1.5)

[35] Bei globalen Umweltproblemen nehmen alle Diffusionskoeffizienten den Wert Eins an.

erhält man (1.6) als Steigung der Reaktionsfunktion. Aus dieser wird ersichtlich, dass der Verlauf der Reaktionsfunktion nicht mehr ausschließlich von der Gesamtvermeidungsmenge abhängt, sondern auch davon welches Land in welchem Umfang Emissionsvermeidung betreibt:

$$\frac{\partial R_i(\mathbf{q})}{\partial q_j} = -\frac{h_{ii}h_{ij}B_i''(\mathbf{I})}{B_i''(\mathbf{I})h_{ii}^2 - C_i''(q_i)}. \tag{1.6}$$

Ein Land reagiert auf die Vermeidungspolitik eines anderen um so stärker, je mehr es von dessen Emissionen betroffen ist. Auch hier existiert aufgrund der getroffenen Annahmen ein Nash-Gleichgewicht.[36]

1.3.3.2 Effiziente Vermeidungsstrategien

Im Unterschied zu globalen Umweltproblemen, bei welchen das nichtkooperative Gleichgewicht mit und ohne Seitenzahlungen ineffizient ist, kommt der Möglichkeit von Seitenzahlungen bei Berücksichtigung von Diffusionsprozessen in Bezug auf die Effizienzkriterien eine größere Bedeutung zu.

Analog zu (1.3) ist *mit Seitenzahlungen* ein Vermeidungsvektor effizient, der die Summe der Auszahlungen maximiert. Die Bedingung erster Ordnung hierfür lautet:

$$\sum_j B_j'(\mathbf{I})h_{ij} - C_i'(q_i) = 0 \quad u.d.N \quad \mathbf{I} = \mathbf{H}(\mathbf{e^0} - \mathbf{q}) \tag{1.7}$$

Ein Vergleich von Gleichung (1.5) und (1.7) zeigt, dass die Vermeidungsmenge eines Landes im Nash-Gleichgewicht zu gering ist, sofern mindestens ein anderes Land ebenfalls von dessen Vermeidungsaktivitäten profitiert, d.h. sofern $h_{ji} > 0$ für mindestens ein $j \neq i$. Auch hier sind also durch Verhandlungen Effizienzgewinne zu erzielen.

Anders sieht es aus, wenn Seitenzahlungen nicht in Betracht gezogen werden, da im Gegensatz zu globalen Umweltproblemen nicht mehr gewährleistet ist, dass ein Land von den Vermeidungsaktivitäten eines anderen Landes profitiert. Zur Verdeutlichung werden einseitige und mehrseitige Externalitäten unterschieden, obwohl bei mehr als zwei Ländern natürlich Mischfälle denkbar sind.

Einseitige Externalitäten bei grenzüberschreitender Umweltverschmutzung liegen vor, wenn sich die Menge der Länder N disjunkt in die Mengen J und K zerlegen lässt, so dass für alle $i \in N$, $j \in J$, $k \in K$ gilt $h_{ij} = 0 < h_{ik}$.

[36] Vgl. Friedman 1991, Theorem 3.1, S. 72.

J ist dann die Menge der Verursacherländer und K die Menge der betroffenen Länder.[37] Die effizienten Vermeidungsvektoren lassen sich analog zu globalen Umweltproblemen durch die Maximierung der gewichteten Auszahlungen charakterisieren.

Ohne Seitenzahlungen ist ein Nash-Gleichgewicht $\mathbf{q}^*$ bei einseitigen Externalitäten effizient.

Im Nash-Gleichgewicht wählt jedes Land seine Vermeidungsmenge gemäß Gleichung (1.5). Ferner ist die Auszahlung eines Verursacherlandes unabhängig von den Vermeidungsaktivitäten anderer Länder. Daraus folgt, dass es keinen Vermeidungsvektor $\mathbf{q} \in S$ gibt, der für mindestens ein Verursacherland mit einem höheren Vermeidungsnettonutzen verbunden ist als $\mathbf{q}^*$. Die betroffenen Länder maximieren ihren Vermeidungsnettonutzen für gegebene Vermeidungsmengen der Verursacherländer. Hieraus folgt, dass es keinen Vermeidungsvektor $\mathbf{q} \in S$ gibt, der den Vermeidungsnettonutzen mindestens eines betroffenes Landes erhöht, ohne dass der Vermeidungsnettonutzen mindestens eines Verursacherlandes sinkt. $\mathbf{q}^*$ ist demnach effizient.

Trotz der Effizienz des nicht-kooperativen Gleichgewichts nach obigem Kriterium ist dieses Ergebnis wenig überzeugend, da es eine Reihe anderer effizienter Vermeidungsvektoren gibt, die mit höheren aggregierten Auszahlungen verbunden sind, was die Bedeutung von Seitenzahlungen unterstreicht. Wie groß in diesem Zusammenhang die Differenz zwischen der vollkooperativen Lösung und dem Nash-Gleichgewicht ist, wird durch das Ausmaß der physischen Spillovereffekte und den damit verbunden Schäden bestimmt.

Anders liegt der Fall, wenn alle Verursacher auch gleichzeitig Betroffene sind. Die Beurteilung der Effizienz erfolgt dann wieder unter Zuhilfenahme der Tatsache, dass jeder effiziente Vermeidungsvektor durch die Maximierung der gewichteten Auszahlungen dargstellt werden kann. Wenn jedes Land von der Vermeidung der anderen Länder profitiert, im Nash-Gleichgewicht jedoch nur die positiven Auswirkungen auf die eigene Umweltqualität berücksichtigt, dann ist die nicht-kooperative Vermeidungsmenge zu gering. Die Argumentation erfolgt analog zu globalen Umweltproblemen.

[37] Beachte, dass es nicht notwendig ist anzunehmen, ein Verursacherland sei nicht von seinen eigenen Emissionen betroffen.

1.4 Zusammenfassung

Internationale Umweltprobleme lassen sich auf unterschiedliche Ursachen zurückführen, wobei eine klare Abgrenzung nicht immer möglich ist. Liegen physische Spillovereffekte vor, so besteht für die betroffenen Länder die Möglichkeit, sich auf die zu vermeidenden Schadstoffmengen zu einigen, ohne weitergehende Zahlungen zu vereinbaren. Schon anhand eines sehr einfachen Modells wird deutlich, dass durch Verhandlungen Effizienzgewinne zu erzielen sind. Die Unterscheidung in globale und grenzüberschreitende Umweltprobleme zeigt außerdem, dass das Ausmaß der negativen Externalitäten sowie auch der Anreiz eines Verursacherlandes, Vermeidungsverpflichtungen im Rahmen eines Abkommens zu übernehmen, davon abhängt, wie stark dieses jeweils von den Emissionen der anderen Länder betroffen ist.

Ausgehend vom nicht-kooperativen Gleichgewicht als Status quo für Umweltverhandlungen erhebt sich nun die Frage, inwieweit die mit einer Erhöhung der Vermeidungsmenge verbundenen Trittbrettfahreranreize überwunden werden können; ob also stabile Abkommen zwischen den betroffenen Ländern möglich sind.

Kapitel 2

Das Dilemma internationaler Kooperation

2.1 Einführung

Dieses Kapitel beschäftigt sich mit der grundsätzlichen Einbindung von Umweltverhandlungen in einen nicht-kooperativen Modellrahmen. Ausgehend von der klassischen Situation eines Zwei-Personen-Gefangenendilemmas ist zunächst kritisch zu hinterfragen, inwieweit bei Verhandlungen zwischen einfachem Trittbrettfahrerverhalten im Sinne einer offenen Ablehnung internationaler Kooperation und der Nichteinhaltung eines Umweltabkommens zu unterscheiden ist. Kooperation ist dann möglich, wenn die Einhaltung eines unterzeichneten Abkommens als durch eine internationale Norm internalisiert gelten kann.

Bei Verhandlungen zwischen mehr als zwei Ländern, ändert sich die Anreizstruktur dahingehend, dass neben der Festlegung einer Vermeidungsmenge auch Entscheidungen darüber zu treffen sind, welche Länder sich letztendlich an einem Abkommen beteiligen. Hierfür werden nach einer allgemeinen Darstellung des Problems verschiedene Konzepte der Koalitionenbildung im Hinblick auf ihre Relevanz für die Modellierung internationaler Umweltabkommen diskutiert. Eine wichtige Rolle für die Kooperationsentscheidung eines Landes spielt hierbei dessen Vermutung über das Koalitionsverhalten der anderen Länder.

2.2 Zur Verhandlungssituation

2.2.1 Das Gefangenendilemma

Die einfachste Form, die Schwierigkeit internationaler Kooperation bei internationalen Umweltproblemen zu veranschaulichen, ist deren Darstellung als Gefangenendilemma. Ein solches Dilemma ist dadurch gekennzeichnet, dass zwar einerseits alle Betroffenen Kooperation der nicht-kooperativen Situation vorziehen, jedes einzelne Land sich jedoch selbst *immer* durch nicht-kooperatives Verhalten besser stellen kann. Dilemmasituationen entstehen typischerweise bei Vorliegen mehrseitiger externer Effekte oder bei der Bereitstellung öffentlicher Güter, wie dieses bei internationalen Umweltproblemen der Fall ist.

Diese Problematik wird in Abbildung 2.1 für den Fall zweier identischer Länder verdeutlicht. Die verhandelnden Länder sehen sich hierbei der binären Entscheidung über Kooperation im Rahmen eines Umweltabkommesn oder nicht-kooperativem Verhalten gegenüber. Unter Kooperation soll hier die Maximierung der aggregierten Vermeidungsnettonutzen verstanden werden. Das entsprechende Strategieprofil ist mit (C, C) bezeichnet, die Auszahlungen mit (c_1, c_2). Kooperiert kein Land wird der nicht-kooperative Status quo mit den Strategien (N, N) und (n_1, n_2) als Auszahlungsprofil beibehalten. Aus Symmetriegründen und aufgrund der Ineffizienz des Status quo[1] gilt $(c_1, c_2) >> (n_1, n_2)$. Beide Länder können sich also durch ein Umweltakommen verbessern.

Noch höher ist allerdings die Auszahlung desjenigen Landes, welches einseitig von dem geschlossenen Abkommen abweicht, also D spielt. Nicht zu kooperieren heißt dann, entweder auf die Vermeidungsmenge des kooperierenden Landes gemäß (1.1) seine beste Antwort zu geben, oder seine nicht-kooperative Vermeidungsmenge des Status quo beizubehalten und nicht wie vereinbart auszudehnen. In beiden Fällen profitiert es von der größeren Vermeidungsmenge des anderen Landes, ohne selbst an den Kosten beteiligt zu sein. Die Auszahlung des kooperierenden Landes hingegen sinkt nicht nur im Vergleich zum Zustand voller Kooperation. Dieses erhält wegen der gestiegenen Vermeidungskosten sogar weniger als in der nicht-kooperativen Ausgangssituation. Es gilt also $a_i > c_i$ und $n_i > b_i$ für $i = 1, 2$. Verfolgt jedes Land das Ziel, seine Auszahlung zu maximieren, ist deshalb (N, N) das einzige stabile Ergebnis. Bei allen anderen Strategiekombinationen kann sich wenigstens ein Land durch Abweichen von der gewählten Strategie verbessern.[2] Gleiches gilt für den Fall asymmetrischer Länder, wobei die kooperativen Vermeidungsmengen so festzulegen sind, dass sich kein Land durch ein Abkommen verschlechtert.[3]

Dieses Ergebnis ist natürlich nicht überraschend. Aus den Ausführungen des vorhergehenden Kapitels wurde ersichtlich, dass kooperative Vermeidungsmengen bei einem stetigen Strategieraum keine besten Antworten sind. In der oben dargestellten Dilemmasituation haben nun die Länder explizit die Möglichkeit, sich auf eine gemeinsame Vermeidungspolitik zu

[1] Vgl. Abschnitt 1.3.2.3.

[2] Hoel 1991 zeigt außerdem, dass im Falle einseitiger Maßnahmen u.U. sogar die Gesamtwohlfahrt sinken kann.

[3] Liegen einseitige externe Effekte vor, können Effizienzgewinne nur mittels Seitenzahlungen realisiert werden. Die Strategie von Land 2 besteht dann in „Leisten der Kompensationszahlung" oder „Verweigerung der Zahlung", während Land 1 die vorgeschriebene Schadstoffmenge vermeiden kann oder dieses unterlässt. Die Argumentation erfolgt analog zu dem obigen Beispiel.

Abbildung 2.1: *Bilaterales Gefangenendilemma*

		Land 2	
		C	N
Land 1	C	(c_1, c_2)	(b_1, a_2)
	D	(a_1, b_2)	(n_1, n_2)

einigen, oder dem zuwider zu handeln. Die urprüngliche Anreizsituation bleibt davon jedoch unberührt, so dass die effizienten Vermeidungsmengen auch weiterhin nicht im Rahmen nicht-kooperatives Gleichgewicht erreicht werden.

Sofern die im Abkommen von einem Land geforderte Vermeidungsverpflichtung unabhängig von der Anzahl der kooperierenden Länder ist, lässt sich diese Argumentation ebenfalls auf mehr als zwei Länder übertragen.[4] Da die Grenzvermeidungskosten immer größer sind als der Grenzvermeidungsnutzen, sofern die von einem Land vermiedene Schadstoffmenge oberhalb dessen Reaktionsfunktion liegt,[5] hat jedes einzelne Land ein Interesse daran, sich selbst nicht an der gemeinsamen Vermeidungspolitik zu beteiligen.[6]

Ein etwas positiveres Bild ergibt sich, wenn die Länder ihre Kooperationsentscheidungen nicht einmalig sondern in einer Abfolge von Perioden treffen. Bei *wiederholten Spielen*[7] sind die Strategien eines Landes bedingte Pläne und beinhalten Entscheidungen darüber, unter welchen Voraussetzungen dieses in einer Periode kooperiert bzw. nicht kooperiert. Die Auszahlung eine Landes setzt sich aus der Summe der abdiskontierten Periodenauszahlungen zusammen. Gehen die Länder von einem unendlichen Zeithorizont aus oder wissen sie zumindest nicht mit Sicherheit, wann die Interaktion abbricht, können hinreichend geduldige Länder kooperatives Verhalten mittels sogenannter *Trigger-Strategien* als stabile Lösung[8] etablieren. Nach dieser Strategie kooperiert ein Land solange bis ein anderes

[4] Vgl. Barrett 1997, S. 242 für eine formale Darstellung.

[5] Siehe Gleichung (1.2).

[6] Der Trittbrettfahreranreiz wird abgeschwächt, wenn die kooperierenden Länder ihre gemeinsamen Auszahlungen maximieren. Auf diesen Aspekt wird in (3.2) ausführlicher eingegangen.

[7] wiederholte Spiele

[8] Gleichgewichte in Trigger-Strategien sind teilspielperfekte Gleichgewichte. Vgl. Friedman 1991, S. 127 Theorem 4.4.

einmal nicht-kooperativ gehandelt hat. Danach beendet es die Kooperation für immer. Dem Profit aus einmaligem Abweichen steht der Verlust an Kooperationsgewinnen aller nachfolgenden Perioden gegenüber. Kein Land kann sich durch ein Abweichen von dieser Strategie verbessern.[9]

Das Potential der nicht-kooperativen Vermeidungsmenge als Strafe für abweichendes Verhalten wird dadurch eingeschränkt, dass die Strafandrohung als glaubwürdig angesehen werden muss. Diese Forderung wird von Trigger-Strategien nicht erfüllt, denn alle Länder könnten sich durch eine Rückkehr zur Kooperation besser stellen. Nach dem von Farrell und Maskin (1989) entwickeltem Konzept der *Wiederverhandlungssicherheit* (renegotiation proofness) sind nur solche Bestrafungsprofile zulässig, nach denen das bestrafende Land keine höhere Auszahlung erhalten darf, wenn es zur Kooperation zurückkehrt, bevor für das andere Land Abweichen von der Kooperation unprofitabel geworden ist. Es zeigt sich, dass unter dieser Voraussetzung die vollkooperative Lösung nicht immer ein wiederhandlungssicheres Gleichgewicht ist.[10]

Gegen die Analyse von Umweltverhandlungen als wiederholte Spiele spricht, dass einmal unternomme Vermeidungsanstrengungen kostenlos reversibel sein müssen, damit die Rückkehr zum nicht-kooperativen Zustand als Strafmechanismus einsetzbar ist. Sind diese z.B. mit der Einführung neuer, emissionsarmer Technologien oder der Umstellung auf alternative Energieträger verbunden, ist diese Möglichkeit eher fraglich. Vielmehr kann davon ausgegangen werden, dass nachträgliche Erhöhungen des Emissionsniveaus mit hohen Anpassungskosten verbunden sind und so Drohungen von vornherein unglaubwürdig sind. Aus diesem Grund wird auf eine eingehendere Betrachtung von Umweltabkommen in Rahmen wiederholter Spiele verzichtet.

2.2.2 Trittbrettfahren versus Vertragsbruch

Das negative Ergebnis der eingangs beschriebenen Verhandlungssituation ist auf die mangelnde Möglichkeit der Länder zurückzuführen, bindende Selbstverpflichtungen einzugehen. Faktisch macht es in dem Modell keinen Unterschied, ob ein Land einem Umweltabkommen nicht beitritt – also

[9] Explizit angewendet wurden Trigger-Strategien im Übereinkommen zum Schutz der Pelzrobben im Nordpazifik von 1979 zwischen den USA, Kanada, Japan und der Sowjetunion. Verstößt ein Land gegen die Fangvorschriften, gibt Art. XII des Abkommens jeder Vetragspartei die Möglichkeit, die Zusammenarbeit zu beenden, woraufhin der Vertrag nach einer Frist für alle Partein außer Kraft tritt.

[10] Vgl. z.B. Barrett 1994; Endres/Finus 1997; Finus/Rundshagen 1998 u. 1998a.

Trittbrettfahrer ist – oder ob es vertragsbrüchig wird und seinen Verpflichtungen nicht nachkommt. Ein Vertragsbruch wird nicht sanktioniert.[11]

Ob die Unterscheidung in Trittbrettfahrer und Vertragsbrecher relevant ist, wird in der Literatur kontrovers diskutiert. Kann ein Land z.B. jederzeit von einem Abkommen zurücktreten, spielen Vertragsbrüche keine Rolle, da sie schlicht unnötig sind.[12] Tatsächlich enthalten viele Umweltabkommen jedoch zusätzliche Regeln, wann und unter welchen Voraussetzungen dieses zulässig ist. Artikel 19 des Montrealer Protokolls zum Schutz der Ozonschicht verlangt z.B. die Erfüllung von Vermeidungsverpflichtungen für mindestens vier Jahre. Andere Umweltabkommen geben zumindest eine Frist an, bis zu deren Ablauf der Rücktritt nicht erfolgen darf. Auf diese Weise wird versucht, die Chancen einer Umsetzung des jeweiligen Abkommens zu vergrößern.

Die Stabilität von CO_2-Abkommen unter Berücksichtigung völkerrechtlicher Aspekte untersucht Heister (1997). Er betont zwar die Notwendigkeit stabilisierender Maßnahmen in internationalen Umweltverträgen, stellt jedoch die Bedeutung der völkerrechtlichen Grundsätze und insbesondere der normativen Grundlage der Rechtstreue (bona fides)[13] nicht grundsätzlich in Frage, da die Stützung eines Rechtssystems ohne unabhängige Gerichtsbarkeit und Exekutivgewalt im Eigeninteresse der Staaten liege. Ihm zufolge „... besteht ein großer Unterschied zwischen der Verleugnung und der Verletzung einer allgemeinen Norm.", was sich darin manifestiert, dass diese zumeist nicht offenkundig vorsätzlich gebrochen wird.[14] Ähnlich argumentieren Chayes/Chayes (1991): Sie stellen den begrenzten Sanktionsmöglichkeiten im internationalen Kontext eine Vielzahl eingehaltener Abkommen gegenüber und merken an, dass internationale Verträge ihren Sinn verlieren, wenn diese von vornherein von allen Beteiligten nur als Lippenbekenntnis angesehen werden.

Nach dieser Argumentation muss die Entwicklung einer Norm der Rechtstreue[15] trotz fehlender Sanktionsmechansimen im weiteren Zusammenhang wiederholter Interaktion zwischen Staaten betrachtet werden. Unterstützt wird diese These durch die Tatsache, dass zwar selten direkt Sanktionsmechanismen in Abkommen festgelegt werden,[16] den Partien

[11] Bei wiederholten Spielen dagegen sind die auf nicht-kooperatives Verhalten folgenden Sanktionen unabhängig davon, ob ein Land Vertragspartei ist oder nicht.

[12] Vgl. Barrett 1998, S. 330.

[13] Vgl. auch Verdroß/Simma 1984, S. 46.

[14] Heister 1997, S. 58.

[15] Zur Entwicklung von Normen vgl. z.B. Axelrod 1986, Binmore 1998.

[16] Eine Ausnahme bildet z.B. das Montrealer Protokoll, das bei Nichterfüllung Handelssanktionen zulässt. Vgl. hierzu Brack 1996.

Abbildung 2.2: *Internalisierte Einhaltungsnorm*

		Land 2	
		C	N
Land 1	C	(c_1, c_2)	(n_1, n_2)
	N	(n_1, n_2)	(n_1, n_2)

aber trotzdem häufig Berichtspflichten auferlegt werden. Die Einrichtung von Institutionen zur Kontrolle der Umsetzung des Abkommens schafft Transparenz und dient letztendlich dazu, die Einhaltung von Normen langfristig zu gewährleisten.

2.2.3 Internalisierte Norm der Rechtstreue

Obwohl die Frage nach der Möglichkeit eines Landes, im Rahmen eines internationalen Abkommens glaubhaft bindende Selbstverpflichtungen einzugehen, nicht als abschließend geklärt angesehen werden kann, besteht weitgehender Konsens darüber, dass das internationale Recht den Vertragsparteien dazu dient, die Erwartungen über zukünftige Verhaltensweisen zu stabilisieren. In den folgenden Ausführungen wird deshalb davon ausgegangen, dass die Einhaltung internationaler Abkommen weitgehend als Norm internalisiert ist. Mit anderen Worten, bei der Entscheidung eines Landes über den Abschluss eines Umweltabkommens, erwartet jede Vertragspartei die Einhaltung des Abkommens durch diejenigen Parteien, für welche das Abkommen als rechtlich bindend anzusehen ist.[17]

Unter dieser Voraussetzung ist die obige Darstellung der Verhandlungssituation nicht mehr angemessen. Die Anreizsituation von zwei miteinander verhandelnden Ländern kann vielmehr durch folgende Spielsituation wiedergegeben werden: Jedes Land kann seine Bereitschaft zu einer gemeisamen Umweltpolitik bekunden oder diese ablehnen. Ein Abkommen wird nur geschlossen, wenn beide Länder an einer Zusammenarbeit interessiert sind; dessen Einhaltung gilt dann als gewährleistet. Kommt kein Abkommen zustande, so verbleiben beide Länder bei ihren nicht-kooperativen Vermeidungsmengen.

---

[17] Bevor ein Abkommen für eine Vertragspartei rechtlich bindend ist, muss es durch das Parlament des jeweiligen Landes ratifiziert werden. Auf diese Mehrstufigkeit der Verhandlungen wird in den Kapiteln 6 und 7 näher eingegangen.

Die Auszahlungsmatrix der neuen Verhandlungssituation ist in Abbildung 2.2 dargestellt. Koordination der Umweltpolitik führt weiterhin zu einer Auszahlung von (c_1, c_2), deren Ablehnung zu (n_1, n_2). Der Unterschied zu der vorhergehenden Dilemmasituation besteht nun jedoch darin, dass ohne beidseitiges Abkommen keine weiteren Vermeidungsaktiviäten unternommen werden. Die nicht-kooperativen Vermeidungsmengen werden beibehalten, sofern sich nur ein Land für Zusammenarbeit entscheidet. Für den Fall einseitiger Ablehnung der Kooperation, d.h. bei einem Strategieprofil von (N, N), betragen die Auszahlungen der verhandelnden Länder somit ebenfalls (n_1, n_2).

Das Spiel hat zwei Nash-Gleichgewichte: Zum einen der Zustand, in welchem keines der beiden Länder zur Kooperation bereit ist. Sofern nämlich eines der beiden Länder die Zusammenarbeit ablehnt, kann das andere Land seine Auszahlung nicht dadurch erhöhen, dass es einseitig seine Kooperationsbereitschaft erklärt. (N, N) ist deshalb ein Gleichgewicht. Allerdings stellt jetzt wegen $(c_1, c_2) >> (n_1, n_2)$ auch der kooperative Zustand (C, C) ein Gleichgewicht dar. Letzteres Gleichgewicht erscheint für die Verhandlungssituation zudem als das plausiblere. Denn damit (N, N) als Gleichgewicht realisiert werden kann, müssen beide Länder eine schwach dominierte Strategie spielen. Das heißt unabhängig vom Verhalten des anderen Landes kann ein Land niemals durch die Ablehnung der Zusammenarbeit eine höhere Auszahlung erlangen als bei Kooperation. Zwar kann die Wahl einer schwach dominierten Strategie auch bei rationalen Spielern nicht vollständig ausgeschlossen werden, da diese zumindest in einigen Fällen die beste Antwort sind.[18] Die Verhandlungen erlauben es jedoch den Ländern, sich auf das effiziente Gleichgewicht zu koordinieren.

An diesem Ergebnis ändert sich nichts, wenn die Vermeidungsverpflichtungen als Verhandlungsgegenstand miteinbezogen werden. Denkbar ist z.B., dass die Vermeidungsverpflichtung im Rahmen eines Verhandlungsspiels festgesetzt wird und die Länder danach über ihren Beitritt zu dem Abkommen entscheiden. Die internalisierte Einhaltungsnorm sowie der glaubwürdige Ausschluss einseitiger zusätzlicher Vermeidungsmaßnahmen bewirken, dass unter den getroffenen Annahmen ein effizientes Abkommen geschlossen werden kann.[19]

---

[18] Zur Rationalisierbarkeit von Strategien vgl. Fudenberg/Tirole 1995, S. 48 ff.

[19] Effizienzverluste durch Transaktionskosten oder asymmetrische Informationen über Vermeidungskosten und -nutzen werden hier nicht betrachtet.

2.3 Anreizstrukturen bei mulitlateralen Verhandlungen

Für zwei Länder stellt also die Einigung auf eine gemeinsame Umweltpolitik kein Problem dar, sobald die Einhaltung des Vertrages als gewährleistet angesehen wird. Trittbrettfahreranreize entstehen gar nicht erst, da einseitige Maßnahmen von vornherein ausgeschlossen sind und beide Länder die Zusammenarbeit dem nicht-kooperativen Zustand vorziehen. Inwiefern ändert sich nun die Anreizstruktur, wenn mehr als zwei Länder miteinander in Verhandlungen treten? Dieses Problem lässt sich anhand von vier Fragestellungen näher untersuchen, wobei die Unterzeichner eines Abkommens als Koalition angesehen werden.[20] (1) In welcher Reihenfolge werden Kooperations- und Vermeidungsentscheidung getroffen? (2) Nach welchen Regeln wird die Vermeidungsverpflichtung festgesetzt? (3) Wie verhalten sich die Länder außerhalb der Koalition? (4) Wie bilden sich Koalitionen?

2.3.1 Die Entscheidungsreihenfolge

Betrachten wir zunächst den Fall zweier verhandelnder Länder. Hier hat die Reihenfolge, in welcher Vermeidungs- und Kooperationsentscheidung festgelegt werden, keinen Einfluss auf das Verhandlungsergebnis. Einigen sich die Länder zunächst über die zu vermeidenden Schadstoffmengen, so muss während der Verhandlungen lediglich feststehen, dass ein Vertrag nur mit beiderseitigem Einverständnis geschlossen werden kann. Treffen andererseits beide Länder zunächst die Entscheidung zu kooperieren, d.h. gemeinsam Vertragsverpflichtungen einzugehen, liegt es auch in ihrem Interesse, das Umweltabkommen effizient zu gestalten. Wichtig ist in beiden Fällen die korrekte Antizipation der Ergebnisse der jeweils zweiten Spielstufe.

Leider lässt sich diese Argumentation nicht ohne weiteres auf Verhandlungen zwischen mehr als zwei Ländern übertragen, wie sich leicht verdeutlichen lässt. Angenommen, die Entscheidung über die laut Umweltvertrag einzuhaltende Vermeidungsmenge wird in einem ersten Verhandlungsschritt von allen Ländern gemeinsam getroffen. Die Vermeidungsmenge eines Landes, welches dem Umweltabkommen beitritt, ist dann unabhängig von der Anzahl der kooperierenden Länder. Zwar ist es immer noch denkbar, dass zwei Länder einen Umweltvertrag schließen. Für jedes weitere Land stellt sich die Situation jedoch wiederum als Gefangenen-Dilemma dar, da dessen Kooperationsbereitschaft nicht mehr für das Zustandekom-

[20] Ein umfassender Überblick zu endogener Koalitionsbildung findet sich bei Bloch 1997. Hier werden nur diejenigen Aspekte angesprochen, die auch bereits in der Literatur zu internationalen Umweltabkommen aufgegriffen wurden.

men eines Abkommens entscheidend ist. Ohne weitere Sanktionsmechanismen kann die Kooperation zwischen mehr als zwei Ländern nicht aufrecht erhalten werden, wenn die Vermeidungsentscheidung vor der Kooperationsentscheidung getroffen wird.

Vermutlich noch problematischer ist in diesem Zusammenhang die Frage, wie die gemeinsame Vermeidungsentscheidung getroffen werden soll. Votiert jedes Land für eine Abkommensausgestaltung, die seinen Vermeidungsnettonutzen maximiert, so ist selbst bei identischen Ländern keine Einstimmigkeit zu erzielen. Länder, die sich auf der zweiten Verhandlungsstufe als Trittbrettfahrer verhalten, fordern dann eine höhere Vermeidungsmenge als die Unterzeichner des Abkommens.[21] Hinzu kommt, dass auf der ersten Spielstufe noch gar nicht feststeht, welche beiden Länder einen Vertrag abschließen.

Das Problem unterschiedlicher Interessen von Unterzeichnern und Trittbrettfahrern wird umgangen, wenn die Vermeidungsentscheidung – wie üblicherweise in der Literatur angenommen[22] – nach der Kooperationsentscheidung erfolgt. Hier sind lediglich Entscheidungsregeln innerhalb einer Koalition festzulegen. Der Nachteil dieser Vorgehensweise liegt allerdings m. E. darin, dass diese Entscheidungsreihenfolge der Intuition des Verhandlungsverlaufs eher widerspricht, denn die Unterzeichnung eines Abkommens erfolgt gewöhnlich nach der Ausarbeitung des Vertragstextes. Zur Beurteilung der entsprechenden Anreizsituation mit umgekehrter Entscheidungsreihenfolge sind genauere Aussagen über das Verhalten der Trittbrettfahrer sowie über den Koalitionsbildungsprozess zu treffen.

2.3.2 Vermeidung und Verteilung

Die Länder einer Koalition haben die Möglichkeit, ihre Vermeidungsaktivitäten so zu koordinieren, dass das Verhandlungsergebnis für die Mitglieder einer bestimmten Koalition effizient ist. Für gegebenes Verhalten der Trittbrettfahrer gibt es also keinen zulässigen alternativen Abkommensvorschlag, der wenigstens ein Unterzeichnerland besser stellt, ohne ein anderes schlechter zu stellen.

Analog zur Gestaltung effizienter Umweltabkommen bei Beteiligung aller Länder ist auch hier wieder die Möglichkeit von Seitenzahlungen von Bedeutung. Können mit Hilfe von Seitenzahlungen Vermeidungs- und Ver-

[21] Ein ähnliches Problem beschreibt Barrett (1997) im Zusammenhang mit der Einführung von Handelssanktionen zur Stabilisierung internationaler Umweltabkommen. Auch hier können Unterzeichner und Trittbrettfahrer unterschiedliche Interessen vertreten.

[22] Vgl. hierzu Kapitel 4.

teilungsentscheidung getrennt voneinander betrachtet werden, so liegt es für die Unterzeichnerländer nahe, ihre aggregierten Vermeidungsnettonutzen zu maximieren. Einigung ist dann nur noch über die Höhe der jeweiligen Seitenzahlungen zu erzielen. Ohne Seitenzahlungen liegt selbst die Vermeidungsentscheidung der Koalitionsmitglieder nach dem Effizienzkriterium nicht eindeutig fest.

Eine abschließende Antwort, nach welchen Kriterien die Verteilungs- bzw. Vermeidungsentscheidungen innerhalb einer Koalition getroffen werden, ist unter theoretischen Gesichtspunkten nicht möglich. Andererseits ist die Einigung auf den Abkommensinhalt Vorraussetzung für die Kooperation, so dass sich dieser Aspekt wie ein roter Faden durch die Analyse internationaler Umweltabkommen zieht. Größen wie Fairness oder Gerechtigkeit eines Verhandlungsergebnisses, aber auch die Verhandlungmacht und das Verhandlungsgeschick der Verhandelnden sind theoretisch nur bedingt zu fassen.

In der Literatur zu internationalen Umweltabkommen wird deshalb davon ausgegangen, dass die Regel zur Festlegung der Verpflichtungen nicht Gegenstand der Verhandlungen, sondern den Ländern von vornherein bekannt ist. Beispielsweise könnten die Vermeidungsmengen innerhalb der Koalition jeweils nach der Nash-Verhandlungslösung festgelegt werden. Die genaue Abkommensausgestaltung ist dann nur noch von der Zusammensetzung der Koalition abhängig.

2.3.3 Verhalten der Trittbrettfahrer

Da durch die zusätzlichen Vermeidungsaktivitäten der Koalitionsmitglieder für die Länder außerhalb der Koalition positive Spillover entstehen, wird eine effiziente Politikkoordination innerhalb der Koalition auch vom Verhalten der nicht kooperierenden Länder bestimmt.

Die klassischen kooperativen Ansätze gehen bzgl. des Verhaltens der Länder außerhalb einer Koalition von einer extrem pessimistischen Annahme aus. Nach den Konzepten des α- und des β-Kerns wird unterstellt, dass diese mit dem Ziel handeln, die Auszahlungen der Unterzeichnerländer zu minimieren.[23] Bei dem betrachteten Vermeidungsspiel bedeutet dies die Einstellung jeglicher Vermeidungsaktivitäten. Zwar ist theoretisch denkbar, dass keine Vermeidung als Randlösung dem individuellen Rationalkalkül eines Landes entspricht.[24] Realistischer ist es aber anzunehmen,

[23] Vgl. z.B. Friedman 1991, S. 244 für eine formale Definition.

[24] Vgl. Abschnitt 1.3.2.2.

die Reaktionsfunktion eines Landes erfordere über einen großen Bereich positive Vermeidungsaktivitäten.

Zieht man ferner in Betracht, dass gerade die aus einem extrem rationalen Kalkül erwachsene Ineffizienz des Status quo überhaupt die Notwendigkeit internationaler Verhaltenskoordination begründet, lässt sich die Annahme einer Einstellung jeglicher Vermeidungsaktivitäten der Trittbrettfahrer als Reaktion auf ein geschlossenes Umweltabkommen kaum aufrechterhalten. Vielmehr sollte die Anpassung der Vermeidungsstrategie durch die Länder, die keine Vertragsparteien sind, gemäß ihrer Reaktionsfunktion als nicht-kooperatives Element beibehalten und bei der Bestimmung des Vertragsinhaltes berücksichtigt werden.

2.3.4 Bewertung der Kooperation

Sind die Regeln, nach welchen die Kooperationsgewinne ermittelt und aufgeteilt werden sowie das Verhalten der Trittbrettfahrer bekannt, kann die Analyse auf die Kooperationsentscheidung beschränkt werden. Ausschlaggebend für die Bewertung eines Umweltabkommens durch die Unterzeichner bzw. Trittbrettfahrer – und somit auch für dessen Stabilität – sind die vermuteten Konsequenzen der Kooperationsverweigerung.

Je nachdem, ob die Verweigerung eines Landes, sich an einem Umweltabkommen zu beteiligen, aus dessen Sicht zunächst das Scheitern jeglicher Kooperation zur Folge hat, oder ob es von einer weiteren Zusammenarbeit der übrigen Koalitionsmitglieder ausgeht, fällt die Bewertung seiner eigenen Teilnahme unterschiedlich aus. Neben diesen beiden Extremen besteht ferner die Möglichkeit, dass ein Land die Konsequenzen seiner Kooperationsentscheidung hinsichtlich des Verhaltens der anderen Länder bereits berücksichtigt. Da diese Frage für die Analyse internationaler Umweltabkommen von zentraler Bedeutung ist, werden die wichtigsten Ansätze im nächsten Abschnitt ausführlich diskutiert.

2.4 Koalitionsbildung

2.4.1 Einstimmigkeitsregeln

Nach der Einstimmigkeitsregel kommt ein Abkommen nur zustande, wenn die Zusammenarbeit von den potentiellen Vertragsländern einstimmig beschlossen wird. Sobald ein oder mehrere Länder die Koalition verlassen, stellen die übrigen Länder ihre Zusammenarbeit ein. Nach Tulkens (1998, S. 36f.) ist der Verhandlungsprozess folgendermaßen vorstellbar: Zuerst wird allen Ländern zusammen ein Abkommen vorgeschlagen, welches unter

Verwendung einer Kostenteilungsregel deren Nettonutzen maximiert. Weigert sich eine Gruppe von Ländern, dem Abkommen beizutreten, können diese ihrerseits versuchen, in einer Koalition, d.h. durch ein neues Abkommen, ein besseres Ergebnis zu erzielen. Die Weigerung eines einzelnen Landes hat unmittelbar das Scheitern der Verhandlungen zur Folge.

Ein Abkommen ist stabil, wenn keine andere Koalition eine für sie lukrativere Übereinkunft treffen kann – eine Forderung, die im Grunde nichts anderes besagt, als dass das geschlossene Abkommen im Kern des Verhandlungsspiels liegen muss. Wobei allerdings die Länder außerhalb einer Koalition nicht ihre Vermeidungsaktivitäten gänzlich einstellen, sondern sich gegenüber der geschlossenen Koalition nicht-kooperativ verhalten.[25] Im Unterschied zu dem nicht-kooperativen Gleichgewicht vor den Verhandlungen liegt der Schwerpunkt dieses – wie auch anderer kooperativer Ansätze – weniger auf der individuellen Anreizsituation eines Landes als vielmehr darauf, was eine Gruppe von Ländern gemeinsam erreichen kann.[26] Trittbrettfahreranreize für einzelne Länder können nicht entstehen, da einseitiges Abweichen zur Auflösung der Koalition führt.

2.4.2 Nash-Verhalten

Ein Kritikpunkt an der Annahme von Einstimmigkeitsregeln bei der Koalitionsbildung liegt darin, dass einseitiges Abweichen durch ein Land auch dann zum Ende der Zusammenarbeit führt, wenn die in der Koalition verbleibenden Länder sich weiterhin durch Kooperation gegenüber der nicht-kooperativen Situation verbessern könnten. Nicht-kooperative Ansätze zur Koalitionsbildung betonen eher das Interesse eines einzelnen Landes, von einem geschlossenen Abkommen abzuweichen und so Trittbrettfahrergewinne zu realisieren. Die zweite extreme Vermutung besteht also darin, die Kooperationsentscheidungen aller anderen Länder als gegeben anzusehen. Ein Land, welches sich gegen die Teilnahme an dem Umweltabkommen entscheidet, geht in diesem Fall von der weiteren Zusammenarbeit der übrigen Koalitionsmitglieder aus.

Trotzdem führt diese Annahme, anders als bei der oben beschriebenen Dilemmasituation, nicht mehr zwangsläufig zum Scheitern jeglicher Kooperation. Stabilisierend wirkt sich nun die Tatsache aus, dass die Vermeidungsentscheidung nach der Kooperationsentscheidung getroffen wird. Das abweichende Land nimmt zwar weiterhin das Zustandekommen eines Umweltabkommens an, berücksichtigt aber, dass aufgrund seiner Ent-

[25] Chander/Tulkens 1995 u. 1997 bezeichnen dieses Konzept als γ-Kern.

[26] Vgl. Osborne/Rubinstein 1994, S. 255 f.

scheidung die von den Vertragsländern beschlossene Vermeidungsmenge geringer ausfallen wird. Diesen negativen Effekt muss ein potentielles Unterzeichnerland gegen die bei seinem Beitritt entstehenden zusätzlichen Reduzierungskosten abwägen.

Ein Vertrag ist stabil, wenn kein Vertragsland von dem Vertrag zurücktreten und kein weiteres mehr diesem beitreten möchte. Abkommen, die diese Forderung erfüllen, werden als selbstdurchsetzend bezeichnet. Verhandeln mehr als zwei Länder miteinander, so entstehen Trittbrettfahreranreize dadurch, dass zwar die Einhaltung eines Abkommens als gewährleistet angesehen wird, die Teilnahme eines Landes aber nicht zu erzwingen ist.

2.4.3 Rationale Konjekturen

Carraro/Moriconi (1998) kritisieren, dass sowohl Nash-Konjekturen[27] als auch die Einstimmigkeitsforderung die Verhandlungssituation nicht angemessen widerspiegeln. Während letztere nicht glaubwürdig erscheint, wenn sich die verbleibenden Koalitionsmitglieder weiterhin durch Zusammenarbeit gegenüber dem Status quo verbessern können, geht ein abweichendes Land bei Nash-Verhalten auch vom Weiterbestehen der Koalition aus, deren Mitglieder sich durch kooperatives Verhalten aufgrund des einseitigen Abweichens gegenüber dem Status quo verschlechtern.

Kooperation wird für eine Koalition – verglichen mit dem Status quo – vor allem dann unprofitabel, wenn die Länder ihre Vermeidungsentscheidungen der zweiten Spielstufe simultan treffen. Weisen nämlich die Reaktionsfunktionen der Länder einen negativen Verlauf auf und ist der Anteil der kooperierenden Länder relativ gering, so senken die Trittbrettfahrer ihre Vermeidungsaktivitäten so stark, dass die Auszahlung der kooperierenden Länder verglichen mit dem nicht-kooperativen Zustand sinkt. Ein Land mit rationalen Konjekturen sollte bei seiner Entscheidung gegen Kooperation berücksichtigen, dass diese Tatsache zu weiteren Austritten aus der Koalition führt. Bei rationalen Konjekturen wird Kooperation für die Länder attraktiver als bei reinem Nash-Verhalten.

In ihren Überlegungen knüpfen Carraro/Moriconi auf die von Bresnahan (1981) für Duopolmodelle betrachteten konsistenten Konjekturen an.[28] Bei einem Gleichgewicht in konsistenten Konjekturen stimmen in der Umgebung des nicht-kooperativen Gleichgewichts die konjekturalen

---

[27] Hiermit ist die Vermutung eines Spielers gemeint, alle anderen Spieler wichen nicht von ihren bisherigen Strategien ab.

[28] Vgl. Carraro/Siniscalco 1998, S. 569. In dem Aufsatz von Carraro/Moriconi wird der Ansatz von Bresnahan nicht erwähnt.

Variationen, also die Vermutung über das Verhalten des anderen Spielers hinsichtlich der auf dem Markt angebotenen Menge, mit dessen Reaktionsfunktion überein.[29]

Hieran wird jedoch deutlich, dass das Konzept rationaler Konjekturen für die Koalitionsbildung nicht mit der Vermeidungsentscheidung konsistent ist, wenn für letztere weiterhin Nash-Konjekturen unterstellt werden. Dieses soll an folgendem Beispiel verdeutlicht werden.

Angenommen, die Auszahlungen aller Länder $i \in N$ seien durch

$$\pi = \frac{Q - \frac{Q^2}{2}}{n} - \frac{q_i^2}{2} \quad \text{mit} \quad Q = kq_i^C + (n-k)q_i^N \tag{2.1}$$

gegeben, wobei n die Anzahl der verhandelnden Länder und k die Anzahl der kooperierenden Länder bezeichnet. Das Superskript C steht für kooperierende Länder, N für Trittbrettfahrer. Für ein Trittbrettfahrerland ergibt sich aus (2.1) folgende Bedingungen erster Ordnung

$$q_i^N = \frac{1 - kq_i^C - (n-k-1)q_0^N}{n+1} \tag{2.2}$$

Da ein Trittbrettfahrerland die Vermeidungsmengen *aller* Länder als gegeben ansieht, steht q_0^N für das Vermeidungsniveau der $(n-k-1)$ anderen nicht kooperierenden Länder. Durch Differentiation der Gleichung (2.2) erhält man die Steigungen der Reaktionsfunktionen der Trittbrettfahrer in Abhängigkeit von den Vermeidungsmengen der kooperierenden Länder bzw. der anderen Trittbrettfahrer:

$$\frac{\partial R_i^N(q_i^C, q_0^N)}{\partial q_i^C} = -\frac{k}{n+1} \tag{2.3}$$

$$\frac{\partial R_i^N(q_i^C, q_0^N)}{\partial q_0^N} = \frac{k-n+1}{n+1} \tag{2.4}$$

Nach der Nash-Konjektur passen die Länder ihre Vermeidungsaktivitäten nicht an. Die Ableitungen von der Reaktionsfunktionen (2.3) und (2.4) nach q_i^C sind außer für den Fall, in welchem kein Land kooperiert ($k = 0$), von Null verschieden. Die Vermutung über das Vermeidungsverhalten der anderen Trittbrettfahrer stimmt nur dann mit dem Verlauf der Reaktionsfunktion überein, wenn alle anderen Länder sich kooperativ verhalten. Das heißt, die Vermutungen eines Landes über das Verhalten einer anderen Gruppe von Ländern erweisen sich außerhalb des Gleichgewichts nur dann als korrekt, wenn es sich um Vermutungen über die leere Menge handelt.

---

[29] Vgl. Bresnahan, S. 936.

Es fällt deshalb schwer zu begründen, weshalb ein Land die Kooperationsentscheidungen seiner Verhandlungspartner immer (!) korrekt antizipiert, während dies bei seiner Vermeidungsentscheidung nur im Gleichgewicht zutrifft.

2.4.4 Vorausschauende Strategien

Auch Ecchia/Mariotti (1996, 1998) bezeichnen das Verhalten der Länder in den ersten beiden Ansätzen als kurzsichtig. In dem von ihnen vorgeschlagenen Ansatz treffen die Länder lediglich eine binäre Entscheidung über Kooperation oder Trittbrettfahren mit den entsprechenden Vermeidungsmengen. Die Länder können Koalitionen eingehen, jedoch keine bindenden Absprachen treffen. Als Referenzsituation in diesem Modell dient nun nicht mehr die nicht-kooperative Ausgangssituation sondern das jeweils aktuelle Aktionsprofil auf jeder Stufe des Verhandlungsprozesses. Da Selbstverpflichtungen nicht möglich sind, kann ein einzelnes Land oder eine Koalition jederzeit zu einem neuen Status quo wechseln. Ein Abkommen bzw. eine Situation ist stabil, wenn der aktuelle Status quo von allen Ländern als permanent angesehen wird. Erst dann erfolgen die Auszahlungen.

Eine Strategie eines Landes oder einer Koalition ist insofern als vorausschauend anzusehen, als sie das Verhalten derselben auf jeder möglichen Stufe des Verhandlungsprozesses spezifiziert. Im 3-Personen-Gefangenendilemma ist Kooperation der einzige stabile Zustand.[30] Der Trittbrettfahreranreiz ist so stark, dass jedes Abweichen von voller Kooperation glaubwürdig ist und von den Ländern auch antizipiert wird.

Vorausschauende Strategien stellen sicherlich eine interessante Erweiterung der Analyse internationaler Umweltabkommen dar. Hierfür müssten jedoch eher die Vermeidungsmengen im Rahmen eines stetigen Aktionsraums betrachtet werden, was wiederum die Frage nach der Aufteilung von Kooperationsgewinnen innerhalb einer Koalition aufwirft.

2.5 Fazit

Die Anreizsituation bei multilateralen Umweltverhandlungen unterscheidet sich grundlegend von einer Situation mit nur zwei Ländern als Verhandlungspartnern. Unterscheidet man zwischen Trittbrettfahrerverhalten

[30] Als zusätzliche Voraussetzung muss Abweichen von voller Kooperation auch für eine Zweierkoalition profitabel sein.

und der Nichteinhaltung internationaler Abkommen, so wirken internationale Normen der Rechtstreue für zwei Länder stabilisierend.

Für eine Analyse multilateraler Verhandlungen sind eine Reihe zusätzlicher Annahmen notwendig. Vor allem hinsichtlich der Frage nach der Aufteilung der Kooperationsgewinne ist bisher keine zufriedenstellende theoretische Antwort gefunden worden. Ebenfalls nicht unumstritten ist, nach welchem Konzept die Koalitionsentscheidungen der Länder darzustellen sind. Sowohl gegen die Einstimmigkeitsregel als auch das Nash-Verhalten lassen sich Einwände hinsichtlich der Glaubwürdigkeit der jeweiligen Vorgehensweisen vorbringen. Bei rationalen Konjekturen hingegen stellt sich die Frage, warum ein Land auf der zweiten Spielstufe weiterhin konstante Vermeidungsmengen aller anderen Länder unterstellt.[31] Um die Konsistenz der Entscheidungen auf beiden Entscheidungsstufen zu gewährleisten, ist es m. E. sinnvoll, auch für die erste Stufe Nash-Verhalten zu unterstellen. Die Kooperationsmöglichkeiten bei selbstdurchsetzenden Abkommen bilden deshalb den Gegenstand des nächsten Kapitels.

[31] Cornes/Sandler 1984, 1985 untersuchen z.B. die Bereitstellung öffentlicher Güter bei „Nicht-Nash-Verhalten".

Kapitel 3

Selbstdurchsetzende Abkommen

3.1 Das Konzept

Das Konzept selbstdurchsetzender Abkommen, wurde zuerst von d'Aspremont et al. (1983) zur Analyse von Kartellen entwickelt. Sie gehen davon aus, dass die Mitglieder eines Kartells als Preisführer agieren, während die unabhängigen Firmen sich als Mengenanpasser verhalten. Stabilisierend wirkt sich hier aus, dass der Austritt aus einem Kartell zwar zu einer größeren Absatzmenge führt, dieser jedoch ein gesunkener Marktpreis gegenübersteht. Ein Kartell ist intern stabil, wenn keine Firma einen Anreiz hat, dieses zu verlassen. Es ist extern stabil, wenn keine weitere Firma mehr diesem beitreten möchte.

Ähnlich wird bei der Formulierung selbstdurchsetzender Umweltabkommen vorgegangen. Umweltabkommen weisen insofern eine Analogie zu Kartellen auf, als Vertragsländer durch die zusätzliche Vermeidung von Schadstoffen den übrigen Ländern kostenlos ein öffentliches Gut zur Verfügung stellen. Bei Preiskartellen profitieren die unabhängigen Firmen von dem durch die Preisabsprache gestiegenen Marktpreis. Die Kriterien interner und externer Stabilität beziehen sich nun auf die Teilnahme an einem internationalen Vertrag.

Ausgegangen wird von einem zweistufigen Entscheidungsprozess, bei welchem die verhandelnden Länder zunächst über Kooperation und in einer zweiten Stufe über die zu vermeidenden Schadstoffmengen entscheiden. Auf beiden Spielstufen werden die Entscheidungen simultan getroffen. In der zweiten Spielstufe sind allen Ländern alle Kooperationsentscheidungen bekannnt. Aufgrund der Rationalitätsannahme ist davon auszugehen, dass die Länder bei ihrer Kooperationsentscheidung die Vermeidungsentscheidungen der zweiten Spielstufe antizipieren. Aus diesem Grund werden zuerst die Vermeidungsentscheidungen betrachtet sowie die Möglichkeiten zur Bestimmung gleichgewichtiger Vermeidungsvektoren betrachtet. Daran anschließend werden stabile Koalitionen von Vertragsländern vorgestellt.[1]

[1] Dieses Vorgehen ist sehr eng verwandt mit Seltens Konzept der Teilspielperfektheit. Im Unterschied zu teilspielperfekten Nash-Gleichgewichten handeln die Koalitionsmitglieder kooperativ.

3.1.1 Die Vermeidungsentscheidung

Die Vertragsländer verhalten sich untereinander kooperativ und gegenüber den Trittbrettfahrern wie ein individueller nicht-kooperativer Spieler. Trittbrettfahrer bestimmen ihre Vermeidungsmengen gemäß ihrer Reaktionsfunktion. Sind Seitenzahlungen zwischen den kooperierenden Ländern möglich, bzw. alle Länder in ihrer Auszahlungsstruktur identisch, so bedeutet kooperatives Verhalten die Maximierung der aggregierten Auszahlungen der Koalitionsmitglieder. Ohne Seitenzahlungen ist anzugeben, nach welchem Kriterium eine für die Koalition effiziente Vermeidungsentscheidung zu treffen ist. Diese Annahmen sind ausreichend, um für jede denkbare Koalition die sich ergebenden Vermeidungsmengen aller verhandelnden Länder zu bestimmen.

Chander/Tulkens (1997) formulieren für die Vermeidungsentscheidung ein *Nash-Gleichgewicht bezogen auf eine Koalition* (Nash equilibrium with respect to a coalition), im Folgenden mit „NERC" bezeichnet. Ein NERC ist definiert als derjenige Vermeidungsvektor, bei welchem jeder einzelne Trittbrettfahrer sowie eine gegebene Koalition als ganzes jeweils ihre beste Antwort auf die Vermeidungsmenge der anderen Spieler geben.[2]

Eine etwas andere Vorgehensweise wählt Barrett (1994, 1997a, 1997b). Er geht davon aus, dass die Vertragsländer sich als Stackelbergführer verhalten, d.h. bei der Festsetzung ihrer Vermeidungsmengen die Mengenanpassung der Trittbrettfahrer antizipieren, während letztere die Vermeidungsmengen der Vertragsländer als gegeben ansehen. Barrett (1997a, S. 250) liefert hierfür folgende Begründung: Die Vertragsländer können zwar nicht auf die Mengenfestsetzung der Trittbrettfahrer reagieren, da es sich nicht um ein wiederholtes Spiel handelt und die Mengenentscheidungen simultan erfolgen. Sie setzen den Vertragsinhalt jedoch so fest, dass sie diesen nicht mehr zu revidieren wünschen, nachdem die Trittbrettfahrer ihre Vermeidungsentscheidungen getroffen haben.

Verlaufen die Reaktionsfunktionen der Länder nicht orthogonal, so fällt die vereinbarte Vermeidungsverpflichtung der Vertragsländer im NERC geringer aus der Koalitionsgewinn ist höher. Dies liegt daran, dass bei einer Vermeidungsentscheidung nach dem Stackelbergmodell die Unterzeichner ihre Vermeidungsmengen denen der Trittbrettfahrer anpassen können. Bei simultanen Entscheidungen gehen die Vertragsländer davon aus, dass die Länder außerhalb der Koalition ihre Vermeidungsmengen konstant halten.

[2] Genaugenommen treffen die Länder in dem Modell von Chander/Tulkens Konsumentscheidungen und Vermeidungsentscheidungen. Emissionen stellen einen Inputfaktor dar, so dass die Vermeidungskosten nur implizit gegeben sind.

Aus diesem Grund kann es vorkommen, dass sich die Mitglieder kleiner Koalitionen im NERC gegenüber dem Status quo verschlechtern. Nicht relevant ist diese Unterscheidung, wenn Reaktionsfunktionen der Länder orthogonal verlaufen. Das Vermeidungsniveau der Trittbrettfahrer ist dann unabhängig von den Vereinbarungen der Vertragsländer.

Probleme bei der Bestimmung der kooperativen Vermeidungsmengen ergeben sich, wenn die Länder sich in ihrer Kosten- und Nutzenstruktur sehr stark unterscheiden und Seitenzahlungen nicht möglich sind. Nach welcher Regel soll nun die Festlegung der Vermeidungsverpflichtungen erfolgen? Denkbar ist die Anwendung axiomatischer Verhandlungslösungen wie z.B. der Nash-Lösung oder der Kalai-Smorodinsky-Lösung.[3] Diese Konzepte stellen darauf ab, welche Verhandlungsergebnisse von den Beteiligten als fair oder vernünftig angesehen werden können, und nehmen im wesentlichen Bezug auf den Nutzenraum bzw. in diesem Fall den Auszahlungsraum der Verhandlungspartner. Unter Berücksichtigung der Vermeidungsentscheidung der Trittbrettfahrer wird mittels eines dieser Konzepte die Vermeidungsverpflichtung für jedes Vertragsland festgelegt.

Weitere Schwierigkeiten ergeben sich, wenn die Festlegung der Vermeidungsmengen nicht beliebig differenziert erfolgen kann. Dieses kann der Fall sein, wenn die Vermeidungsverpflichtungen der Vertragsländer einem Gleichheitskriterium z.B. in Form von Quoten genügen müssen. Diese Art von Allokationsregeln nimmt eher auf die Fairness des Verfahrens als auf die des Verhandlungsergebnisses Bezug. Sie sind rein spieltheoretisch schwerer zu rechtfertigen, wenn das Ergebnis nicht effizient ist, d.h. von einem anderen Vermeidungsvektor schwach dominiert wird. Für die weiteren Betrachtungen ist es jedoch zunächst ausreichend anzunehmen, Vermeidungsmengen und Auszahlungen der Koalitionsmitglieder lassen sich nach festen Regeln eindeutig bestimmen.

3.1.2 Die Kooperationsentscheidung

Die Allokationsregel für die Festsetzung der Vertragsverpflichtungen wird nicht endogen bestimmt, sondern als bekannt vorausgesetzt (s.o.). Die Teilnahme an einem Umweltabkommen kann dann auch als Zusage eines Landes interpretiert werden, sich dieser Regel entsprechend zu verhalten. Erste Voraussetzung für die Stabilität eines Umweltabkommens ist – aufgrund mangelnder Selbstbindungsmöglichkeiten eines Landes – die Glaubwürdigkeit dieser Zusage. In einem nicht-kooperativen Kontext ist dieses der Fall, wenn sich ein Land – gegeben die Kooperationsentscheidung

[3] Vgl. z.B. Binmore 1998.

aller anderen Länder – durch seinen Rücktritt vom Vertrag nicht verbessern kann. Eine Koalition von Vertragsländern ist *intern stabil*, wenn

$$\pi_i^C(K) \geq \pi_i^N(K \setminus \{i\}) \quad \forall i \in K$$

wobei K die Menge der kooperierenden Länder bezeichnet. Die Superskripte geben an, ob ein Land kooperiert (C) oder Trittbrettfahrer ist (N).[4] Die zweite Stabilitätsbedingung, die der *externen Stabilität*, bezieht sich auf die Anreizsituation der Länder außerhalb der Koalition. Diese müssen Freifahren gegenüber Kooperation vorziehen, d.h.

$$\pi_i^N(K) \geq \pi_i^C(K \cup \{i\}) \quad \forall i \notin K$$

Interpretiert man die Entscheidungen eines Landes für oder gegen eine Teilnahme an einem Umweltabkommen als dessen Strategiemenge, so stellen stabile Umweltverträge gerade die Nash-Gleichgewichte eines solchen Kooperationsspiels dar.[5]

3.2 Ergebnisse

3.2.1 Symmetrische Länder

Unterscheiden sich die Länder nicht in ihren Auszahlungsfunktionen, so liegt die Annahme einer Gleichaufteilung der Koalitionsgewinne nahe.[6] Auf der zweiten Spielstufe maximieren die Vertragsländer somit ihren Vermeidungsgewinn. Existenz und Eigenschaften selbstdurchsetzender Umweltabkommen werden im wesentlichen bestimmt durch die funktionale Form der Auszahlungsfunktionen, sowie die Möglichkeiten, durch Transfers zwischen Koalitionsmitgliedern und Trittbrettfahrern die Effizienzverluste zu verringern.[7]

[4] Um die Notation einfach zu halten, wird hier das gleiche Symbol verwendet wie in Kapitel 1.4 für die Vermeidungsnettonutzen der Länder.

[5] Diese Äquivalenz folgt direkt aus der Definition eines Nash-Gleichgewichts. Die Strategiemenge jedes Spielers besteht aus der Entscheidung für bzw. gegen Kooperation. Durch jede Koalition wird eindeutig ein Strategieprofil generiert. Gegeben die Kooperationsentscheidungen aller anderen Länder kann sich bei einer stabilen Koalition kein Land mehr durch Abweichen von seiner Strategie besser stellen.

[6] Unterschiedliche Aufteilungen könnten zumindest nicht innerhalb des Modellrahmens begründet werden.

[7] Der Transferbegriff ist von dem der Seitenzahlung abzugrenzen. Letzterer bezieht sich auf Zahlungen innerhalb der Koalition, ersterer auf Zahlungen zwischen Koalition und Trittbrettfahrern.

3.2.1.1 Verlauf der Auszahlungen

Hinsichtlich der Möglichkeiten, den durch internationale Umweltprobleme verursachten Effizienzverlusten durch den Abschluss eines stabilen Vertrages entgegenzuwirken, kommt Barrett (1994) zu einem eher negativen Ergebnis. Er zeigt, dass bei linearen Vermeidungsgrenzkosten und konstanten Vermeidungsgrenznutzen ein selbstdurchsetzendes Abkommen immer von genau drei Ländern geschlossen wird. Die Trittbrettfahrer verfügen in diesem Fall über eine dominante Vermeidungsstrategie. Die kooperativ vereinbarten Vermeidungsmengen hingegen sind um so größer je mehr Länder sich an dem Abkommen beteiligen, so dass die Auszahlungen der Trittbrettfahrer überproportional zu der Koalitionsgröße steigen. Bei einer Koalition von drei Ländern ist der Trittbrettfahreranreiz bereits so groß, dass sich kein weiteres Land mehr dem Abkommen anschließt. Da hier auch die Auszahlungen der Vertragsländer monoton in der Koalitionsgröße steigen, ist ein Abkommen von drei Ländern ebenfalls intern stabil. Die Effizienzverluste sind um so größer, je mehr Länder von dem Umweltproblem betroffen sind. Weisen die Grenzvermeidungskosten einen logarithmischen Verlauf auf, d.h. es gilt $C_i'(q_i) = -\sigma \ln(1 - q_i/x)$,[8] oder steigen die Grenzvermeidungsnutzen bei konstanten Grenzvermeidungskosten, so ist kein Abkommen von mehr als zwei Ländern stabil.

Größere stabile Koalitionen bei linearen Grenzvermeidungskosten sind denkbar, wenn der Grenznutzen der Vermeidung mit der vermiedenen Emissionsmenge abnimmt. Dies ist der Fall bei Vermeidungsgrenznutzen der Form $B_i'(Q) = b(a - Q)/n$. Eine eindeutige analytische Lösung ist hier nicht mehr möglich. Die Größe einer stabilen Koalition hängt vom Anstieg der Vermeidungsnutzen und -kosten ab. Numerische Simulationen zeigen, dass der Gesamteffekt eines Umweltabkommens nur gering ist. Nur wenige Länder unterzeichnen das Abkommen, wenn die Grenzvermeidungsnutzen im Vergleich zu den Grenzkosten sehr klein sind. Diese unternehmen zwar wesentlich mehr Vermeidung als im Status quo, alle Länder außerhalb des Abkommens erhöhen jedoch als Reaktion auf das Abkommen ihren Schadstoffausstoß, so dass die gesamte zusätzliche Emissionsvermeidung im Vergleich zum nicht-kooperativen Zustand nur gering ist. Bei einem verhältnismäßig hohen Grenzvermeidungsnutzen ist die Beteiligung an einem Abkommen höher. Hier ist die zusätzliche Vermeidung nicht so hoch, weil aufgrund der hohen Grenzvermeidungsnutzen bereits in wesentlichem Umfang nicht-kooperative Vermeidung betrieben wurde.

---

[8] Grenzkostenverläufe dieser Form finden sich bei Nordhaus (1991) zur Berechnung der US-amerikanischen CO_2-Vermeidungskosten.

3.2.1.2 Transfers

Carraro/Siniscalco (1993) untersuchen die Möglichkeiten der Vertragsländer, eine stabile Koalition durch Transfers an Trittbrettfahrerländer zu erweitern. Angenommen wird hierbei, dass die Reaktionsfunktionen der Trittbrettfahrer keinen positiven Anstieg aufweisen und die Vermeidungsmengen der Vertragsländer mit der Koalitionsgröße ansteigen. Den Ausgangspunkt der Analyse bildet eine stabile Koalition von Ländern.

Die Mitglieder dieser Koalition könnten versuchen, durch selbstfinanzierte Transfers an Trittbrettfahrer die Koalition zu vergrößern. Eine Erweiterung ist profitabel, wenn erstens der Transfer so hoch ist, dass die Auszahlung des neuen Vertragslandes trotz der zusätzlich eingegangenen Vermeidungsverpflichtung nicht kleiner ist als bei nicht-kooperativem Verhalten und zweitens der Koalitionsgewinn durch den Beitritt eines weiteren Landes so stark ansteigt, dass die Länder der ursprünglichen Koalition sich trotz des Transfers verbessern. Die so erweiterte Koalition ist allerdings nicht mehr intern stabil. Durch die gestiegene Gesamtvermeidung besteht nunmehr für die zuletzt genannten Länder ein starker Trittbrettfahreranreiz. Erweiterung der Zusammenarbeit ist deshalb nur möglich, wenn zumindest einige Länder bindende Selbstverpflichtungen eingehen können. Die mangelnde Möglichkeit der Länder, bindende Selbstverpflichtungen außerhalb eines Abkommens einzugehen begründet jedoch gerade das Problem internationaler Kooperation.

Mehr als drei Länder können selbst bei konstantem Vermeidungsgrenznutzen und linearen Grenzkosten eine stabile Koalition eingehen, wenn mit der Ablehnung der Zusammenarbeit politische Kosten verbunden sind. Diesen Fall untersuchen Hoel/Schneider (1997). Steigen die politischen Kosten mit der Anzahl der Unterzeichner, so ist u.U. sogar die große Koalition, d.h. ein Vertrag zwischen allen Ländern stabil. Sind die Kosten der Ablehnung nicht hoch genug, um ein Abkommen zwischen allen Ländern zu stabilisieren, haben die Vertragsländer wiederum die Möglichkeit, Trittbrettfahrer durch selbstfinanzierte Transfers zu einer weiteren Senkung ihrer Emissionen zu bewegen. Hier haben die Transfers direkt negative Auswirkungen auf die Beteiligung an einem Abkommen. Die sich ergebenden stabilen Koalitionen sind kleiner als ohne Transfers, da die Teilnahme aufgrund der zu erwartenden Transferzahlung weniger attraktiv geworden ist. Allerdings ist der Effekt der Transfers hinsichtlich des Gesamtvermeidungsniveaus unbestimmt. Einer aufgrund der geringeren Beteiligung gesunkenen Vermeidungsmenge der Vertragsstaaten steht die mittels Transferzahlungen erhöhte Vermeidungsaktivität der Trittbrettfahrer gegenüber.

Hoel/Schneider (1997) unterstellen, dass trotz der Transfers bei Nichtbeteiligung an dem Abkommen weiterhin die gleichen politischen Kosten anfallen, weisen jedoch selbst darauf hin, dass diese Annahme eher unrealistisch ist. Durch die Einrichtung von Transferzahlungen könnte Trittbrettfahren als allgemein akzeptabel angesehen werden. Auch wird in beiden Fällen keine Unterscheidung zwischen Vertragsbruch und Trittbrettfahren getroffen und ein internationales Abkommen somit hinfällig.

3.2.2 Asymmetrische Länder

3.2.2.1 Verträge mit Seitenzahlungen

Sind Seitenzahlungen zwischen den Vertragsländern möglich, so ist die kooperative Vermeidung durch die Maximierung des Koalitionsgewinns eindeutig festgelegt. Es erhebt sich nun die Frage nach der Aufteilung der Koalitionsgewinne. Barrett (1997b) untersucht die Kooperationsmöglichkeiten der von einem globalen Umweltproblem betroffenen Länder, wenn jedes Vertragsland eine Seitenzahlung in Höhe seines Shapley-Wertes erhält. Dabei wird für alle Länder jeweils die gleiche funktionale Form der Auszahlungen unterstellt. Ähnlich wie bei Barrett (1994) ist der Gesamteffekt eines stabilen Abkommens bei einer großen Anzahl von betroffenen Ländern gering. Zwar kann mittels der Seitenzahlungen gewährleistet werden, dass immer ein Abkommen zwischen mindestens zwei, bei orthogonalen Reaktionsfunktionen der Trittbrettfahrer jedoch nie von mehr als drei Ländern geschlossen wird.

Im Unterschied zum symmetrischen Fall ist nun auch eine Erweiterung von stabilen Koalitionen durch selbstfinanzierte Transfers auch ohne Seitenzahlungen möglich. Aufgrund der unterschiedlichen Kosten-Nutzenstrukturen sind nicht mehr alle Koalitionen gleicher Größe auch mit dem gleichen Koalitionsgewinn verbunden. Es ist deshalb denkbar, dass der Nutzen, der erweiterten Koalition anzugehören, höher ist als der Nutzen, diese zu verlassen.[9]

3.2.2.2 Verträge ohne Seitenzahlungen

Ohne die Möglichkeit von Seitenzahlungen zwischen den Vertragsländern ist nicht mehr sichergestellt, dass der Vermeidungsvektor maximaler Koali-

[9] Vgl. Botteon/Carraro 1997, 1997a.

tionsgewinne den nicht-kooperativen Zustand für die Vertragsländer jeder denkbaren Koalition schwach Pareto-dominiert. Je unterschiedlicher die Betroffenheit der Länder (bzw. deren Vermeidungskosten) um so unwahrscheinlicher wird es, dass diese Grundvoraussetzung für interne Stabilität einer Koalition gewahrt ist.

In einer theoretischen Analyse zur Stabilität von CO_2-Verträgen zeigt Bauer (1993), dass Länder, die eine Zweierkoalition eingehen, dieses vorzugsweise mit einem Land ähnlicher Größe tun. Ausgangspunkt hierfür ist die Annahme, der Vermeidungsnutzen nehme proportional mit der Größe eines Landes zu, während die Vermeidungskosten proportional abnähmen. Alle so gebildeten Zweierkoalitionen sind stabil. Die Bildung größerer Koalitionen ist nur möglich, wenn jeweils zwei Länder untereinander bindende Absprachen eingehen können und im Folgenden als Einheit handeln. Ein wesentlicher Unterschied zu anderen Ansätzen liegt darin, dass hier die Bildung von mehr als einer stabilen Koalition zugelassen wird,[10] ohne allerdings die Eigenschaften stabiler Koalitionsstrukturen näher zu charakterisieren. Wird nur ein Abkommen geschlossen, so ist die Gesamtwohlfahrt tendenziell etwas geringer als in dem Fall mit Seitenzahlungen.[11]

Hoel (1992) nimmt an, die Vertragsländer könnten sich aus Erwägungen der Fairness grundsätzlich nur auf einheitliche Vermeidungsverpflichtungen einigen. Die Auszahlungsfunktionen der Länder sind so gewählt, dass die vollkooperative Lösung einheitliche Vermeidungsmengen vorschreibt, ohne Seitenzahlungen aber nicht durchsetzbar ist, d.h. die Länder haben gleiche Vermeidungsgrenzkosten und unterschiedliche aber konstante Grenznutzen. Es kooperieren zunächst die Länder, die am stärksten von dem Umweltproblem betroffen sind. Die Vermeidungsverpflichtung wird durch das Medianland bestimmt. Das heißt, es gibt innerhalb der Koalition gleichviele Länder, die eine höhere und eine niedrigere einheitliche Vermeidungsmenge wünschen. Wie zu erwarten, wird auch hier – unabhängig von der Anzahl der insgesamt betroffenen Länder – ein stabiles Abkommen nie von mehr als drei Ländern getroffen. Erschwerend kommt nun hinzu, dass wegen der Gleichheitsforderung auch die Vertragsländer ihre Vermeidungsmengen nur unwesentlich erhöhen. Sind die Länder bei identischem konstanten Vermeidungsnutzen nach ihren Vermeidungskosten indiziert, so ist die Beteiligung an einem Abkommen wesentlich höher.[12]

[10] Auf die Möglichkeit mehrerer stabiler Umweltabkommen weisen auch Carraro/Siniscalco 1998 hin.

[11] Vgl. Barrett 1997b.

[12] Vgl. Hoel 1997a, S. 346.

3.3 Paketlösungen

Bisher wurde der Verhandlungsgegenstand auf das entsprechende Umweltproblem beschränkt. Koordinationsbedarf von Ländern untereinander entsteht jedoch nicht nur in Bezug auf internationale Umweltverschmutzung. Besonders in der politikwissenschaftlichen Literatur ist deshalb oft die Verbindung mehrerer Themen in internationalen Vertragsverhandlungen diskutiert worden.[13] Unter Stabilitätsgesichtspunkten lassen sich folgende Gründe für die gleichzeitige Verhandlung mehrerer Themen angeben:

Die Zusammenfassung mehrerer Verhandlungsgegenstände erweitert den Verhandlungsraum. Sie bietet eine Möglichkeit, Kooperationsgewinne zu realisieren, wenn Seitenzahlungen in monetärer Form von den verhandelnden Ländern abgelehnt werden – etwa weil das zahlende Land fürchtet, als „schwacher" Verhandlungspartner zu gelten.[14] Durch die Hinzunahme weiterer Verhandlungsgegenstände kann Asymmetrien in den Auszahlungsstrukturen der Länder entgegengewirkt werden. Im Idealfall bilden die Auszahlungen des zweiten Themas ein genaues Spiegelbild zu denjenigen des ursprünglich verhandelten Umweltproblems, so dass die Verhandlungssituation wieder symmetrisch ist.[15] Mäler (1990, S. 87) verweist darauf, dass Paketlösungen nicht explizit ausgehandelt werden müssen, sondern ein Verhandlungspartner zunächst große Zugeständnisse machen kann, weil er sich für einen anderen Bereich Vorteile erhofft.

Paketlösungen schaffen neue Anreizstrukturen. Auch unter der Annahme symmetrischer Länder kann die Hinzunahme eines weiteren Themas von Vorteil sein. Die Verbindung unterschiedlicher Themen dient dann dazu, dem Trittbrettfahreranreiz entgegenzuwirken. Dieses ist z.B. möglich, wenn gleichzeitig über Vermeidungsmengen und die Zusammenarbeit in Forschung und Entwicklung neuer Vermeidungstechnologien verhandelt wird. Der Grund dafür ist, dass bei geringen technologischen Spillovereffekten zu Nichtunterzeichnern die Zusammenarbeit in Technologiefragen durch den Einsatz von Patenten ein ausschließbares öffentliches Gut generiert und deshalb gleichzeitig die Attraktivität des Umweltabkommens steigt.[16] Es ist zu beachten, dass dieser Effekt nur dann eintritt, wenn die technologische Zusammenarbeit zwischen Unterzeichnern und Trittbrettfahrern tatsächlich glaubhaft ausgeschlossen werden kann.

---

[13] Keohane 1983, S. 157 spricht hier von den „Skalenerträgen der Regime".

[14] Vgl. Mäler 1990, S. 86., Folmer et al. 1993.

[15] Vgl. Cesar/de Zeeuw 1996.

[16] Vgl. Carraro/Siniscalco 1997.

Trotz dieser positiven Argumente ist die explizite Verbindung unterschiedlicher Verhandlungsgegenstände kein Phänomen, welches sich allgemein bei internationalen Umweltabkommen beobachten lässt. Dies kann darin begründet liegen, dass mit zunehmender Anzahl von Verhandlungspartnern der Koordinationsbedarf steigt und die Folgen der eingegangenen Verpflichtungen immer schwerer abzuschätzen sind.[17] Im Extremfall kann das Einbringen neuer Themen sogar zum Scheitern der Verhandlungen führen, nämlich dann, wenn dies von einer anderen Verhandlungspartei als Erpressungsversuch aufgefasst wird. Problematisch ist diese Vorgehensweise auch, wenn die Themenverbindung nicht explizit erfolgt und die unterschwelligen Erwartungen nicht gemeinsames Wissen der Verhandelnden sind, d.h. die Verhandlungssituation von den Betroffenen unterschiedlich wahrgenommen wird.[18]

Ich schließe mich deshalb der Auffassung von Cesar/de Zeeuw (1997, S. 160) an, Themenverbindung sei eher im Bereich bilateraler Verhandlungen relevant und gehe im Folgenden davon aus, das verhandelte Umweltproblem sei klar von anderen Verhandlungsgegenständen abzugrenzen.

3.4 Fazit

Die bisherige Analyse selbstdurchsetzender Abkommen hat ergeben, dass in diesem Rahmen internationale Kooperation in Umweltfragen nur in einem sehr begrenzten Umfang erfolgen kann. Entweder es beteiligen sich nur wenige Länder an einem Umweltabkommen oder die zu erzielenden Kooperationsgewinne sind gering. Diese Ergebnisse erweisen sich auch als robust gegenüber der Variation der funktionalen Form von Kosten- und Nutzenverläufen sowie der angenommen Regel zur Festsetzung der Vermeidungsverpflichtungen. Transfers an Trittbrettfahrer sind teilweise dazu geeignet, eine Effizienzverbesserung herbeizuführen. Insbesondere bei der Betrachtung asymmetrischer Länder ist jedoch zu beachten, dass keine allgemeingültigen Resultate zu erzielen sind, sondern die Ergebnisse stark von der Modellierung der Asymmetrien abhängen. Hier führen Seitenzahlungen dann zu einer vergleichsweise höheren Beteiligung an einem Abkommen, wenn für den Fall ohne Seitenzahlungen die Vermeidungsmengen nach der gleichen Regel festgelegt werden und dadurch nicht mehr gewährleistet ist, dass sich kein Land durch seine Teilnahme an dem Abkommen gegenüber dem Status quo verschlechtert.

---

[17] Vgl. Cesar/de Zeeuw 1997, S. 160.

[18] Vgl. Sebenius 1992, S. 25.

Gerade in der Annahme einer gegebenen Regel liegt auch ein großer Nachteil der beschriebenen Vorgehensweise. Denn Verteilungskonflikte, d.h. Schwierigkeiten bei der Einigung auf den konkreten Abkommensinhalt, können einen Verhandlungsfortschritt ebenso behindern, wie die vielzitierten Trittbrettfahreranreize. Auch lässt sich hiermit nicht erklären, warum ein Abkommen mit gleichen Reduzierungs- bzw. Vermeidungsquoten gewählt werden sollte, sofern sich alle Koalitionsmitglieder durch ein alternatives Abkommen verbessern könnten. Die Frage, welche weiteren Einflussfaktoren neben der Stabilität eines Abkommens eine Rolle spielen, bildet den Gegenstand der nächsten Kapitel.

Kapitel 4

Allokationsregeln in Umweltabkommen

4.1 Einführung

Die Vereinbarungen über die zu vermeidenden Schadstoffmengen sowie über die finanziellen Verpflichtungen der Unterzeichnerländer bilden das Kernstück eines Umweltabkommens. Hier wird entschieden, ob und inwieweit eine von den Vertragsparteien als Verbesserung angesehene Änderung gegenüber dem Status quo erreicht werden kann. Auch können Unstimmigkeiten, über die generelle Vorgehensweise oder die Kriterien, nach denen die Vertragsverpflichtungen festzulegen sind, die Verhandlungen erheblich in die Länge ziehen.

Betrachtet man die Entwicklung bisheriger Umweltregime[1] – namentlich der Abkommen zu weitreichender grenzüberschreitener Luftverschmutzung von 1979 und seiner Protokolle, des Ozonregimes, sowie des Klimaschutzregimes – so zeigt sich, dass die Prinzipien, nach denen die Verpflichtungen zur Lösung eines gegebenen Umweltproblems festgelegt werden, einem Veränderungsprozess unterliegen. Ausgehend von allgemeinen Absichtserklärungen ohne konkrete Verpflichtungen konnten sich die beteiligten Länder bei den oben genannten Regimen auf immer komplexere Regelwerke einigen. Trotzdem lassen sich die Vertragsverpflichtungen oft auf relativ einfache Gleichheitskriterien zurückführen, von denen eine für alle Länder prozentual gleiche Reduzierungsverpflichtung die prominenteste darstellt.

Ziel dieses Kapitels ist es, eine Brücke zwischen den diskutierten theoretischen Ansätzen zu internationalen Umweltverhandlungen und den bisher tatsächlich realisierten Umweltabkommen zu schlagen. Im Mittelpunkt der Betrachtungen steht hierbei die Frage, welche Eigenschaften von Regeln eine Einigung zwischen den Verhandelnden erleichtert, um so Erkenntnisse für die konkrete Ausgestaltung zukünftiger Umweltabkommen zu gewinnen.

---

[1] Der Regimebegriff wird in der Literatur keineswegs einheitlich verwandt, vgl. z.B. Krasner 1983. Hier sollen darunter diejenigen internationalen Regelungen verstanden werden, die zur Lösung eines bestimmten Problembereichs wie z.B. des Treibhauseffektes geschaffen wurden.

Hierfür wird zunächst die Bedeutung von Allokationsregeln im Kontext internationaler Umweltverhandlungen näher beleuchtet. Daran anknüpfend werden diejenigen Punkte herausgearbeitet, bei welchen konfligierende Interessen der Verhandelnden zutage treten können, und die somit einen Einfluss auf die Abkommensausgestaltung haben. Ein näherer Blick auf häufig diskutierte Allokationsregeln zeigt, dass die diesen zugrunde liegenden Bezugsgrößen, wie Vermeidungsmengen, Emissionsrechte, Vermeidungsnettonutzen etc., wesentliche Unterscheidungsmerkmale derselben liefern. Vergleicht man die hiernach ermittelten Klassen von Allokationsregeln miteinander, so lassen sich unterschiedliche Schwerpunkte hinsichtlich der Konfliktpotentiale bei der genauen Festsetzung des Abkommensinhaltes feststellen.

4.2 Allokationsregeln im Verhandlungskontext

Folgt man den Aussagen der Analyse selbstdurchsetzender Abkommen, so können Umweltregimes nur eine geringfügige Verbesserung gegenüber dem nicht-kooperativen Zustand erreichen. Zwar erweist sich dieses Ergebnis als relativ robust gegenüber Variationen der Regel zur Festlegung der Vermeidungsverpflichtungen, liefert jedoch gerade aus diesem Grund kaum eine Erklärung dafür, unter welchen Voraussetzungen sich die Länder auf einen bestimmten Vertragsinhalt einigen können. Eine Ausnahme bilden Finus/Rundshagen (1998). Sie vergleichen einen einheitlichen Umweltsteuersatz mit einer prozentual gleichen Emissionsreduzierung für alle Länder bezogen auf die nicht-kooperative Emissionsmengen. Im Rahmen eines Kooperationsspiels mit unbekanntem Zeithorizont wird gezeigt, dass sich die kooperierenden Länder bei den von ihnen unterstellten Auszahlungsverläufen und Koalitionsbildungsprozessen[2] öfter auf eine einheitliche Reduzierungsquote als auf eine Umweltsteuer einigen. Kritisch ist hier allerdings anzumerken, dass über den Instrumenteneinsatz innerhalb einer Koalition durch einfache Mehrheiten entschieden wird. Verhandeln die Länder, anders als in dem Modell angenommen, über mehr als zwei Instrumente, so sind Abstimmungszyklen nicht mehr auszuschließen. Zudem wird nichts darüber ausgesagt, warum gerade diese beiden Regeln zur Abstimmung gestellt werden.

Abweichend von dem theoretischen Konstrukt gegebener Regeln, anhand derer die Vertragsparteien den kollektiv rationalen Vermeidungsvektor ermitteln, stehen den Verhandlungsparteien idealtypischerweise

[2] Wie bei Bauer (1993) koalieren hier zunächst die Länder, deren Grenzschaden am höchsten ist.

zwei Vorgehensweisen zur Festsetzung des Vertragsinhaltes zur Verfügung. Zunächst einmal können die Verpflichtungen direkt ausgehandelt werden. Jedes Land gibt dabei an, welche Verpflichtungen es selbst eingehen möchte und, gegebenenfalls, welche Verpflichtungen dafür die anderen Länder übernehmen müssen. Der Einigungspunkt ist das stabile Ergebnis eines Verhandlungsprozesses. Für zwei Länder lässt sich diese Verhandlungssituation anhand von Verhandlungsmodellen mit alternierenden Angeboten darstellen.[3] Erachtet ein Land die gestellten Forderungen als zu hoch bzw. die von der anderen Vertragspartei übernommene Verpflichtung als zu gering, so weist es das Angebot zurück und schlägt selbst einen Vertragsinhalt vor. Da zurückgewiesene Angebote den Einigungszeitpunkt hinauszögern, wird die Festsetzung der Vertragsverpflichtungen maßgeblich durch den Diskontfaktor, mit welchem die Verhandelnden ihrer Gegenwartspräferenz Ausdruck verleihen, bestimmt. Je wichtiger einem Land eine schnelle Einigung ist – je geringer also der Diskontfaktor –, um so höher werden die Verpflichtungen sein, die es zu übernehmen bereit ist.

Verhandeln mehr als zwei Länder miteinander, so kommt das Problem des Trittbrettfahrerverhaltens hinzu. Eine formale Analyse des Verhandlungsprozesses mit simultaner Ermittlung von Koalitions- und Vermeidungsentscheidung ist bis jetzt noch nicht zufriedenstellend gelungen.[4] Ein Teilgebiet der Verhandlungstheorie geht deshalb einen anderen Weg, und beschäftigt sich mit der Frage, von welchen Regeln und Normen die Verhandelnden geleitet werden, um zu entscheiden, ob ein Angebot für sie akzeptabel ist, und inwieweit dadurch Verhandlungslösungen charakterisierbar sind.[5] Ergebnisse von Verhandlungsexperimenten deuten allerdings darauf hin, dass selbst die Beurteilung einfacher Verhandlungssituationen mit bekanntem Auszahlungsraum sehr stark von Größen beeinflusst wird, die sich nicht unmittelbar aus der Auszahlungsstruktur ableiten lassen.[6]

Neben dem direkten Aushandeln besteht für die Länder zweitens die Möglichkeit, sich zunächst auf eine Allokationsregel zu einigen und aus dieser die Verpflichtungen abzuleiten. Beispiele hierfür sind die Ermittlung der Vermeidungsverpflichtungen gemäß der vollkooperativen Lösung[7], prozentual gleiche Vermeidungsmengen oder die Vergabe von. Verschmutzungszertifikaten nach Bevölkerungsgröße. In Abgrenzung zum technischen Begriff der Verhandlungslösung sollen hier unter Allokationsregeln

[3] z.B. Compte/Jehiel 1996.
[4] Vgl. Bloch 1996.
[5] Z.B. Moulin 1995.
[6] Vgl. z.B. Klemisch-Ahlert 1996.
[7] Siehe Kapitel 1.2.3.

im weitesten Sinne diejenigen Kriterien und Mechanismen verstanden werden, die die Verhandelnden wie in den obigen Beispielen explizit (!) zur Ermittlung der Verpflichtungen heranziehen. Hierzu gehören auch Anpassungsmechanismen für veränderte Rahmensituationen.

Umweltpolitische Instrumente wie Umweltabgaben, Verschmutzungszertifikate oder Technologie- und Umweltstandards selbst sind keine Allokationsregeln. Jedoch kann ihr quantitativer Einsatz anhand von Regeln direkt oder indirekt festgelegt werden. Die Einigung auf den höchsten für alle Länder akzeptablen Steuersatz ist ein Beispiel für die direkte Anwendung einer Allokationsregel[8]. Bei einer Regel für Verschmutzungszertifikate wäre zusätzlich noch anzugeben, wie diese auf die einzelnen Quellen innerhalb eines Landes zu verteilen sind. Schwerer vorstellbar ist die Ableitung von Umweltstandards mittels einer Allokationsregel. Hier könnten die verhandelnden Länder zunächst anhand anderer Kriterien ein Umweltziel ermitteln und darauf hin die erforderlichen Standards festsetzen. Wesentliches Merkmal letzterer Vorgehensweisen ist der mangelnde Gestaltungsspielraum der Länder hinsichtlich der Umsetzung ihrer Vertragsverpflichtungen auf nationaler Ebene.

Für das Verhandlungsergebnis selbst erscheint es auf den ersten Blick ohne Bedeutung, welchen Weg die Verhandelnden einschlagen, sofern implizite und explizite Regeln übereinstimmen. Dieses setzt jedoch voraus, dass die Darstellung eines potentiellen Verhandlungsergebnisses keinen Einfluss auf dessen Beurteilung durch die Verhandelnden hat, was allgemein als widerlegt angesehen werden kann.[9]

Seit Schellings vielzitiertem Aufsatz über „Focal Points"[10], gilt ferner die Tatsache als allgemein anerkannt, dass Verhandlungspartner über gute Gründe verfügen, Verhandlungsergebnisse mit Hilfe einfacher Regeln festzulegen. Verhandlungen beinhalten ein Koordinationsproblem, denn die Realisierung von Kooperationsgewinnen setzt eine Einigung der Verhandelnden voraus. Hinsichtlich der Verhandlungsstrategien[11] der Beteiligten stellt Schelling (1960, S. 71) fest: „Each party's strategy is guided mainly by what he expects the others to accept or insist on, ... The final outcome must be a point from which neither expects the other to retreat."

Schelling vergleicht die Koordination solcher Erwartungen mit einer Situation, in welcher sich die Akteure einem Koordinationsproblem oh-

[8] Endres/Finus 1996 bezeichnen diese Regel als die Wahl des kleinsten gemeinsamen Nenners.

[9] Vgl. Bazermann/Neale 1991, S. 120 und die dort angegebene Literatur.

[10] Vgl. Schelling 1960, S. 53 - 80.

[11] Der Begriff ist hier eher nach dem allgemeinen Sprachgebrauch als im strengen spieltheoretischen Sinne zu interpretieren.

ne Kommunikationsmöglichkeiten gegenübersehen, z.B. um sich in einer fremden Stadt wiederzufinden. Focal Points sind Lösungen, die sich den Verhandelnden durch ihre Einfachheit und Klarheit ebenso aufdrängen wie prominente Bauwerke in einer fremden Stadt als potentieller Treffpunkt. Jedes Abkommen, welches von allen Verhandelnden akzeptiert wird, stellt eine Einigungsmöglichkeit dar; entscheidend ist jedoch, dass sich die Länder auf einen Einigungspunkt koordinieren müssen. Gleiche Mengen oder gleiche, einfach zu berechnende Anteile sowie die Verwendung runder Zahlen lassen sich beispielsweise mit diesem Argument begründen.

Fehlen anerkannte Regeln, so ist dies mit Kosten verbunden, da hierdurch die Wahrscheinlichkeit des Scheiterns der Verhandlungen steigt[12] oder der Einigungsprozess zumindest verzögert wird. Je komplexer die Situation ist, um so wichtiger wird es für die Verhandelnden zur Koordination der Erwartungen, die von ihnen angewandten Kriterien explizit zu formulieren. Regeln dienen der Strukturierung der Verhandlungssituation, und erleichtern eine Beurteilung, inwieweit ein Abkommen für alle Beteiligten annehmbar ist. An die Stelle einer Vielfalt möglicher Verhandlungsergebnisse tritt eine überschaubare Anzahl von Regeln.

Es steht außer Frage, dass Verhandlungen komplexe Prozesse sind und die beiden oben beschriebenen Vorgehensweisen zur Bestimmung des Vertragsinhalts den Verhandlungsverlauf allenfalls stark schematisiert wiedergeben können. Dieses trifft insbesondere auf internationale Umweltverhandlungen zu, bei welchen neben der Unsicherheit über die genauen Ursache-Wirkungszusammenhänge der jeweiligen Umweltprobleme die große Anzahl der Akteure eine Koordination erschwert. Tatsächlich lassen sich beide Vorgehensweisen miteinander kombinieren. Ausgehend von einer festen Regel werden Abweichungen oder Wahlmöglichkeiten für einzelne Länder ausgehandelt. Im Extremfall wird die ursprüngliche Allokationsregel hierdurch so stark verwässert, dass die eingegangenen Verpflichtungen der Länder eher als ad hoc festgelegt erscheinen. Wie die Länder bei den Verhandlungen vorgehen, ist also anhand einer schematischen Darstellungsweise nicht zu entscheiden, sondern erfordert ebenso eine Analyse des Verhandlungsprozesses.

Theorien, die sich mit dem Verhandlungsprozess beschäftigen,[13] knüpfen an die Tatsache an, dass die Regeln eines „Verhandlungsspiels" eben nicht gemeinsames Wissen darstellen, sondern entscheidende Größen

---

[12] Vgl. Young, P. 1994, S. 129.

[13] Im Englischen wird diese Forschungsrichtung in Abgrenzung zur Bargaining Theory mit Negotiation Analysis bezeichnet. Ein Überblick findet sich z.B. bei Sebenius (1992a)

wie die Menge der Spieler, deren Erwartungen (beliefs), der Aktionsraum etc. nicht bekannt sind. Die Wahrnehmung der potentiellen konsensfähigen Abkommensinhalte ändert sich im Verlauf der Verhandlungen, so dass die Dynamik des Verhandlungsprozesses das Verhandlungsergebnis entscheidend beeinflussen kann.

Deutlich wird dieses anhand der von Gehring (1996) getroffenen Unterscheidung der Verhandlungsmodi in *Bargaining* und *Arguing*. Ersteres stellt das strategische Handeln der von ihrem Eigeninteresse geleiteten Akteure in den Vordergrund. Auch Verhandlungen um gemeinsam realisierbare Gewinne sind mit Verteilungskonflikten verbunden, die eine Reduzierung der Komplexität der Verhandlungssituation verhindern und die Wahrscheinlichkeit eines Scheiterns der Verhandlungen erhöhen.[14] Der Verhandlungsmodus des Arguing dient als Koordinationsmechanismus, der durch gemeinsame Überzeugungen der Betroffenen legitimiert ist. Ansprüche werden nicht aus der eigenen Machtposition abgeleitet, sondern sind in einem Diskurs normativ zu untermauern bis eine Einigung erzielt wird.

In internationalen Umweltverhandlungen dient Arguing dazu, das Verhandlungsproblem zu strukturieren, indem zunächst weniger kontroverse Verhandlungsaspekte geklärt werden. Dies geschieht sowohl durch die Unterstützung epistemischer Gemeinschaften, die dazu beitragen, die wissenschaftliche Unsicherheit zu verringern,[15] als auch durch die Präsenz individueller Führungspersönlichkeiten, die eine richtungsweisenden Formulierung erster Initiativen erreichen.[16] Sobald der Spielraum für den gemeinsamen Handlungsbedarf abgesteckt ist, können die Verhandelnden auf den Bargaining Mechanismus zurückgreifen, um eine starke Verhandlungsposition auszunutzen.

Ähnlich gehen Sebenius (1992, S. 329f.) und Young, O. (1989, S. 361) vor, die Verhandlungsstrategien zur Erkundung gemeinsam realisierbarer Gewinne von verteilungsorientierten Verhandlungsstrategien unterscheiden. Das Dilemma liegt darin, dass beide Aspekte nicht vollständig voneinander zu trennen sind. Die Richtung, in welcher sich die Verhandelnden auf die Pareto-Grenze zubewegen, hat Konsequenzen für die Verteilung der gemeinsamen Gewinne.

Allokationsregeln bzw. die Festsetzung konkreter Verpflichtungen im Allgemeinen – sei es finanzieller Art oder in Form von zu vermeidenden Schadstoffmengen – bilden nur einen Teilaspekt des Verhandlungsprozes-

14 Vgl. Gehring 1996, S. 212 ff.
15 Vgl. Haas 1989.
16 Vgl. Young 1991.

ses. Hier wird bereits ein Konsens über den allgemeinen Handlungsbedarf vorausgesetzt. Andererseits greift die Darstellung als reines Verteilungsproblem zu kurz, da aus den oben ausgeführten Erwägungen heraus die vollständige Abstraktion von der Formulierung des Inhalts nicht angebracht ist. Überdies ist es wichtig, in diesem Zusammenhang zu beachten, dass ein geschlossenes Umweltabkommen nicht immer als die endgültige Lösung des Problems angesehen wird, sondern sich die betroffenen Länder der Notwendigkeit weiterreichenderer Maßnahmen durchaus bewusst sind.

4.3 Konsens und Dissens

Der Verhandlungsprozess hilft den Verhandelnden, das Verhandlungsproblem zu strukturieren und hat somit Einfluss auf die Wahrnehmung der Situation. Da die Realisierung von Kooperationsgewinnen eine Einigung der Parteien voraussetzt, ist zu erwarten, dass sich die Verhandelnden zunächst auf Regeln einigen können, die Aspekte hervorheben, über welche am ehesten Übereinstimmung erzielt werden kann. Für internationale Umweltverhandlungen lassen sich vier wesentliche Ursachen für Uneinigkeiten unterscheiden: Wissenschaftliche Argumente, ökonomische Argumente, Verteilungs- bzw. Fairnessargumente und Kriterien der politischen Durchsetzbarkeit.

Um entscheiden zu können, inwieweit die Formulierung einer Allokationsregel Konfliktpotential offenlegt, werden zunächst die Argumente für oder gegen ein Abkommen unter diesen Gesichtspunkten weiter ausgeführt. Wie stark die Einwände eines Landes gegen eine bestimmte Vorgehensweise zum Tragen kommen, hängt zudem von seiner Verhandlungsposition ab.

4.3.1 Wissenschaftliche Argumente

In den bisherigen Ausführungen wurden die Auszahlungen der Länder als bekannt und sicher vorausgesetzt. Unsicherheit über Ursache-Wirkungszusammenhänge oder bzgl. der Quantifizierung der Schäden blieben unberücksichtigt, da sich verglichen mit der Situation unter Sicherheit hinsichtlich der Anreizsituation keine qualitativen Abweichungen ergeben haben.[17] In beiden Fällen ist das Verhandlungsziel ein effizientes Abkommen. Das größte Hindernis von Kooperation die auftretenden Trittbrettfahrereffekte. Das zugrundeliegende Umweltproblem tritt dabei völlig in den Hintergrund, denn Unsicherheiten können über Erwartungswerte

[17] Siehe auch Kapitel 1.2.2.3.

und Varianzen, neue Informationen durch die Verwendung der Bayes-Regel berücksichtigt werden.

Diese Vorgehensweise bietet eine gute Näherung für das Dilemma internationaler Kooperation bei Umweltproblemen, ist jedoch als Erklärungsansatz für die Wahl einer Allokationsregel oder noch allgemeiner für die Festsetzung der Vertragsverpflichtungen nur bedingt geeignet. Der Grund liegt darin, dass die Anwendung einer Regel, die sich auf eine bestimmte Größe bezieht, einen Konsens der beteiligten Länder darüber erfordert, wie eben diese Größe zu ermitteln ist. Das wiederum setzt voraus, dass die verhandelnden Länder zumindest in ihrer Risikoeinschätzung in Bezug auf das Umweltproblem nicht zu sehr voneinander abweichen. Gerade die unterschiedliche Beurteilung der naturwissenschaftlichen Zusammenhänge kann Ländern, die in großem Umfang durch ihre Emissionen zu dem jeweiligen Umweltproblem beitragen, ein Argument dafür liefern, ein für sie unter Verteilungsgesichtspunkten ungünstiges Abkommen zunächst abzulehnen.[18]

Hier kann insbesondere die Schaffung von Institutionen zur internationalen Koordination der entsprechenden Forschungsaktivitäten zur Abschwächung des Problems beitragen.[19] Die explizite Einbeziehung des Erkenntnisaustausches in den Verhandlungsprozess schränkt die Möglichkeiten der Verhandelnden ein, Unsicherheit und wissenschaftlichen Dissens als Vorwand für Untätigkeit zu gebrauchen. Insofern sind auch die Determinanten der gewählten Allokationsregeln von den allgemeinen Ursachen der Regimebildung abzugrenzen. Denn während Unsicherheit über die tatsächlichen Verteilungswirkungen eines Umweltabkommens die Regimebildung bei ähnlicher Risikoeinschätzung durch die Betroffenen durchaus positiv beeinflussen kann,[20] setzt die Bezugnahme einer Allokationsregel auf eine bestimmte Größe wie etwa den (erwarteten) Vermeidungsnettonutzen eine Einigung über die Ermittlung dieses Wertes voraus.

4.3.2 Ökonomische Argumente

Ökonomische Argumente knüpfen direkt an die Ausführungen der vorhergehenden Kapitel an. Der Abkommensinhalt muss so gestaltet werden, dass ein Land sich durch seine Teilnahme gegenüber dem Status quo nicht verschlechtert. Zu hohe Kosten der Umsetzung eines Abkommens, etwa weil die geforderten Emissionsreduzierungen einen wichtigen Wirtschafts-

[18] Vgl. Helm 1998.
[19] Vgl. Levy et al. 1993, S. 410 ff.; Young/Osherenko 1993, S. 242.
[20] Vgl. Young 1991, S. 361 f. ; Young/Osherenko 1993, S. 233 ff.; Na/Shin 1998.

sektor des Landes treffen oder moderne Vermeidungstechnologien nicht verfügbar sind, bieten glaubhafte Argumente, die Teilnahme abzulehnen. Vereinbarungen über Technologietransfers, die Einrichtung internationaler Fonds zur finanziellen Unterstützung der Vermeidungsaktivitäten in wirtschaftlich schwächeren Ländern u. ä. können hier nur bedingt Abhilfe schaffen, da auch reiche Länder durch ein Abkommen Einbußen erleiden können und sich die Forderung nach individueller Rationalität nicht auf arme Länder beschränken lässt. Argumente eines Landes gegen die Teilnahme an einem Umweltabkommen, die auf dessen zu erwartende Kosten abstellen, sind - sofern die Teilnahme dieses Landes als entscheidend angesehen wird - nur durch eine geeignete Ausgestaltung der Abkommensverpflichtungen zu entkräften.

Einwände ökonomischer Natur können sich ebenfalls an der Effizienz eines Abkommens orientieren. Eyckmans et al. (1993) gehen bei der Analyse von Verteilungsfragen in Klimaschutzabkommen davon aus, dass rationale Verhandlungspartner als Verhandlungsergebnis immer einen Punkt auf der Pareto-Grenze erreichen.[21] Gegen dieses Argument ist einzuwenden, dass auch in Zwei-Personen-Verhandlungsspielen mit rationalen Spielern Effizienz verfehlt wird, wenn die Verhandelnden sich nicht in der ersten Verhandlungsrunde einigen können.[22] Allgemein ist davon auszugehen, dass die Informationsanforderungen für eine Pareto-effiziente Abkommensausgestaltung wesentlich höher liegen dürften als z.B. für prozentual gleiche Reduzierungen.

Ein etwas schwächeres Kriterium ist das der Kosteneffektivität, welches besagt, dass ein gegebenes Verhandlungsziel mit minimalen Kosten erreicht werden soll. Aus der Diskussion von Umweltsteuern und Zertifkaten als Second-best-Lösungen ist bekannt, dass Kosteneffektivität nicht mit Effizienz gleichzusetzen ist.[23] Der Verweis auf die verfehlte Kosteneffektivität verdeutlicht den Verhandelnden, dass mit den Mitteln, die sie bereit sind einzusetzen, auch ein ehrgeizigeres Umweltziel bzw. das angestrebte Umweltziel auch mit geringerem Mitteleinsatz erreichbar wäre.

4.3.3 Fairness

Fairness ist kein klar umrissener Begriff. Nach Albin (1995, S. 119) bezieht sich der Fairnessbegriff in Verhandlungen auf die individuellen Auffassungen der Betroffenen, welche Gerechtigkeitskriterien in einer bestimmten

---

[21] Vgl. Eyckmans et al. 1993, S. 369 f.
[22] Vgl. Rubinstein 1982, S.107 f.
[23] Vgl. z.B. Baumol/Oates 1988, S. 159 ff.

Situation zur Anwendung kommen sollen: „What is negotiated is the *application* and *implementation* of justice, in order to give the concept a concrete meaning and ensure that it is reasonable in a particular context to all parties."[24] Das heißt, die Auffassung darüber, was als fair empfunden wird, ist stark situationsbedingt und letztendlich das Ergebnis eines kooperativen Entscheidungsprozesses. Die Entscheidungsfindung wird jedoch durch den Rückgriff auf bereits bestehende Konzepte von Gerechtigkeit erleichtert. Ein Abkommen ist fair, in dem Sinne, dass es von allen Beteiligten akzeptiert wird. In Bezug auf Umweltverhandlungen sollen als Fairnessargumente diejenigen Einwände oder Forderungen hinsichtlich der Abkommensausgestaltung bezeichnet werden, die auf die Verteilung der Abkommensverpflichtungen zwischen den Vertragsländern Bezug nehmen. Sie können aus ethischen Prinzipen wie z.B. dem Recht auf gleichen Ressourcenzugang für alle Menschen abgeleitet sein, oder einfach in der Forderung bestehen, dass alle Verursacherländer Vermeidungsverpflichtungen übernehmen müssen.

Rose et al. (1998) unterscheiden im Hinblick auf internationale Umweltprobleme drei Gerechtigkeitskriterien:[25]

Allokationsorientierte Kriterien[26] stellen auf gleiche Rechte von Ländern (Souveränität) bzw. Menschen (Egalität) ab. Hiermit ist entweder das Recht zu emittieren oder aber das Recht auf den Schutz vor den negativen Folgen von Emissionen gemeint.

Ergebnisorientierte Kriterien nehmen auf die mit einem Abkommen verbunden Nutzen und Kosten Bezug. Nach dem Prinzip horizontaler Gerechtigkeit sind alle Länder gleich zu behandeln, was laut Rose et al. gleiche Wohlfahrtsänderungen bedeutet. Vertikale Gerechtigkeit fordert, dass die Wohlfahrtsgewinne umgekehrt proportional zum Pro-Kopf-Einkommen verteilt werden. Sowohl allokationsorientierte Kriterien wie auch vertikale Gerechtigkeit werden hier durch die Anwendung des Proportionalitätsprinzips umgesetzt, jedoch mit verschiedenen Bezugsgrößen. Die Anwendung dieser Gerechtigkeitskonzepte führt also zwangsläufig zu der Frage nach der Begründung von Ansprüchen oder allgemeiner ausgedrückt nach der berühmten Frage der „Gleichheit von was?" Was sind also die die für die Ausgestaltung von Umweltabkommen relevanten Unterscheidungsmerkmale der Länder?

---

[24] Albin 1995, S. 136. Hervorhebungen im Original.

[25] Für eine Diskussion der Kriterien vgl. ebenfalls Rose 1990 und Rose/Tietenberg 1993.

[26] Allokationsorientiert hinsichtlich der Vergabe von Verschmutzungszertifikaten, vgl. Rose et al. 1998, S. 30.

Gerechtigkeit kann ebenfalls prozessorientiert aufgefasst werden. Auktionen, Märkte aber auch Verhandlungen sind Aufteilungsprozesse, deren Ergebnisse unter Berücksichtigung nicht-kooperativen Verhaltens der Beteiligten bestimmte normativ gesetzte Eigenschaften aufweisen.[27] Umweltverhandlungen schließen Fragen der Prozessgestaltung mit ein. Diese betreffen etwa Mechanismen zur gemeinsamen Vertragsumsetzung, Mehrheitsregeln für Vertragsänderungen, Schlichtungsverfahren etc. Allerdings ist es auch hier nicht möglich, völlig von der Situation bzw. dem Verteilungsproblem zu abstrahieren. So widerspricht z.B. die Vergabe von Spenderorganen oder zur Adoption freigegebener Kinder über Auktionen unserem ethischen Empfinden.

Albin (1995, S. 132 f.) nennt noch ein weiteres Fairnessprinzip: Das der Kompensation. Hiernach darf sich kein Land durch das Abkommen verschlechtern. Für Albin lässt Gerechtigkeit durch Kompensation einen weitreichenderen Interpretationsspielraum zu. Ansprüche werden aus gegenwärtigen oder vergangenen Aktionen begründet, die mit einer ungerechtfertigten Belastung für die Betroffenen verbunden sind. Ungerechtfertigte Belastungen können zum einen durch ausländische Emissionen verursachten Schäden entstehen. In diesem Fall müsste der Verursacher für die Schäden aufkommen. Kompensation kann aber ebenso dafür gezahlt werden, dass die Vermeidungsaktivitäten in die Länder mit den geringeren Vermeidungskosten verlagert werden.[28]

Attraktiv sind die aufgeführten Prinzipien insofern, als dass sie nicht nur im Zusammenhang mit Umweltproblemen Anwendung finden, sondern sehr viel weiter zurückverfolgt werden können.[29] Der Rückgriff auf diese könnte somit für die Verhandelnden einen Focal Point darstellen. Welche dieser Prinzipien sich hierfür besonders anbieten, hängt aufgrund der unterschiedlichen Bezugsgrößen auch von der Formulierung des Problems ab.

Unter dem Aspekt der Fairness eines Abkommens treten konfligierende Interessen einerseits sehr deutlich hervor, sofern jede Verhandlungspartei der Versuchung nachgibt, die Kriterien als fair zu bezeichnen, von denen sie selbst verteilungspolitisch stark profitiert. Andererseits dient die Anwendung von Fairnesskriterien ähnlich wie die direkte Einigung auf eine Allokationsregel der Koordinierung von Erwartungen.[30] Fairnessargumen-

---

[27] Vgl. Young 1994, Kapitel 8, 9; Brams/Taylor 1996.

[28] Albin 1995, S. 134.

[29] So findet sich das Proportionalitätsprinzip bereits bei Aristoteles. Vgl. Aristoteles 1995, S. 154f.

[30] Vgl. Lax/Sebenius 1986, S. 126.

te ermöglichen zudem die Rechtfertigung von Verhandlungsergebnissen, die vom individuellen Standpunkt aus gesehen zunächst suboptimal erscheinen.[31]

4.3.4 Politische Argumente

Politische Argumente sollen an dieser Stelle nur kurz der Vollständigkeit halber erwähnt werden, da auf diesen Aspekt ausführlich in Kapitel 6 u. 7 eingegangen wird. Anders als in den vorhergehenden Abschnitten wird hierbei von der Vorstellung monolithischer Verhandlungspartner abgewichen, deren Verhandlungsspielraum nicht durch äußere Einflussfaktoren beschränkt ist. Politische Einwände gegen ein bestimmtes Abkommen nehmen auf die Tatsache Bezug, dass der Verhandlungsspielraum eines Landes i. d. R. dadurch eingeschränkt wird, dass das Verhandlungsergebnis durch die jeweilige Regierung zu legitimieren ist. Der Verhandlungsführer eines Landes verweist dann z.B. darauf, dass aufgrund der herrschenden Mehrheitsverhältnisse mit der Umsetzung des Abkommens nicht zu rechnen ist. In diesem Fall sind die bereits aufgeführten Argumente für oder gegen ein Abkommen auf die Ebene der nationalen Entscheidungsfindung zurück verlagert.

4.3.5 Die Verhandlungsposition

Wie stark die einzelnen Argumente der verhandelnden Länder zum Tragen kommen, wird durch deren Verhandlungsposition bestimmt. In Kapitel 3.3 wurde bereits angesprochen, dass das Verhandlungsergebnis auch von Themen beeinflusst werden kann, die mit dem Umweltproblem nur mittelbar verknüpft sind. Die Verhandlungsposition eines Landes ist dann im Licht wiederholter Interaktion zu analysieren. Nach Raganajan (1985, S. 185) kann die Verhandlungsstärke eines Landes durch drei Faktoren begründet sein: Politischer Einfluss, ökonomische und militärische Stärke. Ein Land verfügt z.B. dann über eine starke Verhandlungsposition, wenn es für andere Länder einen wichtigen Handelspartner darstellt und letztere deshalb eher bereit sind, Zugeständnisse zu machen, da sie sich anderweitig Vorteile erhoffen. Andererseits muss auch das Ausnutzen einer starken Verhandlungsposition nicht immer im Interesse eines Landes liegen, wenn sich hierdurch langfristig die Beziehungen zwischen den Verhandelnden verschlechtern und zukünftige Konflikte aufgrund dessen schwerer zu lösen

[31] Vgl. Schelling 1960, S. 71.

sein werden.[32] Die Ursachen für eine starke Verhandlungsposition liegen in diesem Fall außerhalb des betrachteten Umweltproblems.

Doch auch bei einer Beschränkung der Analyse auf Umweltverhandlungen sind Aussagen über die Verhandlungsposition eines Landes möglich. Für eine gegebene Allokationsregel hängt die Verhandlungsposition eines Landes davon ab, welche Eigenschaften oder Merkmale (Emissionsmengen, Zahlungsbereitschaften etc.) zur Bestimmung der kooperativen Auszahlungen herangezogen werden. Zudem können hohe Trittbrettfahreranreize die Verhandlungsposition eines Landes stärken, sofern die ursprünglichen Beitrittsländer hierdurch veranlasst werden, das Land durch Transfers zum Beitritt zu der Koalition zu bewegen.[33] Allerdings entspricht es nicht unbedingt der Vorstellung von Verhandlungsmacht, von einer gegebenen Allokationsregel auszugehen, soll doch gerade die Verteilung der Kooperationsgewinne bzw. die Festlegung der Vermeidungsverpflichtungen Gegenstand der Verhandlungen sein.

Eine starke Verhandlungsposition kann unabhängig von der zur Diskussion stehenden Allokationsregel ebenfalls dadurch begründet sein, dass die Beteiligung eines Landes als wichtig eingestuft wird, weil es zu den Hauptemittenten zu zählen ist und deshalb entscheidend zu einer Verbesserung gegenüber dem Status quo beitragen kann.[34] Ein Land kann dann Zugeständnisse seitens seiner Verhandlungspartner erwarten, wenn die Verweigerung seiner Teilnahme bei Nichterfüllung seiner Forderungen als glaubwürdig angesehen wird.

4.4 Zur Wahl des Verhandlungsgegenstandes

4.4.1 Die Verhandlungsgegenstände

In der theoretischen Literatur zu internationalen Umweltverhandlungen kommt eine Reihe sehr unterschiedlicher Konzepte zur Anwendung. Die Mehrzahl der Modelle nimmt auf den Vermeidungsnettonutzen der Länder Bezug.[35] Typischerweise finden in diesem Fall als Allokationskriterien kooperative Verhandlungslösungen Anwendung. Daneben gibt es eine Reihe von Ansätzen, bei denen die Allokationsregel sich direkt auf die Vermeidungsmengen bezieht.[36] Barrett (1992) vergleicht internationale Steu-

[32] Vgl. Raganajan 1985, S. 3.
[33] Vgl. Kapitel 3.2.
[34] So machten beispielsweise die CO_2-Emissionen der USA im Jahre 1990 beinahe ein Viertel des weltweiten Emissionsniveaus aus. Vgl. OECD 1998, S. 197.
[35] Z.B. Barrett 1994, Botteon/Carraro 1997a, Carraro/Siniscalco 1993, Mäler 1989.
[36] Vgl. Endres 1993, Finus/Endres 1996, Hoel 1992, 1997.

ern, handelbare Reduzierungsverpflichtungen und Mengenziele im Hinblick auf individuelle Rationalität unter Verwendung des Gleichheitskriteriums. Chander/Tulkens (1995, 1997), Eyckmans (1997), Welsch (1993) gehen davon aus, dass die Länder ihre aggregierten Vermeidungskosten untereinander aufteilen sie und untersuchen die sich daraus ergebende Nachfrage nach Vermeidungsaktivitäten. Klemisch-Ahlert (1995) schlägt eine Kombination mehrerer Regeln oder umweltpolitischer Instrumente vor, aus denen dann der Auszahlungsraum ermittelt wird. Die Vermeidungsverpflichtungen selbst werden wiederum anhand kooperativer Verhandlungslösungen ermittelt, die sich auf den Vermeidungsnettonutzen der Länder beziehen.

Ebenfalls denkbar sind Kriterien, die das zugrunde liegende ökologische Problem wieder in den Vordergrund stellen. Beispiele hierfür sind der Schutz von Ökosystemen oder analog dazu die Orientierung an gesundheitlichen Kriterien. Wie stark soll etwa die Belastung der Ökosysteme eines Landes sein, gemessen an der maximalen Schadstoffmenge, die keine irreversiblen Schäden hervorruft?

Mengenziele, ökologische Kriterien, Kosten, Nettonutzen und auch internationale Umweltsteuern sind die Bezugsgrößen, von denen die Länder die Vermeidungsverpflichtungen ableiten. Sie stellen im Grunde genommen jeweils den Verhandlungsgegenstand dar und haben entscheidenden Einfluss darauf, welche weiteren Kriterien zur Festlegung der Verpflichtungen von den Verhandelnden als naheliegend empfunden werden. Auf diese Weise eröffnen sich je nach Verhandlungsgegenstand Möglichkeiten für unterschiedliche Verhandlungsstrategien.

Internationale Umweltsteuern sind insofern von den anderen Größen abzugrenzen, als dass die Höhe der Vermeidungsverpflichtung nicht direkt ersichtlich ist, sondern sich bei gegebenem Steuersatz aus dem Verlauf der Vermeidungsnettonutzen ableitet. Besteuert werden die kumulierten nationalen Emissionen der Vertragsparteien. Dies erfordert die Einrichtung einer internationalen Behörde, die über die Verwendung bzw. die Verteilung des so erzielten Steueraufkommens verfügt. Da die Umweltsteuern so zunächst dem unmittelbaren Zugriff der Länder entzogen werden, hat jedes Land einen Anreiz, soviel Emissionsvermeidung zu betreiben, bis der Umweltsteuersatz seinen Grenzvermeidungskosten entspricht.

Die Vor- und Nachteile internationaler Umweltsteuern sowohl für den Treibhauseffekt als auch für grenzüberschreitende weitreichende Luftverschmutzung sind in der Literatur ausführlich diskutiert worden.[37] Diese Erkenntnisse haben bisher jedoch auf internationaler Ebene noch keine Anwendung erfahren. Ein Grund hierfür ist sicherlich, dass die Vertei-

[37] Vgl. z.B. Hoel 1998, Mäler 1994.

lungskonflikte bei der Erhebung von Umweltsteuern sehr stark in den Vordergrund treten. Denn nicht nur über die Höhe der Steuersätze sondern auch über die Verwendung des Steueraufkommens muss eine (anreizverträgliche) Entscheidung getroffen werden. Wolf (1996, S. 166) weist zudem darauf hin, dass die Formulierung der Verpflichtungen in physischen Mengeneinheiten oder bezogen auf diese der natürlichen Darstellung des Problems entsprechen. Das heisst, in dieser Form verleihen die von dem Umweltproblem direkt Betroffenen ihren Forderungen nach verbesserter Umweltqualität Ausdruck.

Aus der Festlegung der Verpflichtungen in Form von Quoten folgt ebenfalls, dass die Länder hinsichtlich der Umsetzung des Abkommens frei in der Gestaltung ihrer Umweltpolitik sind. Dieses bedeutet - verglichen mit einer quantitativen Festsetzung des Einsatzes umweltpolitischen Instrumente - ein wesentlich geringeres Konfliktpotential. Denn schon die Einigung auf ein bestimmtes Instrument kann ein Problem darstellen, wenn die Länder auf unterschiedliche Traditionen staatlicher Regulierung verweisen können und deshalb nicht jedes Instrument in allen Ländern gleichermaßen durchsetzbar ist.[38] Auch negative Anreize, die Lenkungswirkung des vereinbarten Instrumentes durch anderweitige Maßnahmen wie z.B. Steuervergünstigungen oder Subventionszahlungen zu unterlaufen, werden hierdurch vermieden.[39]

Vom ökonomischen Standpunkt aus lässt sich ebenfalls wenig gegen diese Trennung von internationaler Umweltpolitik, d.h. der Festlegung der zu vermeidenden Mengen, und deren konkreter Umsetzung in nationale Umweltpolitik einwenden. Eine unkoordinierte nationale Umsetzung international ausgehandelter Vermeidungsmengen geht selbst bei unvollkommenen Märkten nur in Ausnahmefällen mit Effizienzverlusten einher.[40] Die folgenden Ausführungen konzentrieren sich deshalb im wesentlichen auf Allokationsregeln, mittels derer Vermeidungsmengen abgeleitet werden.

4.4.2 Bedeutung für die Verhandlungen

Vergleicht man die Bezugsgrößen hinsichtlich der oben aufgeführten Argumente für oder gegen ein Abkommen, so fällt zunächst auf, dass der Informationsbedarf zur Ermittlung der aufgeführten Größen stark variiert. Je höher jedoch der Informationsbedarf, oder genauer ausgedrückt,

[38] Vgl. hierzu ausführlicher Kapitel 6.
[39] Vgl. Bauer 1993, S. 193 f.
[40] Vgl. Hoel 1997.

je größer der Interpretationsspielraum bei deren Ermittlung desto schwieriger ist eine Einigung zu erzielen.

Am geringsten ist dieser Spielraum bei der Ermittlung von Schadstoffmengen. Hier stellt sich lediglich die Frage, wie genau sich die Emissions- oder Immissionsmengen eines Landes tatsächlich messen lassen. Selbst dieses Problem ist zu vernachlässigen, wenn sich die Länder langfristig auf ein Verbot des betrachteten Schadstoffes einigen. Sofern mehrere Stoffe zu dem gleichen Umweltproblem beitragen, ist ferner zu klären, welche Schadstoffe durch das Abkommen geregelt werden sollen. Wesentlich problematischer ist bereits die Ermittlung der Vermeidungskosten. Zwar ist es kaum möglich, für jedes Land die *wahre* Kostenfunktion, die alle relevanten Effekte[41] berücksichtigt, zu ermitteln. Die Länder müssen sich aber zumindest darauf einigen, welche Vermeidungskosten zu berücksichtigen sind. Die Anwendung ökologischer Kriterien erfordert die Kenntnis der Ursache-Wirkungs-Zusammenhänge. Eine Einigung schließlich darauf, wie die Schäden in monetären Größen zu bewerten sind, dürfte am schwersten zu erreichen sein, da diese sich häufig auf Effekte beziehen, für welche keine Marktpreise vorhanden sind.

Die Informationsproblematik ist nicht für jedes Umweltproblem gleich. Vermeidungskosten lassen sich leichter ermitteln, wenn die Vermeidungsalternativen hauptsächlich im Einsatz bereits entwickelter Vermeidungstechnologien – sogenannter End-of-pipe-Technologien – bestehen, wie dies etwa bei Schwefeldioxid der Fall ist.[42] Bei Treibhausgasen hingegen ist eine Verringerung der Emissionsmenge hauptsächlich durch Maßnahmen zur Einschränkung des Energieverbrauchs und in begrenzterem Umfang durch die Substitution zwischen Energieträgern und durch forstwirtschaftliche Maßnahmen zu erreichen.[43] Auch sind die ökologischen Auswirkung von saurem Regen oder der erhöhten Belastung mit UV-Strahlen wesentlich besser abzuschätzen, als die Folgen einer in ihren Ausmaßen immer noch ungewissen Erderwärmung.

Ein vorläufiger Verzicht[44] auf die explizite Bestimmung von schwer ermittelbaren Größen vermindert somit zunächst das Konfliktpotential der Verhandlungen. Wenn hierdurch die Chancen auf eine Einigung vergrößert

---

[41] An dieser Stelle stellt sich bereits die Frage, welche Kosten überhaupt als relevant anzusehen sind.

[42] Zur Ermittlung der Vermeidungskosten vgl. z.B. Amann 1990, Halkos 1994.

[43] Ein guter Überblick über die Möglichkeiten zur Verminderung von Treibhausgasen findet sich bei Bauer 1993, Kapitel 3.

[44] Vorläufig deshalb, weil immer die Möglichkeit besteht, in einem weiteren Abkommen neuere Erkenntnisse mit einzubeziehen.

werden, ist dieses Vorgehen nicht mit einem Mangel an Rationalität gleichzusetzen.

Der Verhandlungsgegenstand bzw. die Basisgröße muss nicht unbedingt ausgehandelt werden, sondern kann sich aus der Tatsache ergeben, dass das Konfliktpotential von allen Beteiligten antizipiert wird. Voraussetzung hierfür ist die Anerkennung eines Handlungsbedarfs durch die beteiligten Länder. Bei den Verhandlungen zum Montrealer Protokoll (1986-1987), bei denen die vorbereitenden Workshops zwar keinen formellen Konsens, aber zumindest eine Einigung über die Dringlichkeit durchgreifender Regulierungen erbracht hatten,[45] spielte die Klärung wissenschaftlicher Streitfragen aufgrund des großen Interpretationsspielraums eine eher untergeordnete Rolle.[46] Allerdings bringt der Verzicht auf die Einbeziehung wissenschaftlicher Erkenntnisse u. U. Effizienzverluste mit sich. Eines der Argumente des britischen Umweltministers gegen die Unterzeichnung des Helsinki-Protokolls (1984) zur Reduktion der Schwefelemissionen von Großbritannien war die willkürliche Festlegung einer Reduzierung der Schwefelemissionen um 30 v.H. ohne einen Bezug zu den Einwirkungen dieser Emissionen auf die Umwelt herzustellen.[47]

Die Wahl des Verhandlungsgegenstandes ist somit aus zwei Gründen für die inhaltliche Ausgestaltung des Abkommens von Bedeutung. Zum einen gilt es hier, erstes Konfliktpotential zu überwinden (wie soll diese Größe gemessen werden?). Zum anderen werden hierdurch, wie sich am Beispiel des Helsinki-Protokolls zeigt, erste Weichen für die Anwendbarkeit verschiedener Allokationskriterien und deren Eigenschaften gestellt. Für eine weitere Analyse der Wahl von Allokationsregeln bietet es sich an, diese nach ihren Bezugsgrößen zu ordnen, um so die Argumente für oder gegen deren Anwendung weiter herauszuarbeiten.

4.5 Mengenbezogene Allokationsregeln

Mengenbezogene Allokationsregeln haben den Vorteil, dass sie relativ leicht zu ermitteln sind. Sie können als Rechte in Form von Emissions- und Verschmutzungszertifikaten oder als Vermeidungsverpflichtungen formuliert werden. Sind die Rechte und Pflichten der Länder quantitativ festgelegt, so besteht ferner die Möglichkeit, durch die Einführung von Handelsmechanismen eine flexible Vertragsumsetzung zuzulassen.

---

[45] Vgl. Gehring 1996, S. 227.
[46] Vgl. Gehring 1996, S. 230.
[47] Vgl. Hordijk 1990, S. 51.

4.5.1 Vermeidungsverpflichtungen

Die prominenteste Möglichkeit zur Bestimmung der Vermeidungsverpflichtungen ist die Forderung nach proportional gleichen Vermeidungsaktivitäten bezogen auf eine Basismenge. Ein solches Abkommen stellt die Verantwortung der Länder für die Entstehung des Umweltproblems in den Vordergrund. Es kann als fair angesehen werden, da unter diesem Aspekt alle Länder relativ gleich behandelt werden. Jedes Land trägt zur Verbesserung der Situation entweder in dem Ausmaß bei, in welchem es für das Problem verantwortlich ist (proportionale Reduzierung der Emissionen), oder in welchem es auch bisher Verantwortung übernommen hat (proportionale Erhöhung der Vermeidungsmenge).

Betrachten wir zunächst eine einheitliche proportionale Emissionsreduzierung. Ein Vertrangsland i verpflichtet sich, seine Emissionsmenge soweit zu reduzieren, dass die folgende Gleichung erfüllt ist:

$$\frac{e_i^{basis} - e_i}{e_i^{basis}} = \theta \tag{4.1}$$

θ bezeichnet die einheitliche Reduzierungsquote, e_i die von Land i einzuhaltende Emissionshöchstmenge und e_i^{basis} die Bezugsgröße, nach der e_i ermittelt wird.

Bei einer einheitlichen Vermeidungsquote für alle Länder kommen Verteilungsfragen über die Wahl der Basismenge, auf die sich die Emissionsreduzierungen beziehen, zum Ausdruck. Unterstellt man ein einfaches statisches Modell, so müssen sich die Länder zwischen der potentiellen Emissionsmenge e_i^0 und der nicht-kooperativen Emissionsmenge e_i^N entscheiden.[48]

Auf den ersten Blick erscheint es sinnvoll, die nicht-kooperativen Emissionsmengen als Bezugsgröße zu wählen, da diese den Beitrag der einzelnen Länder an der Gesamtverschmutzung widerspiegeln. Entscheidend dafür, wie sich die Verpflichtungen für eine gegebene Quote auf die Länder aufteilen, ist jedoch nicht die absolute Höhe der nicht-kooperativen Emissionsmenge, sondern das Verhältnis der potentiellen Emissionsmenge und der nicht-kooperativen Vermeidungsmengen q_i^N. Dies wird deutlich, wenn man die sich aus beiden Basismengen ergebenden Vermeidungsmengen miteinander vergleicht. Durch entsprechende Umformung von (4.1) erhält man für das Ververschmutzungspotential als Basismenge:

$$q_i = \theta \cdot e_i^0$$

[48] Für erstere Vorgehensweise vgl. z.B. Endres 1993, für letztere z.B. Finus/Rundshagen 1998a.

Bei prozentual gleicher Reduzierung bezogen auf e_i^N ergibt sich:

$$q_i = \theta \cdot (e_i^0 - q_i^N) + q_i^N$$

Für gleiches Verschmutzungspotential e_i^0 bedeutet letztere Vorgehensweise, dass das Land mit der größeren nicht-kooperativen Vermeidungsmenge bei der Teilnahme am Umweltabkommen eine größere Vermeidungslast zu tragen hat, während bei prozentual gleichen Vermeidungsmengen bezogen auf e_i^0 die erforderlichen Vermeidungsmengen gleich sind. Ein Land mit hohem q_i^N könnte gegen die nicht-kooperative Emissionsmenge als Referenzwert einwenden, dass bereits unternommene Vermeidungsaktivitäten nur ungenügend berücksichtigt werden.[49] Auf der anderen Seite ist auch eine hohe nicht-kooperative Vermeidungsmenge auf das Rationalkalkül eines Landes zurückzuführen, was gegen eine positive Berücksichtigung bei der Festlegung der Vermeidungsverpflichtungen spricht.[50]

Das Problem der Wahl eines Basisjahrs wird vermieden, wenn sich die Länder auf prozentual gleiche zusätzliche Vermeidungsmengen einigen, d.h. wenn:

$$\frac{q_i^N - q_i}{q_i^N} = \theta = \frac{e_i^N - e_i}{e_i^0 - e_i^N}$$

Hierdurch wird das Verhältnis der Änderungen in den Emissionsmengen egalisiert. Hebt man allerdings die Annahme eines statischen Modells auf, und geht davon aus, dass sich die Emissionsmengen der Länder im Zeitablauf ändern, ist die Festlegung von Reduzierungsquoten bezogen auf Vermeidungsmengen problematischer. Denn während bei Emissionsmengen nur das Basisjahr (und evtl. das Zieljahr) festgelegt werden muss, sind für die Bestimmung einer Vermeidungsmenge jeweils zwei Zeitangaben notwendig.

Haben sich die Länder auf ein Basisjahr bzw. eine Basismenge geeinigt, so erhebt sich die Frage danach, um welchen Prozentsatz die Emissionsmengen reduziert bzw. die Vermeidungsmengen erhöht werden sollen. Endres/Finus (1996) und Finus/Rundshagen (1998a,b) bestimmen die Reduzierungsquote mittels einer Auktion, bei der jedes Land eine Quote vorschlägt und die kleinste Quote als Abkommensverpflichtung angenommen wird. Der Vorteil dieser Vorgehensweise liegt darin, dass es für jedes Land eine dominante Strategie ist, seine wahren Präferenzen hinsichtlich

[49] Dies war in der Tat ein weiteres Argument, aufgrund dessen Großbritannien und auch die USA die Teilnahme am ersten SO_2-Abkommen abgelehnt haben, vgl. Hordijk 1990, S. 51.

[50] Vgl. hierzu auch Albin 1995, S. 128 f.

der von ihm gewünschten Vermeidungsquote anzugeben.[51] Allerdings ist nicht gewährleistet, dass eine einheitliche Quote existiert, bei der sich kein Land durch die Teilnahme an dem Abkommen verschlechtert.[52] Da dieses Problem auch von der Wahl des Referenzwertes abhängt, können Gestaltungsmöglichkeiten bzgl. der Wahl eines Basisjahrs nicht nur als Konfliktpotential aufgefaßt werden, sondern auch dazu dienen, den Verhandlungsspielraum zu erweitern, um die Teilnahme einer größeren Anzahl von Ländern sicherzustellen.

Unter den Gesichtspunkten der Effizienz bzw. Kosteneffektivität sind allgemeine Aussagen über die Verwendung von Quoten nicht möglich. Es lässt sich also nicht ausschließen, dass effiziente Vermeidungsvektoren existieren, die der angewandten Regel genügen. Fraglich ist aber, ob diese auch individuell rational sind. Vom theoretischen Standpunkt aus lässt sich feststellen, dass bei der Festsetzung einheitlicher Reduzierungsquoten ökonomische Aspekte wenn überhaupt nur eine sehr untergeordnete Rolle spielt.

Die bisherigen Argumente haben sich auf Eigenschaften der Regel selbst bezogen bzw. auf das ihr innewohnende Konfliktpotential. Es stellt sich allerdings die Frage, ob die Anwendung des Proportionalitätskriteriums bezogen auf Emissions- oder Vermeidungsmengen hinsichtlich der resultierenden Auszahlungen insgesamt als angemessen oder fair zu beurteilen ist. Jegliche Unterschiede in der Auszahlungsstruktur der Länder werden ignoriert. Die Vermeidungsverpflichtungen sind unabhängig davon, wie stark die Länder von dem Umweltproblem betroffen sind oder wie hoch die Kosten sind, die bei Erfüllung ihrer Verpflichtungen anfallen. Proportional gleiche Vermeidungsverpflichtungen können deshalb zu sehr ungleichen Verteilungen von Kosten und Nutzen der Vermeidungsaktivitäten führen.

4.5.2 Verschmutzungsrechte

Verschmutzungsrechte oder Umweltzertifikate verbriefen das Recht eines Landes, die Umwelt in einer mengenmäßig festgelegten Weise zu belasten. Umweltzertifikate werden häufig im Zusammenhang mit der kosteneffizienten Ausgestaltung umweltpolitischer Maßnahmen untersucht. Nicht ausgeschöpfte Verschmutzungsrechte können veräußert werden, während für Belastungen, die über die über das entsprechenden Emissionsniveau hinausgehen, weitere Zertifikate erworben werden müssen. Das Ziel der Zer-

---

[51] Vgl. Finus/Rundshagen 1998, S. 153.
[52] Vgl. Barrett 1992.

tifikatsvergabe ist es, Märkte für Umweltverschmutzung zu schaffen, und so Anreize für eine kosteneffektive Vermeidungspolitik zu schaffen.

Die Vermeidungsverpflichtung eines Landes ergibt sich aus der Differenz zwischen den zugeteilten oder erworbenen Zertifikaten und dem aktuellen Schadstoffausstoß. Da es für die gemeinsame Vertragsumsetzung unerheblich ist, ob für die Länder in einem ersten Verhandlungsschritt Rechte oder Vermeidungspflichten festgesetzt werden,[53] soll hier zunächst auf die Kriterien zur Vergabe der Rechte eingegangen werden.

Bei *globalen Umweltproblemen* kann die räumliche Verteilung der Schadstoffe vernachlässigt werden, d.h. jedes Land beurteilt ausländische Vermeidungsaktivitäten unabhängig davon, wo diese unternommen wurden. Die zu verteilenden Größen sind Emissionsrechte, wobei weniger die Verantwortung an dem Umweltproblem als vielmehr das Recht auf wirtschaftliche Entwicklung und materiellen Wohlstand hervorgehoben werden. Emissionen sind in diesem Fall als Inputfaktor[54] zu interpretieren. Aus dieser Tatsache folgt, dass die Diskussion ethischer Prinzipien und ihrer verteilungspolitischen Implikationen hier einen sehr viel größeren Stellenwert einnimmt als bei der Festsetzung von Vermeidungsquoten, bei welchen hauptsächlich der Referenzwert als unangemessen empfunden werden kann.[55]

Einige dieser Kriterien, wie z.B. die Egalisierung der Wohlfahrtsgewinne aller Länder aus dem Abkommen nach dem Prinzip der horizontalen Verteilungsgerechtigkeit, setzen die Kenntnis der Auszahlungsfunktionen voraus. Der in geringeren Informationsanforderungen bestehende Vorteil mengenorientierter Kriterien zur Festlegung der Vermeidungsverpflichtungen kommt dann nicht zum Tragen. Nähert man sich der Vergabe von Emissionsrechten über das Kriterium der Focal Points, so stellen gleiche Pro-Kopf-Emissionsrechte, eine Allokation nach dem Status quo sowie eine Vergabe proportional zum Bruttosozialprodukt die in der Literatur zu Verteilungswirkungen von Emissionszertifikaten am häufigsten betrachteten Referenzwerte dar.[56]

Die Vergabe von Zertifikaten proportional zur Bevölkerung, d.h. ein gleiches Pro-Kopf-Emissionsrecht, leitet sich aus dem für alle Men-

---

53 Die handelbaren Zertifikate können aus der Differenz zwischen nicht-kooperativen Emissionen und der vereinbarten Vermeidungsmenge ermittelt werden.

54 Vgl. Siebert 1995, S. 38.

55 Vgl. Rose/Tietenberg 1993, S. 9.

56 Z.B. Bohm 1992; Kverndokk 1993; Grubb 1995; Welsch 1995. Ein Überblick über die verschiedenen Kriterien zur Allokation von CO_2-Zertifikaten findet sich in IPCC 1996.

schen gleichen Recht auf Ressourcenzugang ab.[57] Hiernach stehen den bevölkerungsreichen Entwicklungs- und Schwellenländern eine weitaus größere Menge an Emissionsrechten zu als den Industrienationen, was bereits die Durchsetzbarkeit dieses Kriteriums eher zweifelhaft erscheinen lässt. Weiteres Konfliktpotential ergibt sich, wenn man die Anwendung dieses Kriteriums in einem dynamischen Kontext betrachtet. Angesichts des Bevölkerungswachstums in Schwellenländern wie China, Indien und Lateinamerika ist nicht klar, wie dieses Recht im Hinblick auf zukünftige Generationen zu bewerten ist, was insbesondere die schwierige Frage nach intergenerativer Verteilungsgerechtigkeit aufwirft. Eine Anpassung der Zertifikatvergabe an die Bevölkerungsentwicklung setzt jedoch u.U. die falschen bevölkerungspolitischen Signale.[58]

Bei einer Vergabe nach dem Volkseinkommen steigt das Pro-Kopf-Emissionsrecht mit dem Pro-Kopf-Einkommen und begünstigt somit klar die reicheren Industrieländer.[59] Unter dem Aspekt der Fairness ist diese Vorgehensweise allerdings schon aufgrund des – wegen der von Land zu Land unterschiedlichen Erhebungsweisen – wenig eindeutigen Zusammenhangs zwischen dem Ausmaß ökonomischer Aktivitäten und der Nutzung von Energieträgern schwer zu begründen. Das Kriterium dürfte daher hauptsächlich den Charakter eines Focal Point haben.[60]

Vergibt man die Emissionsrechte proportional zu den Status-quo-Emissionen, so ist dies gleichbedeutend mit einer einheitlichen Reduzierungsquote.[61] Da bei der Zertifikatvergabe die Rechte statt der Pflichten eines Landes betont werden, wird dieses Vorgehen allerdings zumeist als ungerecht oder unfair eingeschätzt. Denn Länder, die bisher mit einem großen Anteil an den Gesamtemissionen zur Entstehung des Umweltproblems beigetragen haben, bekommen auch weiterhin ein größeres Recht zur Verschmutzung eingeräumt.

Einige Autoren schlagen als Kompromisslösung ferner eine Kombination mehrerer Prinzipien vor, bei welcher die einzelnen Bezugsgrößen wie z.B. Pro-Kopf-Einkommen und das aktuelle Emissionsniveau zueinander ins Verhältnis gesetzt[62] oder mit unterschiedlichen Gewichten versehen werden.[63] Sinnvoll ist eine Kombination von Prinzipien aller-

[57] Dieses Recht ist theoretischer Natur, da dadurch nichts über die Ressourcenverteilung innerhalb eine Landes ausgesagt wird.
[58] Vgl. Grubb 1995, S. 486.
[59] Vgl. Bohm/Larsen 1992, Kverndokk 1993.
[60] Vgl. Grubb 1995, S. 485.
[61] Es gilt $E_i^Z = \theta \cdot E_i^N$, wobei E_i^Z die zertifizierte Emissionsmenge bezeichnet.
[62] Vgl. Beckerman/Pasek 1995.
[63] Vgl. Kverndokk 1993, Welsch 1993a.

dings nur dann, wenn keine Gruppe von Ländern durch alle verwendeten Prinzipien benachteiligt wird. So würde z.B. eine Kombination von Volkseinkommen und Bevölkerungsgröße als Kriterien zur Vergabe von CO_2-Emissionsrechten dieser Anforderung nicht genügen, da einige osteuropäische Länder sowie die GUS-Staaten nach beiden Kriterien in größerem Umfang Zertifikate zu erwerben hätten bzw. ihre Emissionsaktivitäten einschränken müßten.[64]

Grenzüberschreitende Umweltprobleme, bei welchen die Umweltbelastung eines Landes davon abhängt, wo die Schadstoffe emittiert werden, betreffen eine geringere Anzahl von Ländern. Ein ganz entscheidender Nachteil in der Vergabe von Emissionsrechten nach Kriterien, die ebenso wie einheitliche Vermeidungsquoten von dem zugrunde liegenden Umweltproblem abstrahieren, liegt in diesem Fall darin, dass gleiche oder proportional gleiche Emissisonsrechte die räumliche Verteilung der Schadstoffe nicht berücksichtigen. Unterschiede zwischen den Ländern spiegeln sich nicht nur in der Auszahlungsstruktur wider, sondern auch darin, wie in welchem Umfang ein Land von ausländischen Emissionen betroffen ist, bzw. welchen Anteil seiner eigenen Emissionen es exportiert. Warum z.B. sollte einem Land, welches mit seinen Emissionen nur wenig zur Umweltverschmutzung in anderen Länder beiträgt, d.h. welches nur einen geringen Anteil seiner Schadstoffe exportiert, nicht ein vergleichsweise höheres Emissionsrecht eingeräumt werden?

Alternativ zur Vergabe von Emissionsrechten besteht ferner die Möglichkeit, Immissionsrechte zu formulieren. Hierbei wird jedem Land das Recht eingeräumt, eine bestimmte Region jeweils mit einer festgelegten Menge an Schadstoffen zu belasten.[65] Immissionsrechte dürften sich jedoch schon deshalb kaum als Verhandlungsgegenstand eignen, da sie offen dem Prinzip 21 der Erklärung der Konferenz der Vereinten Nationen über die Umwelt des Menschen (Stockholm 1972) widersprechen, wonach einem Land ausdrücklich die Verantwortung für die von ihm außerhalb der Landesgrenzen verursachten Umweltschäden zugesprochen wird.

Ein weiterer wesentlicher Nachteil von Verhandlungen über Verschmutzungsrechte im Vergleich zu Verhandlungen über Vermeidungspflichten liegt darin, dass sich die Länder, sofern nur relative Ansprüche wie z.B. gleiche Pro-Kopf-Emissionen abgeleitet werden, zusätzlich auf ein Gesamtverschmutzungsniveau einigen müssen. Hier kann die Interessenslage der einzelnen Länder nicht unabhängig von der Allokation der Rechte beurteilt

---

[64] Vgl. Bohm/Larsen 1992, S. 289.

[65] Handelbare Immissionsrechte (ambient permits) wurden erstmals von Montgomery (1972) formalisiert.

werden. Danach ist zu erwarten, dass Länder mit hohen Grenzvermeidungsnutzen sich tendenziell für eine geringere Gesamtmenge an Zertifikaten – und somit einer höheren Gesamtvermeidungsmenge – aussprechen als Länder, die weniger von der Emissionsvermeidung profitieren.

4.5.3 Handelsmechanismen

Handelsmechanismen bieten den Vertragsländern mehr Flexibilität bei der Umsetzung ihrer Verpflichtungen und dienen so der Effizienzverbesserung eines Umweltabkommens. Ausgehend von den ausgehandelten Vermeidungsverpflichtungen oder Emissionsrechten[66] der Länder besteht für die Unterzeichner des Umweltabkommens die Möglichkeit, die notwendigen Vermeidungsaktivitäten auch von anderen Ländern durchführen zu lassen und diese dafür zu kompensieren. Diese Erfüllung der Vertragsverpflichtungen durch gleichwertige Maßnahmen in anderen Ländern wird allgemein auch als gemeinsame Vertragsumsetzung oder *Joint Implementation* bezeichnet.[67]

Die Einführung von Handelsmechanismen führt, sofern die Möglichkeit zu gemeinsamer Vertragsumsetzung genutzt wird, zu einer Umverteilung der Vermeidungsverpflichtungen. Aus diesem Grund sind Handelsmechanismen als eine wichtige Ergänzung zu Allokationsregeln zu betrachten. Im Unterschied zu diesen kommt als Konfliktpotential allerdings noch das Problem der institutionellen Ausgestaltung hinzu. Denn für die Beurteilung gemeinsamer Vertragsumsetzung ist es von Bedeutung, mit welchen Ländern der Handel stattfinden darf, bzw. wo die entsprechenden Maßnahmen durchgeführt werden. Entscheidend ist hierbei die Frage, ob das Land, welches die Vermeidungsverpflichtungen eines anderen teilweise oder vollständig übernimmt, selbst zu einer Verringerung seiner Schadstoffemissionen verpflichtet ist oder nicht.

Im ersteren Fall ist durch die Vertragsverpflichtungen der handelnden Länder eine Emissionsobergrenze gegeben, da die insgesamt zu vermeidende Schadstoffmenge von der gemeinsamen Vertragsumsetzung nicht berührt wird.[68] Handel zwischen zwei oder mehr Ländern ist dann attraktiv, wenn deren marginale Vermeidungskosten voneinander abweichen. Das Land mit den höheren Grenzkosten hat einen Anreiz, ein anderes Un-

[66] Die zugrunde liegenden Vermeidungsverpflichtungen können auch nach anderen Kriterien als den oben erwähnten abgeleitet sein. Vgl. hierzu auch den folgenden Abschnitt.

[67] Vgl. Bohm 1997, S. 249, Heister 1997, S. 295.

[68] Diese Aussage gilt mit Einschränkungen, wenn sich die Schadstoffe nicht gleichmäßig in der Atmosphäre verteilen. Vgl. dazu weiter unten.

terzeichnerland für die Übernahme seiner Vermeidungsverpflichtungen zu kompensieren. Im Idealfall, führt dies zu einem Ausgleich der Grenzkosten und folglich zu einer kosteneffektiven Umsetzung des Abkommens. Sind alle in die gemeinsame Vertragsumsetzung involvierten Länder bindende Vermeidungsverpflichtungen eingegangen, so ist es irrelevant, ob eine direkte Finanzierung von Projekten zur Emissionsvermeidung erfolgt oder die Länder lediglich mit Vermeidungsquoten bzw. Emissionsrechten handeln.[69]

Ein etwas anderes Bild ergibt sich, wenn die Vermeidungsmaßnahmen in Ländern durchgeführt werden, die selbst keine Vermeidungsverpflichtungen eingegangen sind. Damit die Maßnahme in einem Drittland positiv auf die Verpflichtungen eines Unterzeichnerlandes angerechnet werden kann, muss dieses nachweisen, dass die damit verbundenen Emissionsreduzierungen tatsächlich über die geplanten umweltpolitischen Aktivitäten des Durchführungslandes hinausgehen. Dieser Nachweis ist jedoch äußerst problematisch. Denn während die Emissionsreduzierungen einzelner Projekte abschätzbar sein mögen,[70] ist deren Wirkung wegen eventueller Verdrängungseffekte auf nationaler Ebene nur schwer zu quantifizieren. Die Einhaltung der vereinbarten aggregierten Emissionsreduzierungen kann somit nicht als gesichert angesehen werden.[71]

Verteilt sich der zu reduzierende Schadstoff nicht gleichmäßig, führt Emissionshandel u.U. zu einer Änderung der Schadstoffkonzentrationen in den einzelnen Ländern, was mit unerwünschten ökologischen Konsequenzen verbunden sein kann. In diesem Fall sind die erlaubten Handelsaktivitäten zusätzlich zu reglementieren oder durch Emissions- und Technologiestandards zu ergänzen.[72]

Inwieweit durch die Anwendung dieser marktorientierten Mechanismen letztendlich Effizienzgewinne zu erzielen sind, wird durch eine Reihe von Faktoren determiniert. Unvollkommene Märkte, Transaktionskosten, die räumliche Verteilung der Schadstoffe, nicht-lineare Beziehungen zwischen Emissionsmengen und Schadstoffkonzentration sowie bestehende direkte Regulierungen schränken die Möglichkeiten zur kostenminimalen Erreichung der Emissions- oder Vermeidungsziele ein.[73]

Trotz dieser Einschränkungen haben Handelsmechanismen zumindest bei globalen Umweltproblemen den Vorteil, dass die Anwendung einfa-

---

[69] Vgl. Bohm 1997, S. 253.

[70] Asymmetrische Information über Projektkosten spielen eine entscheidende Rolle hinsichtlich der Vertragsgestaltung zwischen diesen Ländern. Vgl. Batabyal 2000.

[71] Vgl. Bohm 1997, S. 254 ff.

[72] Vgl. Tietenberg 1995, Klaassen 1995.

[73] Zu den einzelnen Punkten vgl. z.B. Xepapadeas 1997, Zylicz 1994, Klaassen 1995.

cher mengenbezogener Gleichheitskriterien nicht mehr grundsätzlich mit dem Argument mangelnder Kosteneffektivität abzulehnen ist. Zudem stellen Handelsmechanismen ein Instrument der Umverteilung ohne die Notwendigkeit monetärer Seitenzahlungen dar. Emissionshandel bzw. gemeinsame Umsetzung beruhen auf freiwilliger Basis und finden nur statt, wenn keine Partei hierdurch einen Nachteil erleidet und sich somit kein Land durch die Einführung des Handelsmechanismus gegenüber dem „ursprünglichen" Abkommen verschlechtert.[74] Deshalb ist es denkbar, dass durch die Möglichkeit der Veräußerung von Emissionsrechten ein Abkommen nun auch für Länder attraktiv wird, die anderenfalls die Teilnahme abgelehnt hätten. Für die Geberländer weist die gemeinsame Vertragsumsetzung unter dem Gesichtspunkt der politischen Durchsetzbarkeit den Vorzug auf, dass die Finanzierung ausländischer Vermeidungsprojekte weniger (negative) öffentliche Aufmerksamkeit auf sich zieht und deshalb innenpolitisch weniger kontrovers ist als die Umsetzung des Abkommens mittels strikterer umweltpolitischer Maßnahmen im eigenen Land.[75]

Wird allerdings der Zertifikathandel bereits beim Aushandeln der Vermeidungsmengen antizipiert, so kann dies dazu führen, dass das Emissionsniveau gegenüber der Situation ohne Handelsmechanismen ansteigt. Dies liegt daran, dass für die potentiellen Verkäufer von Zertifikaten die freiwillige Übernahme von Vermeidungsverpflichtungen unattraktiver geworden ist.[76] Ist dieser Effekt sehr groß, so stellt dies die Glaubwürdigkeit des Umweltabkommens insgesamt in Frage. Auch könnte es als ungerecht empfunden werden, wenn ein oder mehrere Länder in großem Umfang Zertifikate erwerben, um selbst keine zusätzlichen Vermeidungsaktivitäten unternehmen zu müssen und dies mit einer erheblichen Einsparung an Vermeidungskosten verbunden ist. Veränderungen gegenüber der Ausgangsallokation treten deutlicher hervor, wenn die Zertifikate direkt zwischen den Ländern gehandelt werden als bei gemeinsamer Vertragsumsetzung durch Projektfinanzierung.

4.6 Ökologische Kriterien

Die Ausgangsfrage der Ableitung von Vermeidungsverpflichtungen aus ökologischen Kriterien lautet: Was ist ein akzeptables Maß an Umweltverschmutzung gemessen an den physischen Auswirkungen? Im Vorder-

[74] Bei grenzüberschreitenden Umweltproblemen ist dies für dritte Parteien durch die Einführung von Handelsregulierungen (trading rules) zu gewährleisten.

[75] Vgl. Dutschke/Michaelowa 1998, S. 14.

[76] Vgl. Bohm 1992, Helm 1999.

grund der Verhandlungen stehen hierbei die negativen Konsequenzen der Schadstoffemissionen bzw. die Verhinderung derselben.[77]

Eines der am weitesten verbreiteten Konzepte ist das der nachhaltigen Entwicklung (sustainable development), nach welchem die grundlegende Befriedigung der Bedürfnisse einer Generation zu gewährleisten ist, ohne dass die Möglichkeiten zukünftiger Generationen eingeschränkt werden. Die große Schwierigkeit allerdings bei der Verwendung ökologischer Kriterien zum Auffinden zulässiger Emissionsmengen liegt in der Operationalisierung dieser Maßgabe. Wie z.B. sind die Möglichkeiten zukünftiger Generationen gegenüber denen der heutigen zu bewerten? Welche irreversiblen Effekte gilt es zu verhindern und welche Ressourcen können durch andere Faktoren substituiert werden?

Nach Daly (1990, S. 40) sollten erneuerbare Ressourcen, die als Aufnahmemedium für Schadstoffe dienen, nur soweit genutzt werden, dass ihre Assimilationsfähigkeit erhalten bleibt. Eine sehr naheliegende Möglichkeit, den Vertragsinhalt nach ökologischen Kriterien zu bestimmen, besteht deshalb darin, nur Emissionsniveaus zuzulassen, die keine irreversiblen Effekte hervorrufen. Die Festsetzung solcher Schwellenwerte weist den Vorteil auf, dass dieses Konzept für politische Entscheidungsträger sehr viel einfacher zugänglich ist als die Bezugnahme auf komplexere ökologische Ursache-Wirkungszusammenhänge.[78]

Dieses setzt allerdings voraus, dass:

(1) Die Ursache-Wirkungszusammenhänge soweit bekannt sind, dass keine große Uneinigkeit zwischen den Verhandelnden darüber herrscht, welches Emissionsniveau oder welche Schadstoffkonzentrationen als kritisch anzusehen sind. Ein zu großer wissenschaftlicher Dissens würde einen Einigung erheblich erschweren, wenn nicht unmöglich machen.

(2) Diese Werte auch tatsächlich als kurzfristig, d.h. für das Zieljahr des Abkommens, erreichbar eingeschätzt werden. Dies z.B. ist nicht der Fall, wenn die entsprechenden Werte sehr gering und/oder die Schadstoffe weit verbreitet und nur mit sehr großem Aufwand oder gar nicht zu ersetzen sind.

Sind beide Voraussetzungen erfüllt, so hat die räumliche Dimension des Umweltproblems weitere wesentliche Konsequenzen für die Ausgestaltung des Abkommens. Bei globalen Umweltproblemen stößt die Ableitung von

---

[77] Die Zerstörung der Umwelt durch den Menschen weist auch eine ethische Dimension auf, die jedoch für internationale Umweltverhandlungen bestenfalls eine untergeordnete Rolle spielt und deshalb hier nicht weiter verfolgt wird. Vgl. hierzu beispielsweise Daly/Townsend 1992.

[78] Vgl. Wolf 1997, S. 124.

Vermeidungsverpflichtungen nach ökologischen Kriterien hinsichtlich des zu erwartenden Konfliktpotentials auf folgende Schwierigkeiten:

(1) Eine nach Ländern differenzierte Festsetzung von Umweltstandards ist nicht möglich. Der realisierte Umweltschaden eines Landes hängt von den weltweit insgesamt unternommenen Vermeidungsaktivitäten ab. Sind die Auswirkungen des Umweltproblems in den verhandelnden Ländern sehr unterschiedlich, so kann bereits die Formulierung der Zielsetzung zu Konflikten führen, weil u.U. hierdurch offen gelegt wird, welches Land wie stark von einem Abkommen profitiert. Dies wirkt sich auch auf die Einschätzung eines Abkommens als fair oder unfair aus. Dieses Problem ist schwächer, wenn das Umweltziel in Größen operationalisiert wird, die sich auf den Gesamteffekt beziehen. Für den Treibhauseffekt wäre dies beispielsweise die maximal zulässige Erderwärmung.

(2) Sofern die entsprechenden Schadstoffe nicht verboten werden, ist eine eindeutige Bestimmung der Vermeidungsverpflichtungen mittels ökologischer Kriterien nicht möglich. Haben sich die Länder auf ein Umweltziel geeinigt, so kann zu dessen Erreichung nur ein Gesamtemissionsniveau bzw. ein weltweites Vermeidungsniveau ermittelt werden.[79] d.h. es wird zusätzlich eine Einigung über die Aufteilung derselben erforderlich, was mit den bereits geschilderten Verteilungsproblemen verbunden ist.

(3) Die Formulierung von Umweltzielen verstärkt Trittbrettfahreranreize. Von einem Abkommen profitieren alle Länder unabhängig von ihrem eigenen Beitrag. Eine geringe Beteiligung an dem Umweltabkommen erlegt den Vertragsländern zur Erreichung des Umweltziels relativ hohe Belastungen auf und erhöht somit die Wahrscheinlichkeit des Scheiterns der Verhandlungen.

Probleme grenzüberschreitender Luftverschmutzung hingegen erlauben eine differenziertere Berücksichtigung der unterschiedlichen Auswirkungen von Schadstoffbelastungen in den einzelnen Ländern, denn der Umweltschaden eines Landes hängt von dessen Immissionsniveau ab und nicht mehr vom Gesamtemissionsniveau. Im Unterschied zu globalen Umweltproblemen ist also theoretisch möglich, die Gleichbehandlung aller Länder zu gewährleisten, indem zunächst allgemein eine ökologische Zielsetzung festgesetzt und dann unter Berücksichtigung der Belastbarkeit der unterschiedlichen Ökosysteme die entsprechenden Immissionswerte ermitteln werden. Ein solches Abkommen ist fair, denn selbst bei unterschiedlichen zulässigen Immissionswerten, werden die Ökosysteme in allen Ländern gleichermaßen geschützt.

---

79 Das Problem der Bewertung von Ursache-Wirkungszusammenhängen hingegen ist nicht auf globale Umweltprobleme beschränkt.

Die Vermeidungsverpflichtungen der Länder sind durch die ökologische Zielsetzung bzw. durch die daraus abgeleiteten Immissionswerte eindeutig bestimmt, sofern die Transportmatrix invertierbar ist. Da allerdings die flächenmäßige Ausdehnung von Ökosystemen, wie Wäldern, Flüssen und Seen, landwirtschaftlicher Anbaugebiete etc., nicht mit den Ländergrenzen zusammenfällt, müssen auch die Immissionszielwerte sinnvollerweise für kleinere Gebiete formuliert werden. Kann nun die räumliche Verteilung der Emissionen eines Landes nicht in gleicher Weise berücksichtigt werden oder sind die Transportkoeffizienten linear abhängig, so können die Vermeidungsverpflichtungen unter Zuhilfenahme weiterer Kriterien, wie z.B. der Minimierung der Gesamtkosten oder der Gesamtvermeidungsmenge, mittels linearer Programme festgelegt werden.[80]

Nielson (1998) schlägt darüber hinaus vor, für Schadstoffe, die sauren Niederschlag verursachen, ökologische Kriterien mit dem Recht auf freien Ressourcenzugang für gegenwärtige und zukünftige Generationen zu verbinden. Hierfür werden zunächst die zulässigen Emissionwerte für jedes Land derart ermittelt, dass die Assimilationsfähigkeit der jeweiligen Ökosysteme nicht überschritten wird. Addiert man die hiernach zulässigen Gesamtemissionen auf und setzt diese ins Verhältnis zur Gesamtbevölkerung des von dem Umweltproblem betroffenen Gebietes, erhält man die zulässigen Pro-Kopf-Emissionen (environmental space). Die Idee dahinter ist, dass Länder, deren Emissionen in ökologisch weniger anfälligen Gebieten niedergehen, ohne die Berücksichtigung von Pro-Kopf-Emissionen weniger Emissionsvermeidung betreiben müssen, während Gesundheits- und Gebäudeschäden hierbei unberücksichtigt bleiben. Wird dies als ungerecht empfunden, so bietet die beschriebene Festlegung von Pro-Kopf-Emissionen eine Möglichkeit, diesen Aspekt mit zu berücksichtigen, ohne die Schäden monetär zu bewerten. Die dafür notwendigen Emissionsreduktionen sind für die betrachteten Schadstoffe und Länder allerdings teilweise sehr hoch.[81]

4.7 Monetäre Kriterien

Monetäre Kriterien nehmen wie bereits erwähnt in der theoretischen Literatur zu Umweltabkommen einen sehr großen Stellenwert ein, wobei ökonomische Überlegungen, d.h. Effizienz und individuelle Rationalität, zumeist im Vordergrund stehen.

---

[80] Vgl. Alcamo et al. 1990.

[81] Großbritannien beispielsweise müsste seine Schwefeldioxid-Emissionen gegenüber 1995 um ca. 80 v.H. reduzieren. Vgl. Nielson 1998, S. 9.

4.7.1 Aufteilung der Vermeidungsnettonutzen

Die größte Hürde zur Anwendung von Allokationsregeln zur Aufteilung der Vermeidungsnettonutzen stellt die quantitative Bewertung von Vermeidungskosten und Umweltschäden bzw. Vermeidungsnutzen dar. Ist der wissenschaftliche Dissens zwischen den verhandelnden Ländern nicht zu groß, so dass diese sich auf eine entsprechende Vorgehensweise einigen können, bietet die Verhandlungstheorie (bargaining theory) eine Reihe kooperativer Lösungskonzepte.

Im Zusammenhang mit internationalen Umweltabkommen häufig verwandte Regeln sind die vollkooperative Lösung,[82] und die Nash-Lösung[83] im Falle ohne Seitenzahlungen[84]. Mit Seitenzahlungen sind dies der Shapley-Wert[85] sowie die proportionale Aufteilung der aggregierten inkrementellen Vermeidungsnettonutzen.[86]

Für eine Beurteilung des Konfliktpotentials ist die Frage nach der Möglichkeit von Seitenzahlungen von großer Bedeutung. So sind einfache Konzepte wie eine proportionale Aufteilung der Nettonutzen nach Bevölkerung, BSP etc. eher dazu geeignet, als Focal Points zu dienen, wenn Seitenzahlungen zwischen den Ländern möglich sind und somit Verteilungs- und Vermeidungsentscheidung getrennt voneinander getroffen werden können. Durch die Vermeidungsentscheidung wird zunächst festgelegt, welcher Betrag zwischen den Ländern zu verteilen ist. In diesem Fall ist die vollkooperative Lösung ein attraktives Kriterium, da hierdurch der aggregierte Vermeidungsnettonutzen und folglich der zu verteilende Betrag maximal wird. Der so ermittelte Gesamtnutzen kann dann anschließend proportional nach den oben aufgeführten Größen verteilt werden.

Auch hier ist darauf zu achten, dass sich kein Land gegenüber dem Status quo verschlechtert. Denkbar ist hierfür ein mehrstufiges Kompensationverfahren, nach welchem zunächst alle Länder mit positiven inkrementellen Gewinnen den Differenzbetrag an einen dafür eingerichteten Fonds abführen. Länder, die sich durch die Umsetzung des Abkommens verschlechtern, werden in Höhe dieser Differenz kompensiert. Die Summe der kooperativen Auszahlungen ist höher als die der nicht-kooperativen Auszahlungen, so dass der in dem Fonds verbliebene Restbetrag proportional unter den Ländern aufgeteilt werden kann. Dieses Verfahren wird durch

---

[82] Z.B. Barrett 1994, 1997.

[83] Vgl. z.B. Hoel 1990, Barrett 1997.

[84] Wie in Kapitel 3 soll sich auch hier der Begriff „Seitenzahlungen" auf monetäre Transfers zwischen den Vertragsländern beziehen.

[85] Z.B. Barrett 1997, Botteon/Carraro 1997, Hackl/Pruckner 1998.

[86] Z.B. Chander/Tulkens 1992, 1996, Eyckmans/Tulkens 1999, Germain et al. 1999.

die folgende Gleichung beschrieben, wobei r_i mit $\sum_j r_j = 1$ der Anteil von Land i ist.[87]

$$\pi_i^{Abkommen} = -(\pi_i^C - \pi_i^N) + r_i \sum_j (\pi_j^C - \pi_j^N)$$

Da hier über konkrete Summen und nicht wie bei der Allokation von Zertifikaten über die Verteilung von Rechten zu entscheiden ist, rückt die ethische Dimension des Verteilungsproblems etwas in den Hintergrund. Andererseits werfen gerade globale Umweltprobleme die Frage nach internationaler Verteilungsgerechtigkeit auf, denn die Bewertung nicht-marktgängiger Umweltschäden – insbesondere der negativen Einwirkung auf die menschliche Gesundheit – hängt nach der gängigen Erhebung über die Zahlungsbereitschaften von der Einkommenshöhe ab. Diese Tatsache stellt ein Problem dar, sofern die zugrundeliegende Einkommensverteilung als ungerecht angesehen wird.[88] Die Relevanz dieses Einwands für das Verhandlungsergebnis hängt davon ab, wie stark die Verhandlungsposition eines Landes mit geringem Pro-Kopf-Einkommen angesehen wird.

Unabhängig von Fragen der Verteilungsgerechtigkeit trifft die Verwendung von Seitenzahlungen auf eine Reihe weiterer ernstzunehmender Schwierigkeiten, die deren Verwendung im Zusammenhang mit Umweltproblemen zumindest unwahrscheinlich erscheinen lässt. Zunächst einmal lässt sich feststellen, dass die zu verteilende Größe für die verhandelnden Länder wenig greifbar ist. Denn während die Länder durch die Verpflichtung, geeignete umweltpolitische Maßnahmen zu ergreifen, unmittelbar mit den Vermeidungskosten konfrontiert werden, besteht der Vermeidungsnutzen lediglich in den vermiedenen Schäden und ist deshalb viel weniger offensichtlich.

Zwar existiert eine Reihe von Studien dazu, wie die volkswirtschaftliche Gesamtrechnung um Umweltschäden und den Abbau natürlicher Ressourcen korrigiert werden kann. Die volkswirtschaftlichen Vorteile eines Umweltabkommens wären auf diese Weise auch einer breiteren Öffentlichkeit zugänglich zu machen und eingegangene Verpflichtungen somit leichter zu rechtfertigen. Bisher wurden diese Vorschläge wohl auch aufgrund der damit verbundenen konzeptionellen Schwierigkeiten[89] nicht praktisch umgesetzt.

Betrachten wir unter diesem Aspekt die Verteilung der inkrementellen Vermeidungsnettonutzen. Die Zahlung, die ein Land auf der ersten Stufe

[87] Dieses Verfahren wird z.B. von Chander/Tulkens 1992 vorgeschlagen.
[88] Vgl. Frankhauser et al. 1998.
[89] Für eine kritische Diskussion vgl. z.B. Dasgupta/Mäler 1997.

des Kompensationsverfahrens an den Umweltfonds zu leisten hat, kann im einfachsten Fall beschrieben werden durch:

$$-(\pi_i^C - \pi_i^N) = B_i^C - B_i^N + C_i^C - C_i^N \qquad (4.2)$$

Aus (4.2) ist ersichtlich, dass es aus dem oben aufgeführten Grund für Länder mit einem hohen Vermeidungnutzen politisch sehr unattraktiv ist, in den Umweltfonds einzuzahlen.

Die Gestaltung von Seitenzahlungen wird zusätzlich erschwert, wenn aufgrund einer größeren Zeitverzögerung zwischen dem Zeitpunkt der Vermeidungsmaßnahmen und dem Vermeidungsnutzen oder bei einer Akkumulation des Schadstoffes in der Umwelt von der statischen Betrachtungsweise abzuweichen ist. Extrem zutage tritt dieses Problem im Falle des Treibhauseffektes. Nach Eyckmans/Tulkens (1999, S. 29) führt eine effiziente Vermeidung von Treibhausgasen bei einem Zeithorizont bis zum Jahr 2200 weltweit erst etwa im Jahr 2100 zu positiven inkrementellen Gewinnen. Um zu gewährleisten, dass sich kein Land zu keinem Zeitpunkt gegenüber dem Status quo verschlechtert, müssten sich die Länder auf einen Emissionspfad mit folgendem Seitenzahlungschema einigen: Ausgehend von der Tatsache, dass in der letzten Periode durch Kooperation die Summe der kooperativen Auszahlungen die der nicht-kooperativen übersteigt, wird der Gewinn ermittelt, der entsteht, wenn die Länder bereits in der Vorperiode ihre Vermeidungspolitik koordinierten. Ein solcher Wert lässt sich für jede Periode ermitteln und verteilen.[90]

Neben rein theoretischen Schwierigkeiten bei der Ermittlung der entsprechenden Auszahlungen[91] setzt diese Vorgehensweise ein sehr hohes Maß an Glaubwürdigkeit der Vertragsländer hinsichtlich der Einhaltung eines Abkommens voraus. Insbesondere ein sehr langer Zeithorizont lässt dies jedoch eher unrealistisch erscheinen. Hinzu kommt, dass das Konzept, nach welchem die erforderlichen Seitenzahlungen ermittelt werden, Außenstehenden wenig zugänglich erscheinen mag.

M. E. ist angesichts der Vielzahl wissenschaftlicher Veröffentlichungen zur Bewertung von Umweltschäden[92] die strategische Angabe der Vermeidungsnettonutzen weniger relevant. Des weiteren erfordert die Bestimmung der optimalen Vermeidungsaktivitäten im Sinne eines maximalen aggregierten Nettonutzens so komplexe Berechnungen, dass dieses ohnehin nur unter Verwendung von Computersimulationen möglich ist. Der Einigungsbedarf der Länder besteht somit eher hinsichtlich des angemessenen

[90] Vgl. Germain et al. 1998, S. 6 ff.

[91] Vgl. Germain et al. 1998, S. 17ff.

[92] Die Zahl der Veröffentlichung hierzu hat sich in den letzten 20 Jahren mehr als Verdoppelt, vgl. Deacon et al. 1998, S. 385.

Modells als in den individuellen Auszahlungsverläufen, da die große Varianz in den Ergebnissen oft einen breiten Interpretationsspielraum zulässt.[93]

Ohne Seitenzahlungen tritt nur das zuletzt genannte Problem eines für alle Parteien glaubwürdigen Umweltmodells auf. Schwieriger dagegen gestaltet sich das Verteilungsproblem, da hier – abgesehen von dem Fall identischer Nutzen- und Kostenfunktionen – die Interessen der Länder bereits bei der Festsetzung der Vermeidungsverpflichtungen divergieren.[94] Die Einigung auf eine bestimmte Regel wird im Gegensatz zu dem Fall mit Seitenzahlungen dadurch erschwert, dass die Anwendung einfacher proportionaler Kriterien zur Verteilung der Nettonutzen viel weniger offensichtlich ist, da keine inkrementellen Gewinne verteilt werden, sondern die Auszahlung eines Landes durch die Vermeidungsverpflichtungen direkt feststeht.

Bevölkerungsgröße, Einkommen oder ähnliche Größen könnten z.B. über die Gewichte des Maximierungsproblems zur Bestimmung der effizienten Lösungen eingehen, wobei die individuelle Rationalität eines Abkommens durch eine weitere Nebenbedingung sicherzustellen ist. Allerdings ist dieses Vorgehen stark mit Werturteilen behaftet, über welche nur schwierig eine Einigung zu erzielen sein dürfte. Die Zielfunktion kann ebenso als Wohlfahrtsfunktion aufgefasst werden, bei welcher die Länder mit unterschiedlichen Gewichten hinsichtlich der Gesamtwohlfahrt berücksichtigt werden. Theoretische Konzepte bei nichtübertragbarem Nutzen hingegen weisen den Nachteil auf, dass sie eher von Theoretikern als von politischen Entscheidungsträgern als naheliegend und eingängig empfunden werden.

4.7.2 Kostenaufteilung

Da insbesondere die Quantifizierung der Vermeidungsnutzen als problematisch angesehen wird, besteht die Möglichkeit, lediglich über die Aufteilung der aggregierten Vermeidungskosten zu verhandeln. Hierfür sind zwar ebenfalls Seitenzahlungen notwendig, die Informationsanforderungen sind jedoch wesentlich geringer. Ähnlich wie bei gemeinsamer Vertragsumsetzung könnten z.B. einzelne Projekte betrachtet werden, die die Vertragsländer gemeinsam finanzieren. Werden diese Projekte allerdings diskutiert, bevor die Vermeidungsverpflichtungen insgesamt festgelegt wurden, besteht wiederum ein Anreiz, nur solche Projekte vorzuschlagen, die auch ohne ein Abkommen durchgeführt würden.

---

[93] Für den Fall des Treibhauseffektes vgl. z.B. Bauer 1993, S. 140 ff, Frankhauser et al. 1998.

[94] Vgl. Mäler 1989, S. 246.

Dieser negative Anreiz wird z.B. durch die Anwendung ökologischer Kriterien für die Ermittlung der Vermeidungsverpflichtungen vermieden oder zumindest abgeschwächt. Denn bei einem vorgegebenen Umweltziel und einer Umlage der Kosten, liegt eine kosteneffektive Umsetzung im Interesse aller Länder. Stellt die Vermeidung ein reines öffentliches Gut dar, ist das obige Problem theoretisch dadurch zu umgehen, dass jedes Land einen Vermeidungsvektor vorschlagen kann. Der Anteil, den jedes Land an den damit verbundenen Gesamtvermeidungskosten zu tragen hat, wird dabei als gegeben angesehen, d.h. die Kosten werden proportional unter den Ländern verteilt. Im Gleichgewicht schlagen alle Länder den gleichen Vermeidungsvektor vor und das Abkommen ist effizient.[95]

Es erhebt sich nun die Frage, nach welchen Kriterien die Vermeidungskosten proportional unter den Ländern aufzuteilen sind. Drei Prinzipien lassen sich hier im Wesentlichen unterscheiden:

(1) Die Aufteilung der Kosten nach dem Verursacherprinzip: Hiernach tragen die beteiligten Länder die Kosten in der Höhe, in welcher sie für das Umweltproblem verantwortlich sind. Der Anteil, den ein Land an den aggregierten Vermeidungskosten zu tragen hat, entspricht somit dessen Anteil an den Gesamtemissionen.

Das Verursacherprinzip steht im Einklang mit der Erklärung der Konferenz der Vereinten Nationen über die Umwelt des Menschen in Stockholm 1972, was darauf hindeutet, dass es sich um ein allgemein anerkanntes Prinzip handelt. An dieser Stelle ist hervorzuheben, dass die Umsetzung des Verursacherprinzips zur Aufteilung der Kosten in internationalen Umweltabkommen keinerlei Implikationen für die prinzipielle Gestaltung der Umweltpolitik auf nationaler Ebene haben sollte, da hierbei die Anwendung anderer Prinzipien wie z.B. die Subvention umweltfreundlicher Technologien durchaus als wünschenswert erachtet werden kann.[96] Da der Anteil eines Landes am Gesamtemissionsniveau nicht als im Zeitablauf konstant anzusehen ist, birgt die Ausgestaltung des Verursacherprinzips Konfliktpotential hinsichtlich der Festlegung der Basisgrößen .

(2) Die Aufteilung der Kosten nach der marginalen Zahlungsbereitschaft (benefit principle). Dieses Prinzip stellt darauf ab, dass aufgrund unterschiedlicher Grenzvermeidungsnutzen nicht alle Länder in gleichem Umfang von den Vermeidungsaktivitäten profitieren.

Chander/Tulkens (1992) schlagen vor, die Kostenanteile proportional zu den marginalen Zahlungsbereitschaften[97] der Länder im Optimum zu

[95] Vgl. Kaneko 1977; Welsch 1993; Eyckmans 1997.
[96] Vgl. Zylicz 1994, 164 f.
[97] Die marginale Zahlungsbereitschaft gibt die Grenzrate der Substitution zwischen

verteilen. Länder mit einer hohen Zahlungsbereitschaft tragen somit einen größeren Anteil an den aggregierten Vermeidungskosten als Länder mit einer geringen Zahlungsbereitschaft. Obwohl dieses Prinzip auf den ersten Blick als fair und gerecht erscheint, kann dessen Umsetzung zu sehr ungleichen Verteilungen führen.[98] Im Falle des Treibhauseffektes sind es vor allem die ärmeren Länder, die in großem Umfang von der Emissionsvermeidung profitieren[99] und deshalb auch einen großen Anteil der Kosten zu übernehmen hätten.[100]

Problematisch bei der Anwendung des Benefit Principles ist ferner die Festlegung der Kostenanteile, denn die Verteilungswirkungen bei Angabe einer hohen bzw. geringen marginalen Zahlungsbereitschaft sind noch unmittelbarer ersichtlich als bei den betrachteten Regeln im vorhergehenden Abschnitt. Entweder man greift also tatsächlich auf Studien zur Quantifizierung der Vermeidungsnutzen zurück und wird so mit einem breiten Interpretationsspielraum und dem entsprechenden Konfliktpotential konfrontiert. Oder man faßt diesen Wert tatsächlich eher als die subjektive Einschätzung der Verhandelnden auf. In diesem Fall ist entweder die wahrheitsgemäße Angabe der marginalen Zahlungsbereitschaften oder die Anerkennung einer internationalen Autorität zur Ermittlung derselben Voraussetzung für die Ermittlung der Kostenanteile. Aufgabe einer solchen Institution wäre es, Kompensationsmechanismen so zu gestalten, dass die ehrliche Angabe der Zahlungsbereitschaften als nicht-kooperatives Gleichgewicht etabliert werden kann. Die Relevanz solcher Mechanismen für internationale Umweltabkommen dürfte jedoch eher als gering einzuschätzen sein, denn eine entsprechende Institution wäre von den Ländern selbst einzusetzen.

(3) Die Aufteilung der Kosten nach der Zahlungsfähigkeit: Um zu vermeiden, dass arme Länder einen hohen Anteil der Vermeidungskosten übernehmen müssen, kann die Aufteilung der Kosten unter Berücksichtigung der Zahlungsfähigkeit der Länder erfolgen.

Im Unterschied zu den vorherigen Prinzipien wird hier nicht auf das Umweltproblem selbst Bezug genommen, sondern darauf, inwieweit die be-

---

dem Konsum privater Güter und dem öffentlichen Gut der Emissionsvermeidung an. Nach der in Kapitel 2 verwendeten Darstellungsform entspricht dies dem Grenzvermeidungsnutzen.

[98] Vgl. Eyckmans 1997, S. 396.

[99] Vgl. Eyckmans/Tulkens 1999, S. 26.

[100] Dieses Prinzip hat ähnliche Verteilungswirkungen wie das Verursacherprinzip, wenn das Verhältnis der Emissionsmengen der Länder ungefähr dem ihrer marginalen Zahlungsbereitschaften entspricht, d.h. Länder mit hohen nicht-kooperativen Emissionsmengen auch eine hohe Zahlungsbereitschaft aufweisen.

troffenen Länder in der Lage sind, zu einer Verbesserung der Umweltsituation beizutragen. Ein einfacher Näherungswert für die Zahlungsfähigkeit eines Landes ist das Pro-Kopf-Einkommen.[101] Die Aufteilung der Kosten nach der Zahlungsfähigkeit der Länder weist den Vorteil auf, dass dieses Prinzip bereits bei der Aufteilung der Ausgabenlast der Vereinten Nationen[102] angewandt wird, so dass die verhandelnden Länder auf bereits bestehende und bewährte Kriterien zurückgreifen können.

Wie bei der Vergabe von Emissionsrechten ist auch hier eine Kombination der drei Prinzipien denkbar. Atkinson et al. (1999) untersuchen für ein Problem urbaner Luftverschmutzung anhand eines Fragebogens nach der Contingent Ranking Methode, wie Individuen die drei Prinzipien nach den Merkmalen der Betroffenen hinsichtlich Einkommen, Gesundheitszustand und deren Beitrag zur Luftverschmutzung einordnen. Aus den Ergebnissen lassen sich Gewichte ableiten, mit denen die Prinzipien zur Ermittlung der Kostenanteile herangezogen werden können. Allerdings handelt es sich hier um ein spezielles Verschmutzungsproblem, welches nur bedingt auf internationale Umweltverhandlungen übertragbar ist.[103]

Die Aufteilung der Vermeidungskosten bietet eine alternative Möglichkeit, den Abkommensinhalt effizienter zu gestalten. Zudem ist es möglich, auf die explizite Bestimmung der Vermeidungsnutzen zu verzichten und bei der Festsetzung der Kostenanteile auf bereits bestehende oder leicht zu ermittelnde Größen zurückzugreifen. Voraussetzung ist wiederum, dass Seitenzahlungen zwischen den Ländern zulässig sind.

4.8 Diskussion

In den vorhergehenden Abschnitten wurden eine Anzahl von Allokationsregeln geordnet nach den jeweiligen Verhandlungsgegenständen betrachtet. Die obigen Ausführen hinsichtlich der betrachteten Regeln können keinen Anspruch auf Vollständigkeit erheben (was zum Teil sicher auch darin begründet liegt, dass der Kreativität hier kaum Grenzen gesetzt sind). So wurde zum Beispiel auf Eigenschaften der Neidfreiheit, Monotonie, Egalitätskriterien[104] etc. nicht eingegangen, welche besonders in einem normativ orientierten Kontext von Bedeutung sind. Vielmehr wurde untersucht, wie die Festlegung bestimmter Größen die Anwendung einer Regel erschwert oder erleichtert. Aufgrund der Vielfalt der potentiellen

[101] Eine weitere relevante Größe wäre z. B. der Verschuldungsgrad.
[102] Regel 160 der Geschäftsordnung der Vereinten Nationen.
[103] Z.B. werden die Kosten hier als konstant angenommen.
[104] Vgl. z.B. Moulin 1995.

Tabelle 4.1: *Eigenschaften von Allokationsregeln*

	Mengen		*Ökologische Kriterien*	*Monetäre Kriterien*
	Rechte	*Pflichten*		
Größtes Konfliktpotential	Ableitung des Anspruchs auf Emissionsrechte	Wahl des Basisjahrs, Höhe der Quote	Formulierung der Zielsetzung	Ermittlung der Kosten und Nutzen
Fairness	Hebt Verteilungskonflikte hervor	Keine Berücksichtigung weiterer Unterscheidungsmerkmale	Egalitär: Gleiches Recht auf saubere Umwelt	Wird durch Seitenzahlungen erleichtert
Effizienz	Durch Handelsmechanismen		Kosteneffektivität	Pareto-Effizienz
Nachhaltige Entwicklung	nicht gewährleistet		Ja	Ja, bei korrekter Bewertung der Umweltschäden

Einflussgrößen und des relativ hohen Abstraktionsniveaus bezüglich der Umweltprobleme ergibt sich zudem ein sehr stilisiertes Bild von Konsens und Konflikt. Trotzdem wird deutlich, dass der Verhandlungsgegenstand großen Einfluss auf die Einigungsmöglichkeiten der Verhandelnden haben kann; und dies gilt nicht nur im Hinblick auf wissenschaftliche Informationsdefizite wie etwa die Ermittlung der Vermeidungsnutzen.

Tabelle 4.1 faßt die wichtigsten Ergebnisse noch einmal zusammen. Mengenorientierte Allokationsregeln weisen den Vorteil auf, dass die relevanten Größen leicht zu ermitteln sind. Fragen nach Verteilungsgerechtigkeit eines Abkommens werden stärker bei der Vergabe von Rechten thematisiert. Prozentual gleiche Emissionsvermeidung bietet sich als Focal Point an, vernachlässigt jedoch alle sonstigen Unterscheidungsmerkmale wie z.B. Einkommenssituation oder Betroffenheit der verhandelnden Länder. Zur Erreichung von Effizienzzielen können ferner Handelsmechanismen eingesetzt werden, bei welchen vor allem die genaue institutionelle Ausgestaltung problematisch ist.

Ökologische Zielsetzungen sind u.U. schwer zu operationalisieren. Sie ermöglichen jedoch die Anwendung eines Egalitätsprinzips, das monetäre Verteilungsfragen in den Hintergrund stellt. Bei monetären Kriterien liegt die größte Hürde in der Einigung auf die Kosten- und Nutzenverläufe. Seitenzahlungen erleichtern die Einigung in Verteilungsfragen, sind jedoch politisch schwer durchzusetzen; dies ist insbesondere dann der Fall, wenn der Nutzen des Umweltabkommens erst mit sehr großer Zeitverzögerung ersichtlich wird. Stärker noch als bei Handelsmechanismen stellt hier also die konkrete Umsetzung ein Hindernis zur Einigung auf deren Einführung dar.

Vergleicht man die Verhandlungsgrößen hinsichtlich ihres Konfliktpotentials, so lässt sich ein Trade off zwischen den einzelnen Aspekten feststellen. Das wissenschaftliche Konfliktpotential ist am geringsten bei Allokationsregeln, die auf Mengen Bezug nehmen, während ökonomische Einwände bei monetären Kriterien weniger zum Tragen kommen. Die direkte Festlegung von Vermeidungsmengen lässt hingegen wenig Spielraum, Unterschiede zwischen den einzelnen Ländern zu berücksichtigen. Bei ökologischen Kriterien und der Festlegung von Vermeidungsmengen nach dem Propotionalitätskriterium kann die Verteilungsfrage nicht unabhängig von dem zugrundeliegenden Umweltproblem betrachtet werden. Das heißt, nicht die grundsätzliche Ausgestaltung einer Regel ist strittig – wie dies bei monetären Kriterien oder der Vergabe von Emissionsrechten der Fall sein kann –, sondern die räumliche Verteilung der Schadstoffe hat einen Einfluss darauf, welche Verteilungswirkungen von der Anwendung mengenorientierter bzw. ökologisch orientierter Allokationsregeln ausgeht. Ähnliches gilt für die Operationalisierung ökologischer Zielsetzungen. Hier ist vor allem die Unsicherheit über die Ursache-Wirkungszusammenhänge sowie die Zeitverzögerung zwischen dem Emissionszeitpunkt und dem Auftreten der Schäden von Bedeutung.

Aufgrund des variierenden Konfliktpotentials hinsichtlich der einzelnen Aspekte, ist keine Vorgehensweise a priori als den anderen überlegen einzustufen. Lediglich die Vergabe von Emissionsrechten weist gegenüber der direkten Festlegung von Vermeidungsquoten von vornherein den Nachteil größerer Verteilungskonflikte auf. In einigen Fällen bietet es sich deshalb an, mehrere Regeln oder Vorgehensweisen miteinander zu kombinieren, Wahlrechte einzuräumen oder für bestimmte Gruppen von Ländern Ausnahmeregelungen zu schaffen.

Eine Beurteilung, welchen Stellenwert die Einigung auf einzelne Aspekte einnimmt, kann deshalb nicht durch eine isolierte Betrachtung der Allokationsregeln erfolgen, sondern muss im Rahmen der Regimeentwicklung erfolgen. So ist es denkbar, dass die Bedeutung bestimmter Kriterien in den Hintergrund tritt, weil das Abkommen von den verhandelnden Ländern nur als vorläufig angesehen wird. Dies kann z.B. der Fall sein, wenn die beschlossenen Vermeidungsziele als langfristig zu gering eingestuft werden. Ebenso ist die Einschätzung der Situation nicht über die Dauer des Regimes als konstant anzusehen. Die Ursachen für eine geänderte Einschätzung der Situation können vielfältig sein: Neue wissenschaftliche Erkenntnisse werden gewonnen oder finden breitere Anerkennung, neue Technologien und die Entwicklung von Ersatzstoffen führen zu einer Korrektur der Vermeidungskosten. Um der Frage nach der Bedeutung weiterer Einflussfaktoren auf die Wahl der Allokationsregeln bzw. auf die Gewichtung der einzelnen Beurteilungskriterien nachzugehen, werden im nächsten Kapitel die drei Umweltregime zu Ozon, weiträumiger grenzüberschreitender Luftverschmutzung sowie dem Treibhauseffekt näher betrachtet.

Kapitel 5

Realisierte Allokationsregeln

5.1 Einführung

Dieses Kapitel befasst sich mit den verwendeten Allokationsregeln der Umweltabkommen dreier Umweltregime. Betrachtet werden die Abkommen zu weiträumiger grenzüberschreitender Luftverschmutzung in Europa, die Abkommen zum Schutz der Ozonschicht sowie das Klimaschutzregime. Das ECE-Abkommen zu weiträumiger grenzüberschreitender Luftverschmutzung umfaßt eine Reihe sehr unterschiedlicher Schadstoffe und Umweltprobleme. Bemerkenswert hieran ist, dass die Vorgehensweise zur Ermittlung der Vertragsverpflichtungen sich von prozentual gleichen Reduzierungsquoten hin zu ökologischen Kriterien entwickelt haben. Dieses Regime nimmt dementsprechend im Folgenden einen vergleichsweise großen Stellenwert ein.

Zur weiteren Vorgehensweise ist anzumerken, dass das grundsätzliche Dilemma einer qualitativen Analyse internationaler Umweltabkommen in der Auswahl der relevanten Einflussfaktoren liegt. Denn einerseits werden die Interessenslagen der einzelnen Länder durch eine Vielzahl von Einflussfaktoren determiniert, die nicht immer unmittelbar auf das jeweilige Umweltproblem zurückzuführen sind. Andererseits ist die Anzahl vergleichbarer multilateraler Umweltabkommen begrenzt, so dass allgemeine Aussagen nur schwer möglich sind. Ein weiteres Problem besteht darin, dass die Darstellung eines langwierigen Verhandlungsprozesses mit einer großen Anzahl an Verhandlungspartner zwangsläufig selektiv ist.

Die folgenden Ausführungen zu den realisierten Umweltabkommen konzentrieren sich deshalb weniger auf die Interessen der einzelnen Länder als auf die Entwicklung der gewählten Ansätze zur Festsetzung der Vertragsverpflichtungen. Auf eine detaillierte Verhandlungsanalyse wird dabei der größeren Übersicht wegen zugunsten einer eher klassifizierenden Darstellungsweise des Verhandlungsverlaufs verzichtet. In diesem Zusammenhang ist nochmals zu betonen, dass die Einigung auf Vermeidungsverpflichtungen nur einen Teilaspekt der Regimeentwicklung darstellt und deren Wirkungsweise nicht vollständig zu erklären vermag. Jeder Abschnitt schließt mit einer Beurteilung der Regimeentwicklung im Hinblick auf die angewandten Allokationsregeln. Anschließend werden Unterschiede und Gemeinsamkeiten der jeweiligen Umweltprobleme und deren Einfluss auf den gewählten Ansatz zusammengefasst.

5.2 Grenzüberschreitende Luftverschmutzung in Europa

5.2.1 Vorgeschichte

Grenzüberschreitende Luftverschmutzung liegt vor, wenn die in einem Land emittierten Schadstoffe zu negativen Auswirkungen in einem anderen Land führen. Substanzen wie z.B. Schwefeldioxid, Stickstoffoxide, diverse Schwermetalle oder auch Ozon verbleiben u.U. für mehrere Tage in der Atmosphäre und werden so über große Strecken transportiert bis sie schließlich schädlich auf Umwelt und Menschen einwirken.[1] Viele der hierdurch verursachten Umweltschäden können nicht einem einzelnen Schadstoff zugeordnet werden. Verschiedene Schadstoffe tragen in den einzelnen Regionen in unterschiedlichem Ausmaß zu diversen Umweltproblemen bei. Beispiele hierfür sind die Versauerung von Böden und Gewässern, die unerwünschte Zunahme von Nährstoffen in Gewässern und das damit verbundene schädliche Pflanzenwachstum (Eutrophierung) oder negative Auswirkungen auf die menschliche Gesundheit durch erhöhte Ozonbelastung.[2]

In Europa wurde man auf das Problem grenzüberschreitender Luftverschmutzung zuerst Ende der 60er Jahre durch den Bericht des schwedischen Wissenschaftlers Svante Oden aufmerksam, demzufolge die zunehmende Versauerung schwedischer Gewässer größtenteils auf Schwefelemissionen aus Großbritannien und Zentraleuropa zurückzuführen sei.[3] Schwefeldioxidemissionen entstehen bei der Verbrennung fossiler Brennstoffe.[4] 1980 entfielen hierbei fast die Hälfte aller Emissionen auf Kraftwerke, gefolgt vom industriellen Sektor mit 37,4 v.H., während der Straßenverkehr nicht einmal 4 v.H. der Gesamtemissionen ausmachte.[5] Der Schadstoff trägt u. a. zur Versauerung von Böden und Gewässern bei, was zu einer Gefährdung von Fischbeständen und einer Schädigung von Baumbeständen führen kann.[6]

---

[1] Vgl. von Weizäcker/Welsch 1991, S. 120.

[2] Vgl. Hordijk et al. 1990, S. 33 f.; ApSimon et al. 1997; Acid News 2/1996; S. 5 f.

[3] Das Problem saurer Niederschläge an sich ist schon wesentlich länger bekannt, vgl. Cowling 1982, S. 114 A.

[4] Beim Verbrennungsprozess wird der Schwefel als SO_2 in die Atmosphäre emittiert, so dass ein direkter Zusammenhang zwischen dem Schwefelgehalt des Brennstoffs und den Emissionen besteht. Vgl. Amann 1990, S. 72.

[5] Vgl. Murdoch et al. 1997, S. 282.

[6] Vgl. Hordijk et al. 1990, S. 33 ff.

Internationale Verhandlungen begannen offiziell 1978 im Rahmen der Wirtschaftskommission der Vereinten Nationen für Europa. 1979 unterzeichneten 33 Länder in Genf das Übereinkommen zu weitreichender grenzüberschreitender Luftverschmutzung.[7] Die Konvention selbst enthält keine bindenden Verpflichtungen zur Reduzierung von Schadstoffen, schaffte jedoch die institutionellen Rahmenbedingungen für weitere Verhandlungen. In einem ersten Protokoll zum Genfer Übereinkommen übernahmen die Unterzeichnerländer die finanzielle Verantwortung für das Mess- und Auswertungsprogramm grenzüberschreitender Luftverschmutzung EMEP (European Monitoring and Evaluation Programm for Long-Range Transmission of Air Pollution), welches ursprünglich durch die OECD eingerichtet wurde.[8] Bis heute sind sechs weitere Protokolle zu unterschiedlichen Schadstoffen unterzeichnet worden.

5.2.2 Das Helsinki-Protokoll

Das erste Protokoll, welches bindende Verpflichtungen zur Reduzierung von Schadstoffen enthält, wurde 1985 in Helsinki von 21 Ländern sowie der Europäischen Gemeinschaft unterzeichnet und trat zwei Jahre später in Kraft. Im Rahmen des Helsinki-Protokolls verpflichten sich die Unterzeichner, ihre Schwefelemissionen bzw. deren grenzüberschreitende Verbreitung bis spätestens 1993 um mindestens 30 v.H. bezogen auf das Jahr 1980 zu reduzieren. Zudem werden den Unterzeichnern Berichtspflichten über ihre jährlichen Schwefelemissionen auferlegt. Europas Hauptemittenten Großbritannien, Polen und Spanien, zusammen verantwortlich für 23 v.H. der Gesamtemissionen, unterzeichneten das Protokoll jedoch nicht.[9] Rückblickend lässt sich feststellen, dass die vereinbarten Reduzierungen 1993 noch übertroffen wurden. Insgesamt betrugen die Emissionreduktionen der Unterzeichner insgesamt über 50 v.H.[10]

Unter wissenschaftlichen Gesichtspunkten war die grenzüberschreitende Natur der Umweltprobleme und somit die Notwendigkeit internationaler Maßnahmen aufgrund der Messergebnisse von EMEP spätestens seit Beginn der 80er Jahre allgemein anerkannt.[11] Erste Vorschläge zu einer gleichmäßigen Emissionsreduzierung kamen von Schweden mit 30 v.H. und

---

[7] Darunter auch Kanada und die USA, auf deren Verhandlungsposition jedoch nicht weiter eingegangen wird, da sie aufgrund der großen räumlichen Distanz nicht zu grenzüberschreitender Luftverschmutzung in Europa beitragen.

[8] Vgl. Levy 1993, S. 80 ff.

[9] Vgl. Levy 1983, S. 94.

[10] Vgl. UN/ECE, www.unece.org/env/lrtap.

[11] Vgl. Levy, S. 81.

– als Reaktion auf einen Bericht über das Waldsterben – von der Bundesrepublik Deutschland über eine Reduktion von 50 v.H. bis 1985. Als die Konvention 1983 in Kraft trat, gab es zwei Entwürfe für ein Schwefelprotokoll: Denjenigen der skandinavischen Länder, der letztendlich im Helsinki-Protokoll übernommen wurde, und einen weiteren Entwurf der Bundesrepublik, Österreich und der Schweiz. Letzterer sah die Vereinbarung einer Reduzierungsstrategie vor, nach welchem die jeweils besten ökonomisch vertretbaren Vermeidungstechnologien anzuwenden gewesen wären. Beide Vorschläge erhielten jedoch nicht genügend breite Unterstützung. Erst die Ministerkonferenzen in München und Ottawa brachten mit der Bildung des sogenannten „30-Prozent-Clubs" den entscheidenden Durchbruch.[12]

Erstaunlicherweise scheint es unter den Befürwortern des Protokolls wenig Dissens hinsichtlich der inhaltlichen Formulierung der Vermeidungsverpflichtung gegeben zu haben.[13] Nach Klaassen (1996, S. 190) einigte man sich auf diesen Prozentsatz, weil man zum Zeitpunkt der Verhandlungen noch über wenig Informationen über die unterschiedlichen Vermeidungsmöglichkeiten verfügte, einem deutschen Bericht zufolge jedoch durch die Erneuerung aller Entschwefelungsanlagen die Emissionen gerade um 30 v.H. gesenkt werden konnten. Da Maßnahmen dringend geboten waren, diente dieser Wert als Focal Point. Dieses mag auch der Grund dafür gewesen sein, dass selbst stark betroffene Länder wie Schweden oder die Bundesrepublik keine ökologischen d.h. „wirkungsorientierten" Kriterien zur Festsetzung der Vermeidungsverpflichtungen forderten.

Ökonomische Gründe, das Abkommen nicht zu unterzeichnen, wurden von Polen angeführt, welches sich zu den geforderten Emissionsreduzierungen aufgrund seiner veralteten Technologien nicht in der Lage sah. Vorschläge für eine Differenzierung der Verpflichtungen blieben erfolglos.[14] Die Einwände von Großbritannien hingegen bezogen sich direkt auf die gewählte Allokationsregel. Kritisiert wurde die willkürliche Wahl des Basisjahres – wäre das Spitzenjahr seiner Emissionen gewählt worden, so hätte Großbritannien seine Emissionen bereits um 40 v.H. reduziert[15] – sowie der fehlende Bezug einer einheitlichen Reduzierung zu den von

[12] Vgl. Levy 1993, S. 92 ff.

[13] Die Gründe der einzelnen Länder für oder gegen das erste Schwefelabkommen sind vielfältiger Art und nicht nur in dem zugrundeliegenden Umweltproblem zu suchen. So war die damalige Sowjetunion hauptsächlich an einer Verbesserung der Ost-West-Beziehungen interessiert und übte dementsprechend Einfluss auf die osteuropäischen Länder aus. Eine ausführliche Beschreibung der Verhandlungspositionen der einzelnen Länder findet sich bei Levy 1993.

[14] Vgl. Levy, S. 92.

[15] Vgl. Wolf 1997, S. 120.

den Emissionen verursachten Umweltschäden.[16] Allerdings herrschte zum damaligen Zeitpunkt ebenfalls Unsicherheit über die Entwicklung der Nuklearenergie des Landes,[17] was erhebliche Auswirkung auf die Einschätzung der Vermeidungskosten hatte.

Es ist in der Literatur umstritten, inwieweit durch das Helsinki-Protokoll kooperative Gewinne realisiert worden sind. Murdoch et al. (1997) kommen anhand einer ökonometrischen Analyse zu dem Schluss, dass das Helsinki-Protokoll lediglich nicht-kooperative Emissionsreduzierungen kodifiziert. Bereits erreichte Reduzierungen dienten als Vorlage für die Vetragsverpflichtungen. Andererseits hatten die Verhandlungen auch Einfluss auf das Bild einiger Länder in der Öffentlichkeit, was u. a. Großbritannien dazu veranlasst haben kann, seine Umweltpolitik zu ändern.[18] Der eigentliche Erfolg des Protokolls ist somit nur sehr schwer abzuschätzen.

5.2.3 Das Sofia- und das VOC-Protokoll

Stickstoffoxide tragen neben dem Problem der Versauerung zusammen mit flüchtigen organischen Verbindungen (VOC) und anderen Schadstoffen zur Bildung von bodennahem Ozon und zur Eutrophierung bei.[19] Ein NO_x-Protokoll wurde erstmals 1985 von den skandinavischen Ländern gefordert. Anders als bei Schwefeldioxid, sind hier hauptsächlich mobile Quellen, d.h. Personen- und Lastkraftwagen, für die Emissionen verantwortlich.[20] Diese Tatsache hat auch dazu beigetragen, eine Einigung zwischen den Ländern erheblich zu erschweren. Denn gerade hier ist die Versuchung besonders groß, durch die Forderung nach direkten Regulierungen, wie z.B. Technologiestandards für Kraftfahrzeuge, Wettbewerbsvorteile zu erlangen.[21] Hinzu kam, dass die Vermeidungskosten von den osteuropäischen Staaten sowie der Sowjetunion aufgrund ihrer wachsenden Autoindustrie[22] unmittelbar wahrgenommen wurden.

Dementsprechend enthält das 1988 unterzeichnete und 1991 in Kraft getretene Sofia-Protokoll zur Begrenzung der Stickstoffemissionen weder

---

[16] Vgl. Hordijk 1990, S. 51.

[17] Vgl. Wolf 1997, S. 120.

[18] Vgl. Levy 1993, S. 125 f.

[19] Vgl. Acid News 1998/4, S. 10.

[20] 1980 waren dies über 50 v.H. der Gesamtemissionen, vgl. Murdoch et al. 1997, S. 282.

[21] So war die Bundesrepublik wegen der bereits geltenden Regelungen für Katalysatoren für direkte Regulierungen, während insbesondere die Autoindustrie von Großbritannien, Frankreich und Italien Lobbying dagegen betrieb. Vgl. Levy 1993, S. 95.

[22] Vgl. Levy 1993, S. 95.

bindende Standards noch prozentuale Reduzierungsverpflichtungen. Die 27 Unterzeichner verpflichten sich lediglich, ihre Emissionen bis 1994 auf dem Niveau von 1987 – oder wahlweise einem vorhergehenden Jahr, falls der jährliche Emissionsdurchschnitt bis 1996 nicht denjenigen von 1987 übersteigt, – zu stabilisieren. Zudem werden die Länder aufgefordert, für neue mobile und stationäre Emissionsquellen die besten verfügbaren ökonomisch vertretbaren Technologien einzusetzen. Dieser Begriff ist allerdings nicht operationalisiert, sondern lässt den Ländern einen großen Interpretationsspielraum, da die im technischen Annex aufgeführten Maßnahmen lediglich als Leitlinien dienen und nicht bindend sind. Einige Länder gingen zudem freiwillige Selbstverpflichtungen über eine Reduzierung ihrer Emissionen um 30 v.H. ein.[23] Nicht alle Länder sind bisher ihren Berichtspflichten nachgekommen. Nach den teilweise aus anderen Quellen entnommenen Emissionsdaten von EMEP sind die Emissionsziele jedoch weitgehend erreicht worden.[24]

Trotz der geringen Anforderungen an die Vertragsparteien markiert das Sofia-Protokoll einen Wendepunkt im Hinblick auf die Vorgehensweise zur Bestimmung zukünftiger Vermeidungsverpflichtungen. Hier werden erstmals sogenannte *Critical Loads*, d.h. kritische Belastungswerte, bei deren Überschreitung dauerhafte Schäden auftreten,[25] als Richtwert zur Bestimmung zukünftiger Verpflichtungen erwähnt und die Forderung nach einem Forschungsprogramm zur Bestimmung dieser Werte aufgestellt. Das Konzept der Critical Loads wurde Mitte der 80er Jahre von den skandinavischen Ländern vorgeschlagen,[26] war davor jedoch bereits von Kanada und den USA zur Bestimmung ökologisch notwendiger Schwefeldioxidreduktionen verwandt worden.[27]

Critical Loads dienen seitdem als Leitlinie für die Ausgestaltung weiterer Abkommen. Neben diesem ökologischen Kriterium sollen ferner technische und ökonomische Gegebenheiten Berücksichtigung finden. In Artikel 6 des Protokolls heißt es: „The Parties shall, ..., seek to: ... Develop, in the context of an approach based on critical loads, methods to integrate scientific, technical and economic data in order to determine appropriate control strategies."

Der vorläufige Charakter des Protokolls wird durch die Verpflichtung deutlich, spätestens sechs Monate nach In-Kraft-Treten des Protokoll neue

[23] Vgl. Levy 1993, S. 96 f.
[24] Vgl. EMEP 1998, Tabelle 2.8, S. 30.
[25] Vgl. Nilsson/Grennefelt 1988.
[26] Vgl. Levy, S. 102.
[27] Vgl. Wolf, S. 121.

Verhandlungen aufzunehmen. Auf dem Treffen in Sofia wurde ebenfalls durch das Exekutivorgan (Executive Body) der Genfer Luftreinhaltekonvention die „Working Group on Abatement Strategies" gebildet. Diese hatte die Aufgabe, weitere Abkommen zur Lösung des Problems saurer Niederschläge vorzubereiten.[28]

Ein Jahr nach der Unterzeichnung des Sofia-Protokolls begannen die Verhandlungen zu einem Abkommen über die Reduzierung von flüchtigen organischen Verbindungen (VOC).[29] Freigesetzt werden VOCs hauptsächlich durch Autoabgase sowie bei der Verwendung von Lacken und Lösungsmitteln.[30] Als Vorläufersubstanzen zur Entstehung von bodennahem Ozon war der Regulierungsbedarf von VOC unumstritten. Im Unterschied zu den vorhergehenden Protokollen betrafen die Verpflichtungen nun eine Reihe sehr unterschiedlicher Schadstoffe, über deren genaue Emissionsmengen zum Zeitpunkt der Verhandlungen nur wenige Länder Informationen hatten. Hinsichtlich der Gestaltung des Vertragsinhaltes lassen sich wiederum drei Gruppen von Ländern einteilen: Eine Mehrzahl, die für eine einheitliche Reduzierung von 30 v.H. votierte und zwei kleinere Gruppen, die für das Einfrieren des Emissionsniveaus bzw. die ausschließliche Regulierung grenzüberschreitender Emissionsflüsse eintraten.[31]

Im VOC-Protokoll, welches 1991 von 21 Ländern unterzeichnet wurde und im September 1997 in Kraft trat,[32] finden genau diese unterschiedlichen Vorstellungen ihren Niederschlag. Bei Unterzeichnung des Abkommens bestanden die Optionen, entweder (1) die VOC-Emissionen 1999 bis um mindestens 30 v.H. zu reduzieren mit Wahl des Basisjahrs zwischen 1984 und 1990, (2) die Vermeidungsaktivitäten lediglich auf bestimmte vorher festgelegte Gebiete zu beschränken oder (3) die Emissionen auf dem Niveau von 1988 einzufrieren, sofern die Emissionen 500.000t, 20kg pro Einwohner und $5t/km^2$ nicht überschreiten. Der Vorschlag Großbritanniens, VOC ähnlich wie beim Montrealer Protokoll nach ihrem Ozonbildungspotential umzurechnen, wurde nicht umgesetzt.[33] Jedoch sind die Vertragsparteien dazu angehalten, der Vermeidung von Schadstoffemissionen mit hohem Ozonbildungspotential Priorität einzuräumen. Die Forderung nach der Anwendung bester ökonomisch vertretbarer Technologien für mobile und stationäre Emissionsquellen wird ebenso wie im Sofia-Protokoll in einem nicht bindenden technischen Annex aufgeweicht.

[28] Vgl. Hordijk 1991, S. 597.
[29] Vgl. Levy 1993, S. 99.
[30] Vgl. Umwelt 11/1997, S. 462.
[31] Vgl. Levy 1993, S. 99.
[32] Vgl. Umwelt 11/1997, S. 462.
[33] Vgl. Levy 1993, S. 99.

Auch das VOC-Protokoll wird nicht als endgültige Lösung der darin angesprochenen Umweltprobleme angesehen, was durch einen umfassenden Katalog weiterer zu unternehmender Forschungsaktivitäten in Artikel 5 und die vorgesehene Wiederaufnahme der Verhandlungen über VOC-Reduktionen spätenstens sechs Monate nach In-Kraft-Treten des Protokolls zum Ausdruck kommt. Neben ökologischen Kriterien wird außerdem Kosteneffektivität als angestrebte Eigenschaft neuer Kontrollstrategien explizit erwähnt.

5.2.4 Das Oslo-Protokoll

Mit dem Sofia-Protokoll war der Grundstein für die Anwendung ökologischer Kriterien zur Bestimmung der Vermeidungsverpflichtungen gelegt. Die Entwicklung von Simulationsmodellen (integrated assessment models) zur Bewertung von Vermeidungsstrategien ermöglichte außerdem nach und nach den Vergleich unterschiedlicher Reduzierungsszenarien in ökologischer und ökonomischer Hinsicht. 1989 empfahl eine Arbeitsgruppe (task force) des Exekutivorgans die Verwendung des vom International Institute of Applied System Analysis (IIASA) entwickelte Regional Acidification Information and Simulation Model (RAINS) als Hilfsmittel für weitere Verhandlungen.[34] Das Modell berücksichtigt den atmosphärischen Transport der Schadstoffe durch die EMEP-Matrix. Ferner werden Informationen über Critical Loads sowie über die Vermeidungskosten der Länder miteinbezogen. Auf diese Weise können in einem quellenorientierten Ansatz die Kosten und ökologische Auswirkungen gegebener Vermeidungsstrategien bewertet werden. In einem wirkungsorientierten Ansatz können daneben kosteneffektive Vermeidungsstrategien entweder für ein gegebenes Budget oder für ein gegebenes Umweltziel ermittelt werden.[35]

Die Verhandlungen zu einem zweiten Schwefel-Protokoll starteten 1991.[36] Richtwert war nun als langfristiges Ziel die Einhaltung bzw. Unterschreitung von Critical Loads. Angesichts der Ineffizienz einheitlicher Vermeidungsquoten sollte dieses Ziel zudem soweit möglich auf kosteneffektive Weise, d.h. mit minimalen Gesamtkosten, realisiert werden. Den verhandelnden Ländern war jedoch bewusst, dass Critical Loads aufgrund ökonomischer und technologischer Faktoren möglicherweise kurzfristig nicht zu erreichen waren. Aus diesem Grund wurden für die Formulierung von Zwischenzielen zwei unterschiedliche Ansätze verfolgt: Die An-

---

[34] Vgl. Amann 1993, S. 6 ff.
[35] Vgl. Hordijk 1991, S. 599.
[36] Vgl. Klaasen 1996, S. 193.

wendung bester verfügbarer Vermeidungstechnologien nach dem Vorsichtsprinzip – dieser Ansatz wurde insbesondere von Deutschland unterstützt[37] – oder alternativ eine Einigung auf sogenannte Target Loads. Als Target Loads bezeichnet man Schadstoffeinträge, bei welchen neben der Sensitivität der Ökosysteme auch ökonomische, technische, politische und soziale Aspekte miteinbezogen werden.[38]

Im Laufe der Verhandlungen führte die „Task Force on Integrated Assessment Modelling" (TFIAM) im Auftrag der „Working Group on Strategies" eine Reihe von Simulationsstudien für unterschiedliche Energie- und Vermeidungsszenarien in enger Zusammenarbeit mit dem IIASA durch.[39] 1993 einigten sich die verhandelnden Länder auf ein zentrales Szenario, welches die Grundlage für die Vermeidungsverpflichtungen des zweiten Schwefelprotokolls bildete. Nach diesem Szenario, dem „60-per-cent gap-closure Szenario", wird die Differenz zwischen den Critical Loads und den Schadstoffeinträgen von 1990 bis zum Jahre 2000 um 60 v.H. geschlossen werden. Die hierzu notwendigen Emissionsreduktionen wurden so ermittelt, dass die Gesamtkosten minimal sind, wobei allerdings u. a. aufgrund des ersten Schwefelprotokolls die damaligen Reduzierungspläne der Länder als gegeben angesehen wurden.[40]

Das eigentliche Abkommen, in Oslo von 26 Ländern sowie der Europäischen Gemeinschaft unterzeichnet und 1998 in Kraft getreten,[41] weicht von dem gap-closure Szenario ab. Nicht alle in RAINS berücksichtigten Länder traten dem Abkommen bei. Einige Länder gingen geringere Verpflichtungen ein oder setzten ein späteres Zieljahr. Die entsprechenden Verpflichtungen der Unterzeichner sind in Tabelle 5.1 aufgeführt. Die Reduzierungsquoten des RAINS-Szenario sind in Klammern angegeben. Bei den Unterzeichnern sind, mit Ausnahme von Griechenland, die Emissionen seit 1980 bereits deutlich zurückgegangen.

Zusätzlich schreibt das Protokoll im Unterschied zu den vorhergehenden Abkommen Emissionsstandards für stationäre Emissionsquellen und Standards für den Schwefelgehalt von Brennstoffen verbindlich vor. Eine weitere Neuerung stellt die ausdrückliche Möglichkeit zur gemeinsamen Vertragsumsetzung dar, wobei die Ausarbeitung durch das Exekutivorgan

[37] Vgl. Wolf 1997, S. 124.

[38] Vgl. UN/ECE 1991, S. 3.

[39] Vgl. Amann 1993, S. 8 f. Neben RAINS wurden zwei weitere Modelle verwendet, die zu ähnlichen Resultaten führten. Die Berichte der TFIAM nehmen jedoch vornehmlich auf RAINS bezug. Vgl. UN/ECE 1992, 1993a, 1993b.

[40] Vgl. Klaassen 1996, S. 194 ff.

[41] Vgl. Klaassen 1996, S. 193; Umwelt 9/1998, S. 422.

Tabelle 5.1: *Emissionswerte und Reduzierungsziele*

	SO_2-*Emissionen in kt/a*			*Reduzierungsquoten*[b] *bezogen auf 1980*		
Land	1980	1990	1996	2000	2005	2010
Belgien	828	443	247	70 (77)	72	74
Bulgarien	2050	2020	1420	33 (50)	40	45
Dänemark	451	180	186	80 (87)	-	-
Deutschland	7494	5803	1851	83 (90)	87	-
Finnland	584	260	96	80 (80)	-	-
Frankreich	3348	1202	1031	74 (80)	77	78
Griechenland	400	510	556	0 (+49)	3	4
Großbritannien	4898	3780	3764	50 (79)	70	80
Russland[a]	7161	4460	2635	38 (38)	40	40
Irland	222	168	143	30 (41)	-	-
Italien	3800	1678	1437	65 (73)	73	-
Kroatien	150	160	58	11 (40)	17	22
Liechtenstein	0,4	0,1	0,1	75 (-)	-	-
Luxemburg	24	14	8	58 (58)	-	-
Niederlande	466	207	136	77 (77)	-	-
Norwegen	142	54	35	76 (76)	-	-
Österreich	397	90	60	80 (80)	-	-
Polen	4100	3210	2337	37 (66)	47	66
Schweiz	126	62	30	52 (52)	-	-
Schweden	507	130	94	80 (83)	-	-
Slowakei	843	539	227	60 (72)	65	72
Slowenien	235	195	110	45 (45)	60	70
Spanien	3319	2316	2061	35 (55)	-	-
Tschechische Republik	2257	1876	1091	50 (72)	60	72
Ukraine	3850	2782	1293	40 (56)	-	-
Ungarn	1632	1010	670	45 (68)	50	60

a) Der europäische Teil der Russlands. b) Angaben in v. H.
Quellen: UN/ECE 1993b Tabelle 7; UN/ECE 1994 Annex II; EMEP 1998, Tabelle 2.7.

des Luftreinhalteabkommens zu erfolgen hat. Auch ein Revisionsprozess wird bereits durch das Abkommen vorgeschrieben.

5.2.5 Neuere Entwicklungen

Zwei weitere Protokolle, ein Protokoll über persistente organische Schadstoffe (POPs) und ein Protokoll über Schwermetalle – namentlich Cadmium, Quecksilber und Blei –, wurden 1998 auf der Ministerkonferenz in Åarhus unterzeichnet. Vorbereitende Arbeiten hierzu hatten bereits 1995 begonnen. Beide Arten von Schadstoffen tragen zu grenzüberschreitender Umweltverschmutzung bei und werden nur schwer oder gar nicht natürlich abgebaut.[42]

Die Quellen von POPs sind im Wesentlichen Pestizide, Herstellung und Gebrauch von Chemikalien, Abfallverbrennung, Energieerzeugungsprozesse, Metallproduktion und Straßenverkehr, wobei allerdings für einen Teil der im Protokoll aufgeführten 16 Substanzen bereits auf nationaler oder europäischer Ebene Regelungen getroffen wurden bzw. in Vorbereitung sind.[43] POPs können sich aufgrund ihrer Langlebigkeit im Gewebe von Menschen und Tieren anreichern und so das Reproduktionssystem schädigen. Sie wirken zudem krebserregend.[44] Gebrauch und Produktion von 12 Schadstoffgruppen werden bis auf genau geregelte Ausnahmen durch das Protokoll vollständig verboten. Für weitere Schadstoffe wird der Gebrauch stark eingeschränkt. Ferner sind die Emissionen bestimmter Schadstoffe mit einem Referenzjahr wahlweise zwischen 1985 und 1995 durch geeignete Maßnahmen zurückzuführen. Das Abkommen enthält ebenfalls Emissionsstandards für stationäre Emissionsquellen, die jedoch durch andere Maßnahmen mit vergleichbaren Emissionsniveaus substituiert werden können. Die Aufnahme zusätzlicher Substanzen in das Protokoll durch einstimmigen Beschluss der Parteien ist möglich. Die Unterzeichner sind außerdem aufgefordert, Forschungsaktivitäten für einen wirkungsorientierten Ansatz späterer Kontrollstrategien zu unterstützen. Die Verhandelnden sind sich darüber einig, dass auch der Export persistenter organischer Schadstoffe regelungsbedürftig ist. Erste Gespräche für ein globales Abkommen fanden 1998 in Montreal statt.[45]

Durch das Schwermetallprotokoll verpflichten sich die Unterzeichner, die Emissionen der oben genannten Schwermetalle bezogen auf ein Referenzjahr zwischen 1985 und 1995 einzuschränken. Schwermetalle wer-

[42] Vgl. Umwelt 4/1997, S. 146 f.
[43] Vgl. Umwelt 1/1999, S. 23; Umwelt 9/1998, S. 422 f.
[44] Vgl. Acid News 2/1996, S. 6.
[45] Vgl. Umwelt 9/1998, S. 423.

den bei Metallschmelzen und Prozessierung, durch Brenn- und Kraftstoffe in Anlagen und im Straßenverkehr und bei der Abfallverbrennung freigesetzt. Sie rufen Gesundheitsschäden hervor und können zum Abbau organischer Stoffe in Pflanzen sowie zur Gefährdung von Waldökosystemen führen.[46] Wie beim POP-Protokoll dürfen Emissionsobergrenzen für stationäre Emissionsquellen durch äquivalente Maßnahmen ersetzt werden. Daneben wird der Bleigehalt von Kraftstoffen und der Quecksilbergehalt von Batterien geregelt. Auch hier sind die Einbeziehung weiterer Schwermetalle sowie die Umstellung auf wirkungsorientierte Ansätze vorgesehen.

Am 1. Dezember 1999 unterzeichneten 27 Länder das Protokoll zur Vermeidung von Versauerung, Eutrophierung und bodennahem Ozon.[47] Dieses Protokoll regelt neben Stickstoffoxiden auch die Emissionen von VOC, Ammoniak[48] und Schwefeldioxid. Neu an diesem Protokoll ist, dass es nicht nur unterschiedliche Schadstoffe beinhaltet, sondern wegen des Zusammenwirkens dieser Substanzen auch unterschiedliche Umweltprobleme auf kosteneffektive Weise zu lösen versucht.

Da das Zusammenwirken der oben genannten Schadstoffe seit Langem bekannt ist, lässt sich die grundsätzliche Idee eines umfassenderen Protokoll schwer zurückverfolgen. 1992 reichten die Delegierten von Norwegen, Schweden und Großbritannien auf der 8. Sitzung der Working Group on Strategies im August 1992 die Zusammenfassung eines Berichts über eine zweite Generation von Vermeidungsstrategien ein, in welchem die Vorteile eines kombinierten Ansatzes untersucht werden.[49]

Wie beim Oslo-Protokoll wurden die Verhandlungen zur Formulierung von Zwischenzielen mit Hilfe von Szenarioanalysen durchgeführt. Hinsichtlich der Probleme von Versauerung und Eutrophierung wurden wiederum für die entsprechenden Schadstoffe kritische Werte ermittelt. Als Richtwert für die zulässige Ozonbelastung von Menschen und Pflanzen, wird die Überschreitung eines bestimmten Grenzwertes herangezogen. Im Januar 1999 einigten sich die Verhandelnden auf ein zentrales Szenario. Hiernach sollte bis 2010 die Lücke zwischen den aktuellen Säureeinträgen und den Critical Loads um 95 v.H., von Critical Loads an Nitrat-Depositionen für Eutrophierung um 60 v. H. geschlossen werden. Die Ozonbelastung würde

[46] Vgl. Umwelt 9/1998, S. 422.

[47] Vgl. UN/ECE www.unece.org/lrtap. Gleichzeitig wurde von der Europäischen Kommission mit ähnlichen Zielen eine Verordnung ausgearbeitet. Um größtmögliche Kompatibilität beider Ansätze zu gewährleisten, standen die verhandelnden Gruppen in enger Verbindung. Vgl. Acid News 4/1998, S. 3.

[48] Der Hauptteil dieser Emissionen kommt aus der Landwirtschaft. Vgl. ApSimon et al. 1997, S. 12 f.

[49] Vgl. UN/ECE 1992a.

Tabelle 5.2: *Vergleich der Reduzierungsmengen*

	REF[a)]	G5/2[a)]	Protokoll[b)]
SO_2	- 61	- 71	- 63
NO_2	- 36	- 46	- 39
VOC	- 37	- 44	- 40
NH_3	-12	- 24	- 13

Prozentuale Änderungen der Schadstoffemissionen bis 2010 gegenüber 1990.
Quellen: a) Acid News 1/1999, S. 4, b) Acid News 1/1999 S. 4, www.unece.org/press/99env11e.htm, www.unece.org/env/lrtap/signatories.htm, eigene Berechnungen.

nach diesem Szenario bis 67 v.H. (gesundheitliche Belastung) bzw. 33 v. H. (Belastung von Pflanzen) an die Zielwerte heranreichen.[50] Auch bei dem neuen Protokoll weichen allerdings die vereinbarten Reduzierungswerte teilweise stark von den nach diesem Szenario notwendigen Mengen ab. In Tabelle 5.2 sind zum Vergleich die prozentualen Gesamtreduzierungen der Schadstoffe bis 2010 gegenüber 1990 in dem Referenzszenario ohne Abkommen (REF), nach dem erwähnten gap-closure szenorio G5/2 sowie nach dem Protokoll aufgeführt. Zur Berechnung des letzten Wertes wurden nur die Emissionsmengen der Unterzeichner (Stand 1.12.1999) herangezogen. Für die anderen Länder wurde jeweils der Emissionswert des Referenzszenarios angesetzt. Als ergänzende Maßnahme sind ebenfalls Emissionsobergrenzen für stationäre und mobile Emissionsquellen vorgeschrieben (Art. 3 Abs. 2).

5.2.6 Beurteilung der Regimeentwicklung

Zusammenfassend ist festzustellen, dass hinsichtlich der Verpflichtungen der Länder eine Verschiebung von sehr einfachen Regelungen, wie gleichmäßigen Reduzierungsquoten, Einfrieren des Emissionsniveaus und der Verpflichtung zur Reduzierung ohne Mengenangabe hin zu einer ökologisch- bzw. wirkungsorientierten Vorgehensweise stattfindet. Diese Entwicklung wurde durch die im Rahmen des Luftreinhalteabkommens geschaffenen organisatorischen Strukturen zur Koordination internationaler Forschungaktivitäten ermöglicht. Hierdurch werden die notwendigen Informationen zur Ausgestaltung differenzierterer Ansätze wie dem Critical-

[50] Vgl. Acid News 2/1998, S. 6; Acid News 1/1999, S. 4f.

Loads-Ansatz verfügbar. Für Schadstoffe, die als regelungsbedürftig angesehen werden, ohne dass zum Verhandlungszeitpunkt detaillierte Informationen vorliegen, greift man hingegen auf einfache Regelungen zurück. Mit der Einigung auf mengenorientierte bzw. quellenorientierte Regelungen erkennen die Verhandelnden den internationalen Handlungsbedarf offiziell an, wobei sich die Einhaltung von Critical Loads als langfristiges Ziel herausgebildet hat.

5.2.6.1 Mengen- und quellenorientierte Ansätze

Bei den mengenorientierten Allokationsregeln erwiesen sich einheitliche Reduzierungsquoten, wie sie in den ersten Abkommen vorgesehen waren, als relativ kontrovers, da hierdurch weder bereits unternommene Vermeidungsaktivitäten noch die unterschiedliche wirtschaftliche Leistungsfähigkeit der Länder berücksichtigt werden. In den darauffolgenden Abkommen zu neuen Schadstoffen wird deshalb den Ländern eine relativ große Wahlfreiheit hinsichtlich der zu reduzierenden Schadstoffmengen eingeräumt, was darauf hindeutet, dass die Einbindung einer großen Anzahl von Ländern und vor allem von wichtigen Emittenten wie Großbritannien als wichtig erachtet wurde. Drohungen, einem Abkommen fernzubleiben, waren insbesondere nach den Erfahrungen mit dem ersten Schwefelprotokoll als glaubwürdig einzuschätzen.

Das Einfrieren von Emissionen auf einem bestimmten Niveau als Minimalforderung kann insofern als konsensfähig angesehen werden, als dadurch allen Ländern wenigstens den Erhalt des Status quo garantiert wird, auch wenn die zu unternehmenden Vermeidungsaktivitäten und damit der jeweilige zukünftige Konsumverzicht sehr unterschiedlich sein können. Im VOC-Protokoll wird den Verhandelnden ein ausdrückliches Wahlrecht zwischen verschiedenen Optionen eingeräumt. Das POP- und Schwermetallprotokoll verlangt zwar eine Reduzierung der Schadstoffemissionen, setzt diese jedoch nicht der Höhe nach fest. Diese Differenzierungen tragen offen der Tatsache Rechnung, dass es in Regimen mit sehr asymmetrischen Verhandlungspartnern oft wenig sinnvoll ist, denselben innerhalb eines Vertrages gleiche Rechte und Pflichten einzuräumen.[51]

Bis auf das Helsinki-Protokoll enthalten zudem alle Abkommen Empfehlungen über den Einsatz von Vermeidungstechnologien und Emissionsobergrenzen. Einzig beim zweiten Schwefelprotokoll sind diese Werte verbindlich, gehen jedoch weitgehend mit EU-Regelungen konform und sind deshalb vornehmlich für die osteuropäischen Länder relevant. Für die Auf-

[51] Vgl. Sands 1991, S. 244.

nahme dieser Regelungen in das Protokoll sind u. a. folgende Gründe anzuführen: 1.) Standards sind leichter zu überwachen und sichern wegen des konkreten angegebenen Zeitplan die Einhaltung des angestrebten Umweltziels. 2.) Für einige osteuropäische Länder war es dadurch möglich, finanzielle Unterstützung von der Weltbank zu bekommen. 3.) Der Großteil der Länder, für welche diese Standards bereits durch die nationale oder die europäische Gesetzgebung verbindlich waren, erhoffte sich durch die Aufnahme in das Protokoll eine Verbesserung der eigenen Wettbewerbssituation.[52] Gerade unter dem Aspekt der Wettbewerbsfähigkeit treten bei Verhandlungen über Standards die Interessenlagen der einzelnen Länder sehr deutlich hervor und erschweren eine Einigung. Dieses Problem wird in den letzten beiden Abkommen durch die Zulässigkeit äquivalenter Maßnahmen umgangen.

5.2.6.2 Ökologische Ziele

Die Formulierung von Critical Loads als langfristiges Umweltziel sowie die Einigung auf ökologische Zwischenziele lässt sich nicht allein durch eine Koordination von Forschungsaktivitäten erklären, da diese von den Verhandelnden geschaffen werden und deshalb ebensogut als Reaktion auf die mit den neuen Ansätzen entstehenden Erfordernisse interpretiert werden können. Vielmehr sind diese Ansätze für die Verhandelnden auch in anderer Hinsicht attraktiv:

(1) Critical Loads stellen ein sehr einfaches und greifbares Konzept dar. Obwohl Critical Loads lediglich eine grobe Annäherung an die Sensitivität einzelner Ökosysteme darstellen, gelang es den verhandelnden Parteien, sich in einem internationalen Komitee auf Schätzungen für Critical Loads zu einigen.[53] Unterschiedliche Merkmale der einzelnen Länder finden durch unterschiedliche Werte Berücksichtigung, welche langfristig jedoch alle gleichermaßen einzuhalten sind.[54] Hierdurch wird außerdem sehr stark die Notwendigkeit eines gemeinsamen Vorgehens und die Verantwortung für die Umweltqualität außerhalb der eigenen Landesgrenzen betont. Aus ökonomischer Sicht ist zu bemerken, dass der Critical Loads Ansatz weitere positive Effekte der Emissionsvermeidung wie z.B. einer geringen Korrosion von Gebäuden und historischen Kulturgütern ignoriert. Auch eine differenzierte Bewertung der Schäden im Sinne einer Kosten-Nutzen-Analyse findet nicht statt, d.h. langfristig wird eine Überschreitung der

[52] Vgl. Klaassen 1996, S. 198 f.
[53] Vgl. Shaw et al. 1990, S. 327 f.
[54] Vgl. auch Kapitel 4.6.

Werte in jedem Gebiet als gleich unerwünscht betrachtet. Zwar hat die „Task Force on Economic Aspects of Abatement Strategies" auch einen Bericht über die ökonomische Bewertung von Schäden vorgelegt.[55] Dieser Aspekt hatte jedoch zumindest für die Verhandlungen des ersten Schwefelprotokolls keinen entscheidenden Einfluss auf die Bestimmung der Vermeidungsverpflichtungen, was darauf zurückzuführen ist, dass monetäre Schadensbewertungen wesentlich kontroverser sind als die Festsetzung von Critical Loads.

(2) Computersimulationen vergrößern den Verhandlungsspielraum. Zwischenziele werden mit Hilfe von Computersimulationen ermittelt, wobei Expertengruppen verschiedener Länder in enger Zusammenarbeit die hierfür notwendigen Informationen über Emissionen und deren atomosphärischen Transport, Vermeidungskosten und über die Kartierung von Critical Loads ermitteln.[56] Auf diese Weise wird das wissenschaftliche Konfliktpotential verringert und die Formulierung differenzierterer Ziele mittels einer zweiten Generation von Vermeidungsstrategien ermöglicht. Die Vertragsverpflichtungen selbst müssen jedoch durch politische Entscheidungen festgelegt werden. Nach Hordijk (1991, S. 601) liegt ein Vorteil des RAINS-Modells darin, dass es politischen Entscheidungsträgern die Möglichkeit gibt, verschiedene Politikoptionen zu vergleichen. Damit wird der Verhandlungsraum für die Verhandelnden transparenter, denn die Kosten und die ökologischen Konsequenzen verschiedener Ansätze sind leichter abzuschätzen. Auch die Anzahl der anwendbaren Allokationsregeln und somit der möglichen Focal Points vergrößert sich.

(3) Kostenminimierung erlaubt differenzierte Vermeidungsverpflichtungen. Die Kosteneffektivität der jeweiligen Vermeidungsstrategien stellt eine wichtige Rechtfertigung für nach Ländern differenzierte Reduzierungsquoten dar. Dies kommt darin zum Ausdruck, dass immer wieder Vergleichszenarien mit einheitlichen Reduzierungsquoten oder Vermeidungsmaßnahmen auf dem Stand der Technik durchgerechnet werden, um das Einsparpotential kosteneffektiver Vermeidungsstrategien aufzuzeigen.[57]Das angestrebte Umweltziel wird so mit minimalem Aufwand erreicht. Die Aufteilung der Kosten wird allerdings nicht ausdrücklich vorgesehen. Zwar schlugen die skandinavischen Länder bereits 1989 die Einrichtung eines Umweltfonds zur Aufteilung der Vermeidungskosten vor[58] und auch die Task Force on Economic Aspects stellte einige Konzepte zur

[55] Vgl. UN/ECE 1993.
[56] Für den Aufbau der organisatorischen Strukturen vgl. Klaassen 1996, S. 189.
[57] Vgl. UN/ECE 1992, 1993a, 1993 b.
[58] Vgl. Levy 1993, S. 105.

Kostenaufteilung vor.[59] Diese Überlegungen haben allerdings aufgrund der Schwierigkeiten einer genauen Quantifizierung von Kosten und Nutzen der Vermeidungsaktivitäten für die Verhandlungen keine sehr große Rolle gespielt. Der Stellenwert kosteneffektiver Umsetzung der Vermeidungsaktivitäten wird durch die Möglichkeit zur gemeinsamen Vertragsumsetzung unterstrichen.

(4) Target Loads sind mit einfachen Gleichheitskriterien vereinbar. Neben den bereits erwähnten Emissionstandards stellt der gewünschte Grad an Umweltschutz den vorläufigen Verhandlungsgegenstand dar. Einige Länder reichten Vorschläge für Target Loads ein. Viele Szenarien folgen jedoch ebenso wie das gap-closure Szenario sehr einfachen Gleichheitskriterien wie z.B. gleichen marginalen Vermeidungskosten, oder der Überschreitung der Critical Loads um den gleichen Faktor.[60] Vorgeschlagen wurde dieses Szenario als Grundlage für weitere Verhandlungen zum ersten Schwefelprotokoll, weil es im Vergleich zu anderen Vermeidungsstrategien ein „günstiges" Verhältnis zwischen den Vermeidungskosten und dem erreichten Grad an Umweltschutz bot.[61] Legt man ökologische Maßstäbe an, so hat der gap-closure Ansatz sehr stark den Charakter eines Focal Point. Trotz der hierdurch suggerierten Gleichbehandlung aller Länder kann sich der erreichte Grad an Umweltschutz in den einzelnen Gebieten sehr wohl unterscheiden, da die sechzigprozentige Annäherung an die Critical Loads lediglich eine Minimalforderung darstellt. Dies liegt daran, dass zwar die Critical Loads für einzelne Gebiete angegeben sind, Vermeidungskostenfunktionen jedoch nur auf Länderebene betrachtet werden. Die Emissionsreduktionen sind also nicht eindeutig bestimmt. Für den Optimierungsprozess ist eine Nebenbedingung, wie beispielsweise die Minimierung der Gesamtkosten, erforderlich.[62] Zudem sind die Auswirkungen einer Überschreitung der Critical Loads nicht überall gleich. Hierfür wäre die Berücksichtigung von sehr viel komplexeren Ursache-Wirkungs-Zusammenhängen notwendig.[63]

Ein weiterer Vorteil des gap-closure-Ansatzes liegt darin, dass durch die Betrachtung von Umweltszenarien Verteilungsfragen relativ spät aufgeworfen werden. Erst zum Ende der Verhandlungen unterbreiten die einzelnen Länder Gebote, in welchem Umfang sie bereit sind, Emissionsvermeidung zu betreiben. Anders als bei den ersten Abkommen, in denen aufgrund

[59] Vgl. UN/ECE 1993.
[60] Vgl. UN/ECE 1992, 1993a, 1993b.
[61] Vgl. UN/ECE 1993a.
[62] Vgl. Alcamo et al. 1990.
[63] Vgl. ApSimon et al. 1997, S. 19 f.

der unterschiedlichen Auffassung über die zu verfolgenden Vermeidungsstrategien kaum der Versuch unternommen wurde, gemeinsame Gewinne zu realisieren,[64] steht beim Critical Loads Ansatz die gemeinsame Zielerreichung im Vordergrund. Der Druck auf die Verhandelnden, das Vermeidungspotential ihres Landes zu ergründen und – soweit vertretbar – auszuschöpfen, ist somit als wesentlich höher einzuschätzen. Andererseits sind auch die aus ökologischer Sicht eher bescheidenen Target Loads nicht als Verhandlungsergebnis erreicht worden.

5.2.6.3 Effektivität des Regimes

Die starke Verwässerung der Vermeidungsverpflichtungen in den Abkommen mit mengenorientierten Allokationsregeln durch Wahlrechte und das Abweichen der nach den Target Loads ermittelten Werte wirft an dieser Stelle erneut die schwierige Frage auf, inwieweit internationale Umweltabkommen tatsächlich zu einer Verbesserung gegenüber der nichtkooperativen Situation beitragen. Den pessimistischen Aussagen der Spieltheorie kann hier nur bedingt gefolgt werden, da sich neue Informationen in den bisherigen theoretischen Ansätzen zwar in neuen Verteilungen der Vermeidungsnutzen niederschlagen, nicht jedoch in der Entwicklung unterschiedlicher Allokationsregeln.

In der Politikwissenschaft dagegen ist der Einfluss internationaler Regime auf die Verhaltensweise der Akteure grundsätzlich umstritten. Gegen die These der reinen Widerspiegelung der aktuellen Machtverhältnisse zwischen den Verhandlenden durch ein Regime sprechen zum einen die Persistenz einer Vielzahl von Regimen gegenüber einer sich ändernden Umwelt. Und zum anderen muss das institutionelle Entwicklungspotential von Regimen als Reaktion auf zunächst als unangemessen empfundene Vorgehensweisen aufgefasst werden, wie dieses in dem beschriebenen Regime zu beobachten ist. Auch zur allgemeinen Wirkungsweise internationaler Institutionen zur Lösung von Kooperationsproblemen ist bisher kein zufriedenstellender übergreifender Theorierahmen entwickelt worden.[65]

Bernauer (1995, S. 369) schlägt vor, die Effektivität internationaler Umweltregime an den Verhandlungszielen (Rettung der Wälder, Reinhaltung der Gewässer etc.) zu messen, und den Einfluss internationaler Machtstrukturen auf die Präferenzen der Akteure zu untersuchen. Doch sind hier ebenfalls Abgrenzungsprobleme zwischen den einzelnen Größen

[64] Vgl. Levy 1993, S. 100.
[65] Vgl. Levy et al. 1995, S. 287 ff.

unvermeidbar, da letztendlich eine Vergleichssituation ohne Abkommen nicht verfügbar ist.

Relativ unumstritten hingegen ist die Tatsache, dass internationale Institutionen durch die Senkung von Transaktionskosten[66] erheblich zu einer Erleichterung der Kooperation beitragen. Sie dienen den betroffenen Ländern als Signal fortgesetzter Interaktion,[67] im Verlaufe derer sich feste Regelungen herausbilden.[68] Vor diesem Hintergrund sind sowohl die ersten Abkommen der europäischen Luftreinhaltekonvention als auch die folgenden Regime zu betrachten.

5.3 Das Ozonregime

5.3.1 Vorgeschichte

Das Montrealer Protokoll zum Schutz der Ozonschicht gilt als eines der erfolgreichsten internationalen Umweltabkommen. Seine Unterzeichner verpflichten sich, langfristig auf den Gebrauch einer großen Anzahl ozonzerstörender Stoffe zu verzichten. Anders als beim Regime zu weitreichender grenzüberschreitender Luftververschmutzung wurde hier bei den Verhandlungen über einen langen Zeitraum hinweg die grundsätzliche Dringlichkeit eines internationalen Handlungsbedarfs in Frage gestellt, weshalb auch die Vorgeschichte etwas ausführlicher dargestellt werden soll. Heute gehören dem 1987 von 27 Nationen unterzeichneten Abkommen[69] über 170 Länder an.[70]

Verglichen mit dem Problem saurer Niederschläge ist die anthropogene Zerstörung der Ozonschicht ein relativ neues Phänomen. Erste Verdachtsmomente ergaben sich zu Beginn der 60er Jahre. 1974 veröffentlichten die Wissenschaftler Sherwood Rowland und Mario Molina einen Bericht über die ozonzerstörende Wirkung von Fluorchlorkohlenwasserstoffen (FCKWs), womit dieses Problem in den Blickpunkt des öffentlichen Interesses rückte.[71] FCKWs stellen eine Klasse von industriell hergestellten Stoffen dar, die eine Vielzahl von Anwendungsmöglichkeiten haben. Hierzu gehören u. a. deren Einsatz als Kühlmittel, Treibmittel in Sprühdosen

---

66 Hierunter fallen Informationskosten, Verhandlungkosten und Durchsetzungskosten. Vgl. Stieger 1994, S. 82.

67 Vgl. Bernauer 1995, S. 364.

68 Vgl. Levy et al. 1993, S. 413.

69 Vgl. Rowlands 1993, S. 25.

70 Vgl. www.unep.org/ozone/ratif.htm.

71 Vgl. Rowlands 1993, S. 25.

und Lösungmittel.[72] Die Produktion dieser Stoffe erfolgte zum damaligen Zeitpunkt hauptsächlich in den USA und in Westeuropa.[73]

Aufgrund ihrer Langlebigkeit gelangen diese Stoffe bis in die Stratosphäre, wo sie durch die UV-Strahlung aufgespalten werden. Das hierbei freigesetzte Chlorin wirkt wie ein Katalysator und stört so die Gleichgewichtskonzentration von Ozon. Durch den Abbau der Ozonschicht in der Stratosphäre trifft vermehrt solare ultraviolette Strahlung auf die Erdoberfläche. Dieses führt u. a. zu einem höheren Hautkrebsrisiko, zu Augenleiden und zu einer Schwächung des Immunsystems bei Menschen und Tieren sowie einem geringeren Wachstum an Meeresplankton und somit geringeren Fischbeständen.[74]

Neben einigen einseitigen Maßnahmen in den USA (1977), Schweden, Norwegen und Kanada (1978), die den Gebrauch von FCKWs als Treibmittel einschränkten, ist die erste erwähnenswerte internationale Initiative ein durch das United Nations Environmental Programm unterstütztes Treffen von 33 Regierungen und der Europäischen Gemeinschaft 1977 in Washington. Der „World Plan of Action on the Ozone Layer", das Ergebnis dieses Treffens, schlug die Schaffung internationaler Institutionen zur Koordination von Forschungsaktivitäten vor.[75] Fünf Jahre später traf sich die auf Drängen der skandinavischen Länder gebildete „Ad Hoc Working Group of Legal and Technical Experts for the Preparation of a Global Framework Convention for the Protection of the Ozone Layer", die jedoch keine konkreten Maßnahmen diskutierte.[76]

Erst im September 1984 machte die aus den USA, Kanada, Skandinavien, Österreich und der Schweiz bestehende sogenannte Toronto-Gruppe erstmals einen Vorschlag für ein Abkommen bestehend aus einem Katalog mit unterschiedlichen Maßnahmen, bzgl. derer ein Wahlrecht bestehen sollte. Allerdings basierte dieser „Multi-Options Approach" im Wesentlichen auf bereits existierenden Regulierungen der obigen Länder. Die EG, die diese Maßnahmen für nicht gerechtfertigt hielt – die wissenschaftliche Unsicherheit war zu diesem Zeitpunkt noch als relativ hoch einzuschätzen[77] – und zunächst jedwede Art von Regulierungen völlig ablehnte, brachte im Oktober 1984 einen eigenen Vorschlag ein. Dieser sah eine Produktionsobergrenze für FCKW 11 und FCKW 12 vor sowie eine Reduzierung des Ge-

---

[72] Vgl. Brack 1996, S. 5 f.

[73] Die USA hatten 1974 einen Anteil von 50 v.H., Europa ca. 40 v.H. und Japan ca. 4 v.H. an der weltweiten Produktion. Vgl. Stieger 1996, S. 21.

[74] Vgl. Brack 1996, S. 6 ff.

[75] Vgl. Parson 1993, S. 35 f.

[76] Vgl. Benedick 1991, S. 42.

[77] Vgl. Stieger 1995, S. 27.

brauchs von FCKWs als Treibmittel in Sprühdosen um 30 v.H. gegenüber einem Spitzenjahr der Produktion in den 70ern. Dieser Vorschlag hätte der europäischen Industrie effektiv eine Ausdehnung ihrer Kapazitäten mit der damals aktuellen Wachstumsrate für die nächsten 20 Jahre erlaubt.[78]

Die divergierenden Interessen der verhandelnden Parteien konnten zunächst nicht überwunden werden, so dass die im März 1985 in Wien von 20 Ländern und der Europäischen Kommission unterzeichnete Konvention zum Schutz der Ozonschicht kaum bedeutende Maßnahmen enthält, die über den „World Action Plan" hinausgehen.[79]

5.3.2 Das Montrealer Protokoll

Kurz nach der Unterzeichnung der Konvention machte ein Bericht über das antarktische Ozonloch sowie eine Reihe weiterer Veröffentlichungen deutlich, dass durchgreifendere Maßnahmen geboten waren.[80] Auf einem Workshop zu den Implikationen verschiedener Regulierungsansätze in Leesburg im September 1986 erkannten auch die Repräsentanten Japans und der Sowjetunion erstmals den internationalen Handlungsbedarf an.[81] Die offiziellen Verhandlungen für ein Protokoll begannen im Dezember 1986. Die USA schlugen einen Zeitplan für umfassende und langfristige Verbote mehrerer Schadstoffe vor, wohingegen die EG höchstens zu einem Einfrieren des Produktionsniveaus von FCKW 11 und 12 bereit war. Finnland, Norwegen und Schweden propagierten eine sofortige Reduzierung des Konsums. Kanada unterbreitete einen bereits in Leesburg vorgestellten detaillierten Plan, wonach – auf der Basis einer Emissionsobergrenze – den Ländern Emissionsrechte nach Bevölkerung und Wirtschaftskraft zugeteilt werden sollten.

Obwohl letzterer Vorschlag dazu geeignet war, starke Verteilungsdebatten auszulösen und später von Kanada zurückgezogen wurde, diente er doch dazu, die verhärteten Fronten zwischen der EG und der Toronto-Gruppe etwas aufzubrechen.[82] Als weitere Faktoren, die letztendlich ein Abweichen von der starren antiregulatorischen Haltung der EG begünstigt haben, sind interne Uneinigkeiten,[83] das mediale Interesse an den Verhand-

---

[78] Vgl. Benedick 1991, S. 42 f.; Parson 1993, S. 38; Jachtenfuchs 1990, S. 263.
[79] Vgl. Parson 1993, S. 39.
[80] Vgl. Stieger 1995, S. 34 f.
[81] Vgl. Benedick 1991, S. 49.
[82] Vgl. Parson 1993, S. 40 f.; Gehring 1996, S. 228.
[83] Insbesondere die Bundesrepublik fühlte sich durch die Verzögerungstaktik der EG schlecht vertreten.

lungen und der daraus resultierende öffentliche Druck sowie die Ergebnisse eines wissenschaftlichen Workshops in Würzburg im April 1987 zu nennen.[84]

Aufgrund der intensiven Bemühungen des damaligen UNEP-Direktors Mustafa Tolba gelang es schließlich, die größten Gegensätze zu überwinden und hinsichtlich der Ausarbeitung eines Vertragstextes eine einheitliche Linie zu verfolgen, welche dem US-amerikanischen Vorschlag stark angenähert war.[85] Neben institutionellen Fragen, wie der Ausgestaltung des Revisionsprozesses, Regelungen für die EG und ihre Mitgliedstaaten u. ä. sind für die Formulierung der Vertragsverpflichtungen die folgenden strittigen Punkte aufzuführen, anhand derer zugleich die wichtigsten Regelungen des Montrealer Protokolls dargestellt werden:[86]

(1) Zu regulierende Chemikalien

Mit fortschreitender wissenschaftlicher Erkenntnis erhöhte sich auch die Anzahl der als ozongefährdend einzustufenden Stoffe, so dass sich ein wirksamer Schutz der Ozonschicht nicht – wie von der EG zunächst gefordert – auf die Regulierung von FCKW 11 und 12 beschränken durfte. Ein Konflikt zwischen den Verhandlungspartnern wurde vermieden, indem man die einzelnen Substanzen nach ihrem Ozonzerstörungspotential klassifizierte, was den Ländern erlaubte, individuell einen „Korb" von zu kontrollierenden Stoffen zusammenzustellen.

(2) Umfang der Regulierungen

An der Ausgestaltung der Vermeidungsverpflichtungen ist der Erfolg von Umweltverhandlungen am deutlichsten zu messen. Hier kamen auch die unterschiedlichen Auffassungen der USA, die eine schrittweise Reduzierung ozonzerstörender Stoffe um 20 v.H., 50 v.H. und 95 v.H. vorschlugen, und der EG, die Regulierungen über ein Einfrieren des Produktionsniveas hinaus zunächst ablehnte, am deutlichsten zum Tragen. Schließlich einigten sich die Verhandelnden auf ein Reduzierungsziel von 50 v.H. Dieser Wert stellt in zweifacher Hinsicht einen Focal Point für die Verhandlungen dar. Einerseits liegt er genau zwischen zwei Extremforderungen: Entweder führen die entsprechenden Stoffe zu einer Zerstörung der Ozonschicht, dann ist eine Reduzierung um 50 v.H. zu gering. Oder sie tun es nicht, in welchem Fall höchstens ein Einfrieren der Produktion gerechtfertigt wäre.[87] Andererseits hätte, wie von der Bundesrepublik gefordert, ein sofortiges

[84] Vgl. Benedick 1991, S. 71.
[85] Vgl. Benedick 1991, S. 72 ff.
[86] Vgl. hierzu Lammers 1988, S. 231 ff.; Benedick 1991, S. 77 ff.
[87] Vgl. Parson 1993, S. 60.

Verbot von FCKWs als Treibmittel für die EG-Länder gerade insgesamt 50 v.H. ausgemacht.[88]

(3) Produktion oder Konsum

Da es sich bei den besagten Stoffen um Industrieprodukte handelte, war die Frage nach der Regulierung von Konsum versus Produktion von zentraler Bedeutung. Eine Beschränkung der Produktion hätte die Marktmacht der Produzentenländer erheblich gestärkt und importierende Länder benachteiligt, da es diesen so verwehrt gewesen wäre, eine eigene Produktion aufzubauen. Die alleinige Beschränkung des Konsums hingegen wäre wegen der größeren Anzahl an Konsumenten schwerer umzusetzen. Zudem fürchtete die EG, dass die USA in diesem Fall auf den europäischen Markt drängen könnten. Das Montrealer Protokoll sieht letztendlich eine Reduktion von Produktion und Konsum vor, wobei Konsum definiert ist als Produktion abzüglich Export zuzüglich Importe. Durch die Möglichkeit, Produktionsquoten auf andere Mitglieder des Protokolls zu übertragen, wird zudem Ländern, deren Produktion aufgrund der Beschränkungen unrentabel geworden ist, gestattet, die Deckung des heimischen Bedarfs durch zusätzliche Importe zu sichern. Um die Einhaltung der Maßnahmen zu gewährleisten und den Beitritt für Nicht-Mitglieder attraktiv zu machen, enthält das Protokoll zusätzlich Handelsbeschränkungen. Hiernach ist Mitgliedern der Import der regulierten Schadstoffe untersagt. Exporte in Nichtmitgliedsländer können seit 1993 nicht mehr zur Berechnung des heimischen Konsums abgezogen werden.[89]

(4) Festsetzung des Basisjahres

Der wesentliche Streitpunkt war hier, ob das Basisjahr für die Reduzierungen vor oder, so die Position der EG, nach Verhandlungsbeginn gesetzt werden sollte. Ein späteres Basisjahr hätte zunächst noch eine weitere Ausdehnung der Produktion erlaubt. Auch hier konnte die EG ihre Forderungen nicht durchsetzen, so dass schließlich 1986 als Basisjahr festgesetzt wurde.

(5) Berücksichtigung der Entwicklungsländer

Ebenfalls zu klären war die Frage, wie für Entwicklungsländer, deren bisher geringer Konsum ozonzerstörender Stoffe mit Wachstumsraten bis zu 20 v.H. anstieg,[90] ein Anreiz geschaffen werden konnte, dem Abkommen beizutreten. Der unter Beteiligung von China, einigen lateinamerikanischen Ländern, Kenia und Malaysia ausgehandelte Artikel 5 des Protokolls sieht eine Ausnahmeregelung für Länder vor, deren Pro-Kopf-Konsum un-

---

[88] Vgl. Benedick 1991, S. 84.

[89] Zur Bedeutung der Handelsrestriktionen vgl. ausführlich Brack 1996.

[90] Vgl. Brack 1996, S. 18.

ter 0,3 kg liegt. Hiernach ist es diesen erlaubt, in einer Periode von bis zu 10 Jahren ihren Konsum „zur Befriedigung der grundlegenden heimischen Bedürfnisse" bis zu dem angegebenen Niveau auszudehnen. Danach gelten mit der entsprechenden Verzögerung die gleichen Reduzierungspläne wie für die anderen Länder.

Das Montrealer Protokoll erlegt den Parteien zudem Berichtspflichten auf und sieht einen Revisionsprozess vor, nach welchem u. a. der Reduktionszeitplan geändert und neue Stoffe hinzugefügt werden können. Letzteres wurde aufgrund neuer Erkenntnisse über die Zerstörung der Ozonschicht notwendig. Auf der Basis von Berichten technologischer und naturwissenschaftlicher Expertengremien wurden weitere Stoffe aufgenommen und ein neuer Zeitplan für Reduzierungen ausgearbeitet. Es herrschte weitgehend Einigkeit darüber, dass eine langfristige Eliminierung der Substanzen unumgänglich war. In London 1990 wurde das Protokoll entsprechend geändert und 1992 in Kopenhagen und 1995 in Wien durch die Aufnahme weiterer Substanzen sowie kürzerer Fristen nochmals verschärft.[91]

Die Londoner Verhandlungsrunde brachte noch eine weitere Neuerung in Form des sogenannten multilateralen Fonds, der dazu dient, die Artikel 5 Länder – derzeit 124 von 128 Parteien des Protokolls – bei der Reduktion ozongefährdender Stoffe auf Unternehmensebene zu unterstützen. Übernommen werden die „vollen vereinbarten Mehrkosten" der Umsetzung des Abkommens.[92] Für die Finanzierung des Fonds erwog man zunächst eine Aufteilung der Beiträge nach dem Pro-Kopf-Verbrauch, einigte sich dann jedoch wohl auch aufgrund es langfristigen Verbots auf die UN-Beitragsskala. Bis zum März 1999 wurden insgesamt US $ 847 Mio eingezahlt.[93]

Neuere Verhandlungen befassen sich vornehmlich mit Fragen der Implementierung, Überwachung und Durchsetzung des Montrealer Protokolls.[94]

5.3.3 Beurteilung der Regimeentwicklung

Im Montrealer Protokoll kommen rein mengenorientierte Allokationskriterien zur Anwendung. Während zu Beginn noch Zeitplan und Umfang der Reduzierungen strittig waren, so dass man sich zunächst auf den Kompromiss einer 50 prozentigen Reduzierung einigte, gewinnen mit neuen Erkenntnissen wissenschaftliche Argumente zunehmend an Bedeutung und tragen dazu bei, gegensätzliche Interessen zu überwinden. „Faire"

---

[91] Vgl. Gehring 1996, S. 231; Brack 1996, S. 13 ff.; Benedick 1991, S. 123.

[92] Vgl. Montraler Protokoll Art. 10 Abs. 1 in der Fassung von 1990.

[93] Vgl. Brack 1996, S. 18 f.; www.unep.org; Biermann 1998, S. 487 ff.

[94] Vgl. UNEP 1997, UNEP 1998.

Konfliktlösungen wie die Reduzierung der Schadstoffe nach ihrem Ozonzerstörungspotential oder die Regulierung von Produktion und Konsum haben hier fungieren hier als Focal Points.

Ökonomische Überlegungen im Sinne einer effizienten Ausgestaltung des Abkommens sind hingegen nicht umgesetzt worden. Lediglich Produktions- nicht jedoch Konsumquoten sind übertragbar, so dass Unterschiede in den Vermeidungskosten weitgehend unberücksichtigt bleiben.[95]

Die langfristigen Ziele, d.h. der Schutz der Ozonschicht und die dazu notwendige Eliminierung ozonzerstörender Stoffe, sind klar definiert. Hierdurch wird auch die Festsetzung einer Emissionsobergrenze und die Vergabe von Rechten, wie ursprünglich von Kanada vorgeschlagen, obsolet.[96] Differenziertere Rechte und Pflichten ließen sich, da es sich um ein globales Umweltproblem handelt, nur auf der Basis monetärer Kriterien ableiten. Ein solches Vorgehen hätte jedoch eine Einigung erschwert und Verteilungsfragen noch stärker betont. Nach Wolf (1997, S. 133) lässt sich der Erfolg des Protokolls mit darauf zurückführen, dass Verteilungsfragen nicht zu dessen Destabilisierung beigetragen haben, weil z.B. Länder mit hoher Hautkrebsrate keine Kompensation für den entstandenen Schaden verlangten. Allerdings zeigt eine Studie von Sprinz/Vaahtoranta (1994, S. 89 f.), dass gerade diejenigen Länder, welche das Abkommen vehement unterstützt haben, die höchsten Hautkrebsraten aufweisen.

Gemessen am Konsumverzicht tragen – trotz multilateralen Fonds und des 10jährigen Moratoriums – die Entwicklungsländer die Hauptlast des Abkommens,[97] was sich aus der stärkeren Verhandlungsposition der Industrieländer erklären lässt. Die Finanzierung des Fonds stellt ein reines öffentliches Gut dar, denn ohne diesen wäre die für einen wirksamen Schutz der Ozonschicht notwendige Einbeziehung der Entwicklungsländer nicht möglich gewesen. Die Aufteilung der Bereitstellungskosten dieses Gutes in Form der Beiträge konnte nach dem bereits weitgehend akzeptierten UN-Beitragsschlüssel erfolgen und deshalb als weniger kontrovers angesehen werden.

---

95 Vgl. Bohm 1997, S. 211 ff.

96 Vgl. Gehring 1996, S. 227.

97 Vgl. Mason/Swanson 1997.

5.4 Das Klimaregime

5.4.1 Die Rahmenkonvention

Seit Mitte der 80er Jahre besteht über das Phänomen einer globalen Erderwärmung[98] als Folge anthropogener Emissionen von Spurengasen weitgehender wissenschaftlicher Konsens. Unter anderem auch aufgrund einer Sensibilisierung durch die Entdeckung des Ozonlochs und einer starken Hitzewelle in den USA, kam der Klimaschutz auf die internationale politische Agenda.[99] Obwohl weder die Industrie- noch die Entwicklungsländer einheitliche Verhandlungsblöcke darstellten, herrscht doch die Auffassung vor, dass das Interesse der ersteren primär dem Klimaschutz galt, während letztere aus naheliegenden Gründen vornehmlich wirtschaftliche Unterstützung einforderten.[100] Als Ergebnis von fünf Verhandlungsrunden unterzeichneten mehr als 150 Länder 1992 auf dem Umweltgipfeltreffen in Rio de Janeiro die UN-Klimarahmenkonvention.

Beide Ziele, die Vermeidung der negativen Auswirkungen einer globalen Erderwärmung sowie die Förderung einer nachhaltigen Entwicklung in den Ländern der Dritten Welt, werden in der Konvention berücksichtigt. Die Konvention enthält keine konkreten Vermeidungsverpflichtungen, formuliert jedoch als langfristiges Ziel die Stabilisierung der Konzentration von Treibhausgasen in der Atmosphäre. Die unterschiedlichen Bedürfnisse und Pflichten von Industrie- und Entwicklungsländern werden explizit anerkannt und den Industrieländern eine führende Rolle in der Bekämpfung des Treibhauseffektes zugewiesen. Die Unterzeichner des Abkommens müssen ferner Informationen über Emissionen und nationale Maßnahmen erbringen. Die in Annex I aufgeführten Länder verpflichten sich darüber hinaus, ihre Emissionen von Treibhausgasen zu senken. Allerdings sind die Reduktionsziele nicht genauer bestimmt. Zudem sieht die Konvention die Ausarbeitung eines Mechanismus für finanzielle Unterstützung von Klimaschutzprojekten; eine Aufgabe, die von der Globalen Umweltfazilität (GEF: global environmental facility) wahrgenommen wird.[101] Für den Fortgang der Verhandlungen ebenfalls von Bedeutung war die Festlegung eines Revisionsprozesses.

---

[98] Vgl. hierzu z.B. Cline 1991.

[99] Vgl. Bodansky 1994, S. 47 f.

[100] Vgl. Mintzer/Leonard 1994, S. 25 ff.

[101] Dieses geschah bis 1999 auf Interimsbasis. Vgl. UN/FCCC 1999, 2/CP.4.

5.4.2 Das Kyoto-Protokoll

Drei Jahre nach Unterzeichnung des Rio-Abkommens fand die erste Vertragsstaatenkonferenz in Berlin statt. In dem sogenannten Berlin-Mandat beschlossen die Verhandelnden die Ausarbeitung eines Protokolls mit konkreten Emissionszielen.[102] Die Ausarbeitung des Protokolls erfolgte durch die „Ad Hoc Group on the Berlin Mandate". Hinsichtlich der Verpflichtungen der Annex-I-Länder war umstritten, inwieweit differenzierte Emissionsziele zugelassen werden sollten. Eine Annäherung der Länder war bis kurz vor der geplanten Unterzeichnung des Protokolls in Kyoto im Dezember 1997 nicht zu beobachten.[103]

Letztendlich einigte man sich auf differenzierte Verpflichtungen, die jedoch nicht systematisch ermittelt wurden, sondern eher als Ausdruck der Verhandlungsstärke oder des Verhandlungsgeschicks der einzelnen Länder zu interpretieren sind. Das Kyoto-Protokoll schreibt für die Annex-I-Länder Emissionsobergrenzen für 2008 bis 2012 zwischen 110 v.H. und 92 v.H. auf der Basis von 1990 vor. Zum Vergleich sind in Tabelle 5.3 die sich daraus ergebenden Reduzierungsquoten[104] und soweit verfügbar die prognostizierten Emissionensabweichungen für 2010 aufgeführt. Nach diesen Werten liegen die notwendigen Emissionsreduzierungen der USA deutlich über 7 v.H., während Rußland und die Ukraine ihre Emissionen noch ausdehnen können. Für eine langfristige Stabilisierung der Treibhausgaskonzentration sind die vereinbarten Emissionsgrenzen nicht ausreichend.[105]

Die Gesamtvermeidung eines Annex-I-Landes wird anhand von Treibhauspotentialen der sechs im Protokoll genannten Treibhausgase Kohlendioxid, Methan, Distickstoffoxid (Lachgas), teilhalogenierte Fluorchlorkohlenwasserstoffe, vollständig fluorierte Kohlenwasserstoffe und Schwefelhexafluorid bezogen auf Kohlendioxid berechnet. Die drei zuletzt genannten Schadstoffe stammen hauptsächlich aus industriellen Quellen.[106] Auf CO_2 waren 1990 über 60 v.H. des anthropogenen Treibauseffektes zurückzuführen, so dass das größte Vermeidungspotential im Bereich Verbrennung fossiler Energieträger liegt. Methan, das zweitwichtigste Treibhausgas, entsteht neben den natürlichen Quellen vornehmlich durch Reis-

[102] Vgl. UN/FCCP 1995, 1/CP.1.

[103] Vgl. ECO 1997; Oberthür/Singer 1997, S. 1. Eine systematische Übersicht über die verschiedenen Vorschläge der Länder findet sich bei Torvanger/Godal 1999.

[104] Die Verpflichtung der EG-Mitgliedsländer stimmen mit denen der EG überein und wurden deshalb nicht einzeln aufgeführt.

[105] Vgl. OECD 1998a, S. xxiii.

[106] Vgl. Oberthür/Singer 1997, S. 9.

Tabelle 5.3: *Reduktionsquoten nach dem Kyoto-Protokolls und prognostizierte Emissionen für 2010*

Land	*Reduzierungs-quote*	*Emissions-prognose*)*
Australien	+8	28
Bulgarien	8	11
Kanada	6	-
Kroatien	5	-
Tschechische Republik	8	-1
Estland	8	-
Europäische Gemeinschaft	8	-
Russland	0	-11
Island	+10	-
Japan	6	24
Lettland	8	-16
Liechtenstein	8	-
Litauen	8	-
Monaco	8	-
Neuseeland	0	12
Norwegen	+1	8
Polen	6	-
Rumänien	8	-
Schweiz	8	-6
Slowakei	8	-14
Slowenien	8	-
Ukraine	0	-21
Ungarn	6	-
USA	7	26

*)Prozentuale Abweichung der anthropogenen Business-as-Usual-Emissionen aller Treibhausgase (CO_2-Äquivalente) in 2010 verglichen mit 1990.

Quellen: UN/FCCP/CP 1997 Annex B; UN/FCCCP 1998, Tabelle C.7.

anbau und Viehhaltung.[107] Zur Berechnung der Nettoreduzierungen eines Landes sind Senken zur Aufnahme von CO_2 zu berücksichtigen, die auf Änderungen des Waldbestandes seit 1990 zurückzuführen sind. Wie diese Quellen genau anzurechnen sind, ist von den Vertragsparteien noch festzusetzen.

Die Vermeidungsverpflichtungen können von den Ländern individuell oder gemeinsam (Joint Implementation) umgesetzt werden. Zur Erfüllung ihrer Verpflichtungen ist es den Ländern außerdem möglich, sich im Rahmen des „Clean Development Mechanism" Vermeidungsmaßnahmen in Entwicklungsländern anrechnen zu lassen. Die genaue Ausgestaltung dieser Handelsmechanismen ist jedoch – insbesondere aufgrund des großen Interesses der USA, die russischen Emissionsrechte aufzukaufen, um selbst keine oder nur geringe Emissionsreduzierungen durchzuführen – weiterhin umstritten.[108] Obwohl der Quotenhandel der Annex-I-Länder untereinander die im Kyoto-Protokoll vereinbarte globale Emissionsvermeidung unberührt lässt, wird derzeit noch über eine Begrenzung diskutiert. Schwarze (1998, S. 401 ff.) führt dies einerseits auf die damit verbundenen Verteilungswirkungen andererseits aber auch auf die u.U. davon ausgehende negative Signalwirkung auf die Entwicklungsländer zurück. Für diese besteht so ein Anreiz, freiwillig Emissionsobergrenzen anzugehen, die über ihrem tatsächlichen Bedarf liegen, was bei unbegrenztem Handel zu einer Ausweitung des Emissionsniveaus führt. Auch die fünfte Konferenz der Vertragsstaaten im November 1999 in Bonn brachte nicht die erhoffte Klärung der strittigen Aspekte.[109] Unsicher ist zum derzeitigen Zeitpunkt ebenfalls, ob das Abkommen tatsächlich von einer ausreichenden Länder ratifiziert wird und somit in naher Zukunft überhaupt in Kraft tritt. Ein Scheitern der Ratifizierungsprozesse würde jedoch die Glaubwürdigkeit der Klimaverhandlungen insgesamt in Frage stellen. Insgesamt bleibt abzuwarten, inwieweit das Kyoto-Protokoll tatsächlich zu einer Senkung des weltweiten Emissionsniveaus an Treibhausgasen beitragen kann.

5.4.3 Reduzierungsquoten der EG

Die Europäische Gemeinschaft[110] ist insgesamt zu einer Reduzierung von 8 v.H. verpflichtet, wobei die Mitgliedsländer untereinander unterschied-

[107] Vgl. Bauer 1993, S. 19 ff. u. S. 105 f.
[108] Vgl. auch Kapitel 4.5.3.
[109] Vgl. UN/FCCP/CP/1999/6/Add1.
[110] Die EG hat die Rechtskompetenz in den Klimaverhandlungen.

liche Quoten festgelegt haben.[111] Die Aufteilung der Vermeidungslasten unter den Mitgliedern ist insofern interessant, als diese im Unterschied zu anderen Emissionsquoten des Kyoto-Protokolls auf einem systematischen Ansatz beruhen.[112]

Grund für die Festlegung differenzierter Quoten war das Interesse der EG in den Klimaverhandlungen eine führende Rolle einzunehmen. Zur Formulierung eines politisch glaubwürdigen und ambitionierten Reduzierungsziels auf EU-Ebene war es erforderlich, Einigung über die interne Aufteilung der Gesamtreduzierungslast zu erzielen. Hierfür war jedoch eine Differenzierung der Vermeidungsziele notwendig, da die einstimmige (!) Festlegung einheitlicher Reduzierungsquoten sich i.d.R. an denjenigen Ländern ausrichten muss, die zu einer Reduzierung am wenigsten bereit sind.

Tabelle 5.4: *Lastenaufteilung innerhalb der EG*

Land	*Vorläufige Quote*	*Vereinbarte Quote*	*Emissions-prognose*[a)]
Belgien	10	7,5	-
Dänemark	25	21	-25
Deutschland	25	21	-
Griechenland	+30	25	-
Großbritannien	10	12,5	-7
Frankreich	0	0	-6
Finland	0	0	12-29
Irland	15	13	10
Italien	7	6,5	-7
Luxemburg	30	28	-
Niederlande	10	6	5
Österreich	25	13	-
Portugal	+40	+27	-
Schweden	+5	+4	55
Spanien	+17	+15	-

a)Prozentuale Abweichung der anthropogenen BAU-Emissionen aller Treibhausgase (CO_2-Äquivalente) in 2010 verglichen mit 1990.

Quelle: Ringius 1999 Tabelle 1; Acid News 3/98 S. 6; UN/FCCCP 1998, Tabelle C.7.

[111] Im Kyoto-Protokoll sind die Mitgliedsländer einzeln mit Emissionsobergrenzen von je 92 v.H. aufgeführt.

[112] Die folgenden Ausführungen zum europäischen Beschluss über die Aufteilung der Vermeidungslasten im März 1997 beruhen auf Ringius 1999.

Ermöglicht wurde die Einigung auf differenzierte Quoten durch den von den Niederlanden vorgeschlagenen Drei-Sektoren-Ansatz (Triptique Approach). Hiernach werden die Emissionen der einzelnen Länder nach drei Sektoren untergliedert: Dem exportorientierten energieintensiven Sektor, dem Stromsektor und den zusammengefassten restlichen Sektoren, im Folgenden als „Haushaltssektor" bezeichnet.

Für den Haushaltssektor sieht der Ansatz gleiche Pro-Kopf-Emissionen vor. Die Emissionsreduzierung ist hier exogen. Im energieintensiven Sektor werden für alle Ländern gleiche Wachstumsraten vorausgesetzt. Im Stromsektor, der die größten Unterschiede hinsichtlich der Emissionen zwischen den Ländern aufweist, wird den Ländern mit einem Sozialprodukt von weniger als 90 v.H. des EU-Durchschnitts eine etwas höhere Wachstumsrate zugestanden. Emissionsreduzierungen in diesen Sektoren ergeben sich aus der Annahme eines vermehrten Einsatzes erneuerbarer Ressourcen sowie der zukünftig effizienteren Nutzung von Energie. Die Reduzierungsquote eines Landes setzt sich schließlich aus allen drei Komponenten zusammen.

Trotz vereinzelter Kritik, z.B. über die sektorale Aufteilung, wurde der Ansatz insgesamt als fair eingeschätzt und so die Basis für weitere Verhandlungen geschaffen. Im März 1997 einigten sich die Länder auf ein Reduktionsziel von 15 v.H. und mangels eines weitergehenden Kompromisses über eine vorläufige Aufteilung der Vermeidungslasten von 10 v. H. der Gesamtvermeidung. Die endgültige Festlegung der Quoten erfolgte im Juli 1998 (siehe Tabelle 5.4).

5.4.4 Beurteilung der Regimeentwicklung

Eine Differenzierung von Vermeidungsquoten ermöglicht die Realisierung ehrgeizigerer Zielsetzungen, da so ein Trade off zwischen der Anzahl der beteiligten Länder und der Höhe einer einheitlichen Quote vermieden wird. Beim Kyoto-Protokoll ist allerdings auffällig, dass - von wenigen Ausnahmen abgesehen – die Differenzen zwischen den einzelnen Quoten nicht sehr hoch sind.[113] Auch die Länder der Europäischen Union verwirklichten ihr Ziel einer Gesamtreduzierung um 15 v.H. nicht. Grund hierfür ist die fehlende Systematik bei der Bestimmung der Quoten. Denn als Richtwert für die Verhandelnden dienen in diesem Falle nicht die nach einem oder mehreren Kriterien ermittelten Werte, sondern die „Reduzierungsgebote" der anderen Länder.

---

[113] Das Bild ändert sich, wenn man die prognostizierte Emissionentwicklung mit heranzieht.

Anders verhält es sich bei den Reduzierungsquoten der einzelnen EU-Länder. Hier erlaubte das systematische Vorgehen die Formulierung anspruchsvollerer Zielsetzungen. Ein großer Vorteil des gewählten Ansatzes liegt in der Kombination wirtschaftlicher Merkmale der Länder. Normative Aspekte hinsichtlich des Rechts auf wirtschaftliche Entwicklung der einkommensschwächeren Länder werden zwar über das Zugeständnis höherer Wachstumsraten berücksichtigt. Im Vordergrund steht jedoch die eher politische Entscheidung über die Aufteilung der Sektoren als Unterscheidungsmerkmale.

Ähnlich wie bei den Verhandlungen zum zweiten Schwefelprotokoll kann es als ein weiterer Vorteil des Drei-Sektoren-Ansatzes angesehen werden, dass die Gesamtvermeidung und die Aufteilung der Lasten simultan bestimmt werden. Unterschiedliche Szenarien implizieren unterschiedliche Quoten für die einzelnen Länder. Auf diese Weise wird der Verhandlungsspielraum vergrößert und Kompromisse erleichtert, denn strittig sind nun nicht mehr die Kriterien an sich, sondern nur noch das jeweilige Szenario bzw. die Abweichungen hiervon.

5.5 Zusammenfassung

Allen drei Umweltregimen ist gemeinsam, dass langfristige Umweltziele formuliert werden, die nur schrittweise und nicht mittels eines einzigen Abkommens zu erreichen sind. Die wichtigsten Merkmale der Regimeentwicklung hinsichtlich der Vermeidungsverpflichtungen sind noch einmal in Tabelle 5.5 zusammengefasst. Für die Ausgestaltung erster Maßnahmen spielen – wenig überraschend – Focal Points und der Rückgriff auf mengenorientierte Kriterien eine große Rolle.

Trotzdem unterscheiden sich die drei Regime grundlegend voneinander. Während die Verpflichtungen des europäischen Regimes auf der Basis ökologischer Kriterien ermittelt werden, greift das Montrealer Protokoll auf einheitliche Quoten zurück. Unterschiede werden lediglich über das Ozonzerstörungspotential der Schadstoffe und die Ermittlung angepasster Produktionsquoten berücksichtigt. Die Emissionsobergrenzen im Kyoto-Protokoll hingegen sind zwar differenziert, jedoch nicht systematisch ermittelt. Aufgrund der unterschiedlichen Merkmale der Umweltprobleme einschließlich der entsprechenden Schadstoffe ändert sich also die Wahrnehmung „offensichtlicher" Lösungen. Als wichtige Einflussfaktoren sind zu nennen:

Tabelle 5.5: *Vergleich der Umweltregime*

	„Saurer Regen"	*Ozon*	*Klima*
Umweltziel	Einhaltung der Critical Loads	Schutz der Ozonschicht	Stabilisierung der Konzentration von Treibhausgasen
Erste Schritte	Reduzierung um 30 v.H., Einfrieren des Emissionsniveaus, Wahlrechte	Reduzierung um 50 v.H.	Differenzierte Emissionsquoten zwischen 92 v.H. und 108 v.H.
Verschärfung der Maßnahmen	Ableitung der Verpflichtungen aus Target Loads	Zeitplan für Verbote der Schadstoffe	
Flexible Umsetzung	Emissionshandel	Übertragbare Produktionsquoten	Emissionshandel (Oslo-Protokoll), Clean Development Mechanism
Weitere Merkmale	Kostenminimierung durch Computersimulation	Multilateraler Fonds, Handelsbeschränkungen	Drei-Sektoren-Ansatz innerhalb der EU

(1) Räumliche Dimension
Wie bereits im vorherigen Kapitel ausgeführt, ist es bei globalen Umweltproblemen nicht möglich, differenzierte Vermeidungsverpflichtungen nach ökologischen Kriterien abzuleiten. Bei globalen Umweltproblemen ist es deshalb wichtig, die Verhandlungsbasis durch die Kombination verschiedener Kriterien genügend flexibel zu gestalten, um Verteilungsfragen nicht zu sehr in den Vordergrund zu stellen.

(2) Schadstoffe
Nicht nur die Interessenlage der einzelnen Länder wird durch die Schadstoffquellen determiniert. Beachtet werden muss ferner, inwieweit Emissionen derselben bzw. deren Verwendung in Produktion und Konsum grundsätzlich verzichtbar sind. Am Falle des Montrealer Protokolls wurde deutlich, dass die Einsicht in die Notwendigkeit eines vollständigen Verbotes zumindest unter den Industrieländern keine weiteren Verteilungskonflikte in Form von Kompensationsforderungen oder nach differenzierten Verpflichtungen hervorgerufen hat. Im Klimaregime hingegen, in welchem die Frage nach der Differenzierung der Verpflichtungen als dringlicher empfunden wird, steht ein langfristiges vollständiges Emissionsverbot nicht zur Diskussion.

(3) Nord-Süd-Konflikt
Bei den weltweiten Umweltproblemen ist außerdem der Interessenkonflikt zwischen Industrie- und Entwicklungsländern zu beachten. In beiden Regimen verpflichten deshalb zunächst allein Industrieländer dazu, Vermeidungsaktivitäten zu unternehmen. Aber auch hier wird nicht explizit auf Gerechtigkeitskonzepte zurückgegriffen. Die Anerkennung des wirtschaflichen Nachholbedarfs von Schwellen- und Entwicklungsländern in beiden globalen Regimen erscheint fair – wenngleich ökologisch bedenklich. Dies gilt insbesondere im Hinblick auf China und den zu erwartenden starken Anstieg der Emissionen.

Mit Ausnahme des Helsinki-Protokolls sind ferner alle Abkommen so formuliert, dass eine Beteiligung von einer großen Anzahl von Ländern ermöglicht wird. Dies wird durch das Einräumen von Wahlrechten, gemeinsamer d.h. flexibler Vertragsumsetzung und Ausnahmeregelungen für Entwicklungsländer erreicht. Zwar sind so die angestrebten Umweltziele kurzfristig nicht zu erreichen. Langfristig wird jedoch auf diese Weise ein weltweites Verantwortungsbewußtsein für eine nachhaltige Entwicklung geschaffen und die Basis für eine weitergehende Zusammenarbeit gelegt.

Kapitel 6

Nicht-monolithische Verhandlungspartner

6.1 Einführung

In den bisher vorgestellten Ansätzen werden die betroffenen Länder jeweils als monolithische Verhandlungsparteien betrachtet. Die Tatsache, dass die Präferenzen eines Landes nicht zwangsläufig durch einen wohlwollenden Diktator repräsentiert werden, der den Nettonutzen seines Landes zu maximieren sucht, hat in die theoretische Literatur zu internationalen Umweltabkommen bisher kaum Eingang gefunden. Umweltverhandlungen sind jedoch nicht nur mehrstufig in dem Sinne, dass sukzessive Kooperations- und Vermeidungsentscheidungen zu treffen sind. Ebenfalls zu berücksichtigen ist das Zusammenspiel der politischen Akteure sowohl auf internationaler als auch auf nationaler Entscheidungsebene.

In den folgenden Abschnitten wird die Annahme eines wohlwollenden Diktators aufgehoben. Die Umweltpolitik eines Land hängt nun von der Art des politischen Entscheidungsprozesses ab. Betrachtet werden diktatorische Regime sowie umweltpolitische Entscheidungprozesse in parlamentarischen Demokratien. Des weiteren wird darauf eingegangen, wie sich in Demokratien der eingeschränkte Verhandlungsspielraum eines Verhandlungsführers auf die Verhandlungsposition seines Landes auswirkt.

6.2 Diktatorische Regime

Weicht man von der Vorstellung eines wohlwollenden Diktators ab, so stellt sich zunächst die Frage, wie die Präferenzen der Individuen hinsichtlich ihrer Nachfrage nach Umweltpolitik zu aggregieren sind.

Relativ unproblematisch erscheint dies in Ländern mit diktatorischen Regimen, bei denen lediglich die Präferenzen des Diktators maßgeblich sind. Congleton (1992) vergleicht in einem dynamischen Modell die Nachfrage nach Umweltqualität in einem demokratischen Regime mit derjenigen in einer Diktatur. Er kommt zu dem Ergebnis, dass die Umweltqualität in Diktaturen unter sonst gleichen Bedingungen geringer ist als in Demokratien. Die Gründe hierfür liegen sowohl in der Instabilität von Diktaturen und dem damit verbundenen kürzeren Zeithorizont eines Diktators als auch darin, dass dieser in der Regel über einen größeren Anteil am Volkseinkommen als der Medianwähler verfügt. Beides führt zu vergleichsweise höheren marginalen Kosten verbesserter Umweltqualität für den Diktator.

Zu einem ähnlichen Ergebnis kommen Barrett/Graddy (1998), die in einer empirischen Studie den Zusammenhang zwischen dem Grad an politischer Freiheit und dem Verschmutzungsgrad unterschiedlicher Umweltmedien untersuchen. Ihre Hypothese lautet: Mit zunehmenden politischen Freiheiten sei den Individuen eher die Möglichkeit gegeben, ihren Präferenzen Ausdruck zu verleihen und auf umweltpolitische Entscheidungen einzuwirken. Der Einfluss politischer Freiheiten erwies sich dementsprechend als signifikant für diejenigen Verschmutzungsarten, welche die menschliche Gesundheit beeinträchtigen.

Im Hinblick auf internationale Umweltverhandlungen unterscheiden sich die Anreizwirkungen in diktatorischen Regimen nicht von den bisher betrachteten. Anstelle des gesamtwirtschaftlichen Vermeidungsnutzens tritt nun derjenige des Diktators. Einzuwenden ist allerdings, dass gerade der kürzere Zeithorizont eines Diktators, oder mit anderen Worten die tendenzielle Instabilität diktatorischer Regime, deren Möglichkeit zu bindenden Selbstverpflichtungen verglichen mit demokratischen Regimen einschränkt.[1]

6.3 Demokratische Regime

Aus der politischen Ökonomie ist bekannt, dass demokratische Entscheidungsprozesse keine wohlfahrtsmaximierende Politikgestaltung gewährleisten.[2] Ineffizienzen der inländischen Umweltpolitik ohne internationale Kooperation können auf zwei Ursachen zurückgeführt werden:

- Das gewählte umweltpolitische Instrumentarium lässt eine wohlfahrtsmaximierende Gestaltung der Umweltpolitik nicht zu.
- Der quantitative Einsatz des umweltpolitischen Instrumentes verfehlt das soziale Optimum.

Im Folgenden werden die politischen Entscheidungsprozesse hinsichtlich der qualitativen und quantitativen Ausgestaltung der inländischen Umweltpolitik dargestellt und auf ihre Relevanz für die Analyse internationaler Umweltverhandlungen untersucht. Es wird dabei von indirekten Demokratien ausgegangen. In direkten Demokratien lassen sich bei eindimensionalen Entscheidungsproblemen Ineffizienzen damit erklären, dass

[1] Vgl. Taylor 1996, S. 117.
[2] Vgl. z.B. Mueller 1989, Bernholz/Breyer 1994.

die Präferenzen des Medianwählers nicht mit dem Wohlfahrtsoptimum übereinstimmen.[3]

6.3.1 Instrumenteneinsatz

Die Vor- und Nachteile der unterschiedlichen umweltpolitischen Instrumente sind in der Literatur ausführlich diskutiert worden, wobei ein weitgehender Konsens darüber besteht, dass marktorientierte Instrumente wie Umweltabgaben oder auktionierte Zertifikate unter dem Gesichtspunkt der Effizienz direkten Regulierungsmechanismen wie Emissionsobergrenzen, Technologiestandards u. ä. vorzuziehen sind.[4] Trotzdem ist gerade der Einsatz der vergleichsweise ineffizienten direkten Regulierungen sehr viel häufiger zu beobachten.

Zur Erklärung dieses Phänomens ist es zunächst notwendig, die politischen Einflussträger sowie deren umweltpolitische Interessen zu identifizieren. Hierfür geht man in der Regel von Modellen indirekter Demokratien aus, bei welchen die politischen Entscheidungen über umweltpolische Instrumente entweder auf Basis von Rent-Seeking-Ansätzen, Klientelparteien bzw. Interessengruppen oder Bürokratiemodellen dargestellt werden.

Bei *Bürokratiemodellen* steht das Interesse der ausführenden Behörden im Vordergrund. Es wird angenommen, dass diese bzw. deren Leiter eigene Zielsetzungen verfolgen, was zu ineffizientem Ressourceneinsatz führen kann.[5] Nentjes/Dijkstra (1994, S. 207f.) unterstellen, eine Umweltbehörde strebe die möglichst treffgenaue Umsetzung vorgegebener Umweltziele ebenso an wie – aus Prestigegründen – den Einsatz von Instrumenten, die eine hohe Anzahl an Arbeitskräften erfordern. Dies spricht dafür, dass Umweltbehörden sich eher für direkte Regulierungen einsetzen.

Interessengruppen, die im Zusammenhang mit Umweltpolitik, sind typischerweise Industrieverbände und Umweltschutzorganisationen. Die Frage nach der Präferenzordnung der einzelnen Interessengruppen hinsichtlich der einzusetzenden Instrumente wird in der Literatur allerdings nicht ganz einheitlich beantwortet.[6] Tendenziell geht man davon aus, dass die Industrie direkte Regulierungen in Form von Outputbeschränkungen oder Emissionsgrenzen marktorientierten Instrumenten vorzieht. Dies liegt daran, dass die Mengen- bzw. Emissionsbeschränkungen als Kartell wirken

[3] Bei nicht-eingipfligen Präferenzen und bei mehrdimensionalen Problemen kann das Problem von Abstimmungszyklen auftreten. Vgl. auch Mueller 1989, S. 65ff.

[4] Für einen umfassenden Vergleich der Instrumente vgl. z.B. Bohm/Russel 1985.

[5] Vgl. Niskanen 1972.

[6] Ein umfassender Überblick findet sich bei Dijkstra 1999.

und somit zumindest kurzfristig[7] mit einer Unternehmerrente verbunden sind.[8] Weniger eindeutig sind die Präferenzen von Umweltschutzorganisationen. Generell ist aus deren Sicht die Legalisierung von Umweltverschmutzung gegen marktorientierte Instrumente einzuwenden. Andererseits generieren diese öffentliche Einnahmen, für deren Verwendung zu Umweltzwecken die Umweltorganisation Lobbying betreiben kann. Auktionierte Zertifikate gewährleisten zudem die Einhaltung des Umweltziels.[9]

Ausgehend von den oben beschriebenen Präferenzen kann nun jede Interessengruppe Ressourcen aufwenden, um auf den politischen Entscheidungsprozess Einfluss zu nehmen. Der quantitative Einsatz der Instrumente wird jeweils als gegeben angesehen.

In *Rent-Seeking-Modellen* hängt die Wahrscheinlichkeit, dass die jeweilige Politik umgesetzt wird, von dem relativen Ressourceneinsatz einer Interessengruppe ab. Maximiert jedes Gruppenmitglied seinen erwarteten Nutzen, so ist der Ressourceneinsatz der Seite mit den höheren Pro-Kopf-Gewinnen bei Umsetzung ihrer bevorzugten Politik ebenfalls höher. Dieses Ergebnis deutet darauf hin, dass Industrieverbände wegen des höheren Einsatzes mit einer größeren Wahrscheinlichkeit ihre Interessen durchsetzen können.[10]

Während bei Rent-Seeking-Modellen die politischen Entscheidungsträger nur indirekt über die Umsetzungswahrscheinlichkeit einer bestimmten Politik mit eingehen, ist bei Modellen mit *Klientelparteien* die Entscheidung über die jeweiligen Parteiprogramme endogen. Damania (1999) untersucht in diesem Rahmen den Einsatz von Steuern und Emissionsobergrenzen. Betrachtet werden eine „Umweltpartei" sowie eine „Industriepartei". Jede Partei versucht ihre Wahlwahrscheinlichkeit zu maximieren. Die Wahrscheinlichkeit einer Partei gewählt zu werden, hängt ab von der relativen Höhe der Ausgaben für ihren Wahlkampf. Umweltschützer und Industrieverbände unterstützen jeweils ihre Partei durch Parteispenden mit dem Ziel, ihren erwarteten Nutzen zu maximieren. Im Gleichgewicht kann – gegeben das Programm der anderen Partei – keine Partei ihre Wahlwahrscheinlichkeit durch die Ankündigung einer anderen Umweltpolitik mehr erhöhen. Es zeigt sich, dass für die Industriepartei die Einführung von Emissionsstandards eine dominante Strategie darstellt. Die Umweltpartei kündigt nur dann die Einführung von Umweltabgaben an, wenn ihre

[7] Langfristig sind ebenfalls die Wirkungen von Marktein- bzw. -austritten zu betrachten. Vgl. Spulber 1985.

[8] Vgl. Buchanan/Tullock 1975; Maloney/McCormick 1982.

[9] Vgl. Nentjes/Dijkstra 1994, S. 205ff.

[10] Vgl. Dijkstra 1999 Kapitel 8.

Wahlwahrscheinlichkeit die der Industriepartei übersteigt. In allen anderen Fällen nehmen beide Parteien Emissionsstandards in ihr Parteiprogramm auf.

Diese Ergebnisse können nun auf zweierlei Weise in die Analyse *internationaler Umweltverhandlungen* mit einfließen. Zum einen ist dies über die Berücksichtigung des politischen Entscheidungsprozesses denkbar. Allerdings sind die aufgeführten Ansätze wenig dazu geeignet, internationale Verhandlungen abzubilden, da nicht ersichtlich wird, wie die Interessen eines Landes im internationalen Kontext zu formulieren sind. Zudem ist der Gegenstand der Umweltverhandlungen zumeist die zu vermeidende Schadstoffmenge, so dass den Ländern deren konkrete Umsetzung in nationale Umweltpolitik weitgehend freigestellt bleibt.[11]

Die Wahl des umweltpolitischen Instrumentes betrifft jedoch auch ganz allgemein die Kostenseite der inländischen Vermeidungsentscheidung. Ist also aus Gründen der politische Durchsetzbarkeit der Einsatz effizienter umweltpolitischer Instrumente nicht möglich, so sind die inländischen Vermeidungskosten zu hoch. Die politische Vermeidungskostenfunktion liegt oberhalb der „tatsächlichen", die anzusetzen wäre, wenn jede Vermeidungsmenge durch ein geeigneteres Instrument und somit durch einen effizienteren Ressourceneinsatz mit geringen Kosten realisiert werden könnte. Geht man wie bisher davon aus, dass bei der nicht-kooperativen Vermeidungsentscheidung eines Landes die Differenz zwischen Vermeidungsnutzen und Vermeidungskosten maximiert wird, ist der Verlauf dieser politischen Kostenfunktion von Bedeutung.

In Kapitel 1.3 wurden steigende Vermeidungsgrenzkosten damit begründet, dass für jede zusätzliche Vermeidungsmenge die kostengünstigste Vermeidungsalternative gewählt wird. Bei Einbeziehung des politischen Entscheidungsprozesses ist nicht mehr eindeutig, wie sich die Vermeidungskosten für eine gegebene inländische Vermeidungsmenge auf die einzelnen Unternehmen und Sektoren aufteilen. Teilweise sinkende gesamtwirtschaftliche Vermeidungskosten sind z.B. nicht mehr generell auszuschließen, wenn Regulierungen zunächst die Sektoren mit dem geringsten politischen Einfluss betreffen. Betreffen die Emissionsstandards hingegen alle Unternehmen in gleicher Weise, steigen die gesamtwirtschaftlichen Vermeidungskosten mit zunehmender Vermeidungsmenge, sofern jedes Unternehmen die jeweils kostengünstigste Vermeidungstechnologie einsetzt. Ineffizienzen entstehen dann dadurch, dass die Grenzvermeidungskosten der Unternehmen unterschiedlich sind.

---

[11] Eine Ausnahme bildet das Oslo-Protokoll zur Reduktion von Schwefelemissionen. Vgl. Kapitel 5.2.

Abbildung 6.1: „Politische" Grenzkosten

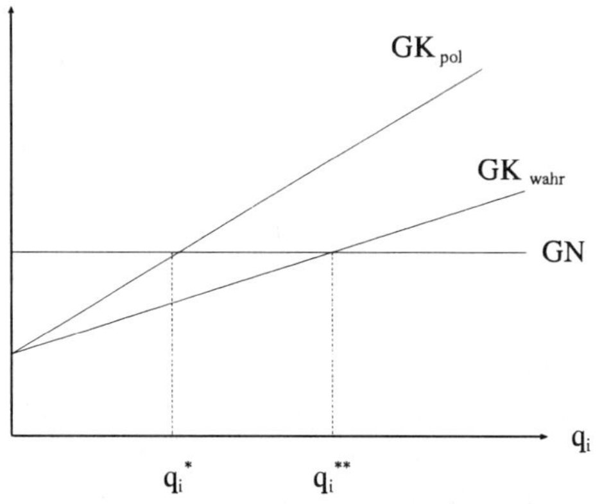

In Abbildung 6.3.1 liegen die Grenzkosten der Vermeidung GK_pol, die sich aus den nationalen Entscheidungsprozessen ergeben, über der „wahren" Grenzkostenkurve GK_wahr. Der Schnittpunkt mit der Vermeidungsgrenznutzenkurve GN liegt deshalb links von der Vermeidungsmenge, die sich bei kosteneffektivem Einsatz umweltpolitischer Instrumente einstellt.

Abgesehen von dem Extremfall sinkender Grenzkosten weicht also die Anreizsituation internationaler Umweltverhandlungen unter Berücksichtigung nationaler Entscheidungsprozesse hinsichtlich der Wahl des umweltpolitischen Instrumentariums nicht wesentlich von der bisher angenommen Vorgehensweise ab. Nach wie vor sind durch internationale Umweltabkommen Kooperationsgewinne realisierbar, wenn die positiven externen Effekte der Emissionsvermeidung im Ausland weiterhin unberücksichtigt bleiben. Die so ermittelbare kooperative Vermeidungsmenge weicht zwar vom Wohlfahrtsoptimum ab, bringt hinsichtlich des aggregierten Vermeidungsnettonutzen der betroffenen Länder aber immer noch eine Wohlfahrtssteigerung.

6.3.2 Quantitative Aspekte

Gegen obige Argumentationsweise lässt sich einwenden, dass aufgrund des Einflusses von Interessengruppen gerade keine Vermeidungsmenge realisiert wird, die – selbst bei Berücksichtigung einer politischen Vermeidungskostenkurve – zu einem Ausgleich von Grenznutzen und -kosten führt. Mit anderen Worten, die Beurteilung umweltpolitischer Maßnahmen durch eine

Partei oder Regierung erfolgt nicht mit dem Ziel, die Wohlfahrt des Landes zu maximieren, sondern im Hinblick auf die Steigerung ihres politischen Nutzens. Der Koordinationsbedarf der Länder mittels eines internationalen Umweltabkommens ist somit aus der Sicht der politischen Entscheidungsträger zu ermitteln. Hierfür wird im Folgenden die Entscheidung über die Wahl des Instrumentes vernachlässigt und das Hauptaugenmerk auf die quantitativen Aspekte der Umweltpolitik gelegt.

Für die Analyse von Entscheidungen über die Höhe nationaler Vermeidungsaktivitäten bieten sich Interessengruppenansätze an, bei welchen der politische Wettbewerb indirekt mittels einer sogenannten „support function" abgebildet wird, welche die Interessen der jeweiligen Regierung widerspiegelt. Je größer der Wert dieser Funktion um so höher ist auch die Wahrscheinlichkeit einer Wiederwahl. Der Vorteil dieser Vorgehensweise liegt darin, dass sich so die Interessen eines Landes auch auf internationaler Ebene darstellen lassen. Es erfolgt zudem eine dem internationalen Verhandlungsprozess eher angemessene langfristige Betrachtungsweise als bei der Modellierung des Parteienwettbewerb. Helpmann/Grossmann (1994, S. 834) argumentieren, dass im Parteienwettbewerb die grobe Richtung einer Politik vorgegeben wird – in diesem Fall wäre das die Wahl des umweltpolitischen Instrumentariums –, während über die Zielfunktion der Regierung die genauere Ausgestaltung der Politik darstellbar ist.

Die Ergebnisse bisheriger Untersuchungen in Bezug auf die Internalisierung der inländischen externen Effekte der Umweltverschmutzung sind ambivalent. Gehen die Umweltschäden bei allen Individuen negativ mit in deren Nutzenfunktion ein, so findet zwar eine vollständige Internalisierung über den Prozess des politischen Wettbewerbs statt. Das Wohlfahrtsoptimum wird dennoch verfehlt, weil über den quantitativen Einsatz der umweltpolitischen Instrumente ein Umverteilungsprozess von den nichtorganisierten Sektoren zu den organisierten Sektoren stattfindet.[12] Im Gegensatz dazu liegt bei funktionell spezialisierten Interessengruppen, also z. B. Umweltschutzorganisationen und Industrieverbänden, der Instrumenteneinsatz entweder über[13] oder unter dem gesamtwirtschaftlich optimalen Regulierungsniveau.[14]

Aus diesem Grund konzentrieren sich die folgenden Ausführungen eher auf die Modellierung des politischen Entscheidungsprozesses im Allgemeinen als auf den Einfluss der unterschiedlichen Interessengruppen. Zwei Ansätze lassen sich unterscheiden: In ihrer einfachsten Form wird die Ziel-

[12] Vgl. Aidt 1998, S. 10f.
[13] Vgl. Aidt 1998, S. 14.
[14] Vgl. Fredriksson 1997, S. 51f.

funktion einer Regierung als das gewichtete Mittel der Nutzenfunktion der Interessengruppen dargestellt.[15] Die Anwendung auf internationale Verhandlungen sei an dem Modell von Rothfels (1997) kurz verdeutlicht. Die Zielfunktion der Regierung eines Landes i setzt sich wie folgt zusammen

$$Z_i(\mathbf{q}) = \delta^G U^G(\mathbf{q}) + \delta^E U^E(\mathbf{q}) + \delta^W U^W(\mathbf{q}) \tag{6.1}$$

wobei die Superskripte G, W, E für die Umweltorganisation, den energieintensiven Sektor und den weniger energieintensiven Sektor stehen. U bezeichnet die Nutzenfunktion der jeweiligen Interessengruppen, welche vom realisierten Vermeidungsvektor $\mathbf{q} = (q_1, \ldots, q_i, \ldots, q_n)$ abhängt. Die Umweltschutzorganisation sowie – aufgrund der damit verbundenen Nachfrageverschiebungen – auch der nicht energieintensive Sektor stehen Vermeidungsmaßnahmen im In- und Ausland grundsätzlich positiv gegenüber. Der Interessenverband des energieintensiven Sektors lehnt inländische Vermeidungsaktivitäten ab.

Inwiefern Wohlfahrtsverluste durch den Einfluss von Interessengruppen auftreten, lässt sich anhand des Modells nicht entscheiden.[16] Doch auch hier wird deutlich, dass bei entsprechenden Annahmen über den Verlauf von Z_i durch internationale Umweltabkommen Kooperationsgewinne realisierbar sind. Denn über die Nutzenfunktionen der beiden zuerst genannten Interessengruppen stellt Emissionsvermeidung weiterhin ein internationales öffentliches Gut dar. Die Reaktionsfunktion eines Landes erhält man wiederum durch implizite Differentiation der Bedingung erster Ordnung für optimale Emissionsvermeidung der Gleichung (6.1).

$$\frac{dq_i}{dq_j} = -\frac{\delta^G U^G_{ij} + \delta^W U^W_{ij} + \delta^E U^E_{ij}}{\delta^G U^G_{ii} + \delta^W U^W_{ii} + \delta^E U^E_{ii}} \tag{6.2}$$

Die Subskripte bezeichnen die partiellen zweiten Ableitungen der Nutzenfunktionen nach den Vermeidungsmengen von Land i bzw. Land j. Der Zähler von (6.2) ist aufgrund der Bedingung zweiter Ordnung für (6.1) immer negativ. Die Reaktionsfunktionen können nun auch einen positiven Anstieg aufweisen, sofern die inländische Industrie einen geringeren Wettbewerbsnachteil erleidet, wenn andere Länder ebenfalls ihre Vermeidungsaktivitäten erhöhen. Es kann gezeigt werden, dass in diesem Fall auch einseitige Vermeidungsmaßnahmen eines Landes über den nicht-kooperativen

[15] Vgl. von Velthoven 1989, S. 133.

[16] Andere Ansätze beziehen zusätzlich noch die Gesamtwohlfahrt in die Zielfunktion mit ein, wobei sich die Vorgehensweise jedoch nicht grundsätzlich ändert. Vgl. z.B. Rauscher 1994, S. 836.

Status quo hinaus zu einer Pareto-Verbesserung führen.[17] Es ist jedoch zu beachten, dass der Zustand einseitiger Vermeidungsmaßnahmen weiterhin kein nicht-kooperatives Gleichgewicht darstellt. Ohne Angaben der Nutzenfunktionen lassen sich über das Ausmaß der Kooperation in selbstdurchsetzenden Umweltabkommen zwischen mehr als zwei Ländern keine Aussagen machen.[18]

Dieses Ergebnis zielt meines Erachtens allerdings mehr auf die Frage ab, ob die bisherige Annahme, die gesamtwirtschaftlichen Vermeidungskosten hingen nur von den inländischen Vermeidungsaktivitäten ab, weiterhin aufrecht erhalten werden sollte.[19] Die Modellierung des politischen Entscheidungsprozesses erbringt davon abgesehen keinen weiteren Erkenntnisgewinn, da die Interessen der Umweltgruppen sowie des weniger energiintensiven Sektors weiterhin als Vermeidungsnutzen, die Gewinneinbußen des energieintensiven Sektors als Vermeidungskosten zu interpretieren sind.

Ein weiterer Kritikpunkt dieser Vorgehensweise liegt in der exogen vorgegebenen Gewichtung der Wohlfahrt der einzelnen Interessengruppen in der Zielfunktion der Regierung. Helpmann/Grossmann (1994) haben deshalb den Einfluss der Interessengruppen auf den politischen Entscheidungsprozess endogenisiert. Ähnlich wie bei dem oben beschriebenen Zwei-Parteien-Wettbewerb bietet jede Interessengruppe der Regierung monetäre Unterstützung für die Umsetzung einer bestimmten Politik an („Contribution Schedule"). Die Höhe dieser Unterstützung ist abhängig vom quantitativen Einsatz der jeweils relevanten Politikvariablen, in diesem Fall also von der Vermeidungsmenge q_i.[20] Die Zielfunktion der Regierung setzt sich zusammen aus den Spendengelder L_k der organisierten Sektoren k und, da Wähler eher für eine Regierung stimmen, die einen hohen Lebenstandard verwirklicht hat, aus dem Wohlfahrtsniveau $\pi_i(\mathbf{q})$ des Landes.[21] Bezogen auf die Umweltpolitik ist hierbei weiterhin der Vermeidungsnettonutzen relevant.

$$\tilde{Z}_i(\mathbf{q}) = \sum_k L_k(q_i) + a\pi_i(\mathbf{q}) \tag{6.3}$$

[17] Hoel 1990 zeigt, dass bei normal verlaufenden Reaktionsfunktionen einseitige Vermeidungsmaßnahmen sogar zu einem Absinken der aggregierten Wohlfahrt führen können.

[18] Dieser Aspekt wird von Rothfels (1997) nicht untersucht.

[19] Vgl. Seite 13

[20] Helpmann/Grossmann 1994 untersuchen den Einfluss von Interessengruppen auf die Handelspolitik eines Landes. Der von ihnen verwendete Modellrahmen geht auf ein von Bernheim/Whinston 1986 entwickeltes Auktionsmodell zurück. Frediksson 1998 und Aidt 1999 wenden das Modell auf Umweltabgaben und -subventionen an.

[21] Vgl. Helpman/Grossmann 1994, S. 838.

Im politischen Gleichgewicht können weder die Regierung ihre Wahlwahrscheinlichkeit durch eine andere Politik noch die Interessengruppen ihre Auszahlungen durch das Anbieten eines anderen „Spendenangebotes" erhöhen. Die ausländischen Vermeidungsaktivitäten werden hier zunächst als gegeben angesehen, Kooperationsgewinne sind wegen der Berücksichtigung von $\pi_i(\mathbf{q})$ in der Zielfunktion der Regierung realisierbar.

Helpmann/Grossman (1995) und Levy (1999) haben das Modell für zwei Länder um den Aspekt internationaler Koordination von Handelspolitik erweitert. Zusammenarbeit bedeutet hier die gemeinsame Maximierung der Summe der politischen Zielfunktionen. Die Spendenangebote hängen nun nicht mehr allein von der inländischen Politik sondern auch von der ausländischen Politik ab. Jede Interessengruppe versucht dabei lediglich die Regierung ihres eigenen Landes zu beeinflussen. Das größte Problem einer Anwendung dieses Ansatzes auf internationale Umweltabkommen stellt die Formulierung der Ziele der Interessengruppen dar, wie die oben erwähnten unterschiedlichen Ergebnisse hinsichtlich der nationalen Vermeidungsentscheidung deutlich machen.

6.3.3 Eine Zwischenbilanz

Bisher ist zusammenfassend festzustellen, dass die Einbeziehung nationaler Entscheidungsprozesse in Form von Interessengruppenansätzen keinen entscheidenden Einfluss auf die Anreizsituation in internationalen Umweltverhandlungen hat. In Frage zu stellen wäre unter diesem Aspekt lediglich der Verlauf der gesamtwirtschaftlichen Vermeidungskosten. Eine interessante Erweiterungsmöglichkeit bieten Interessengruppenansätze mit endogener Politikgestaltung, wobei jedoch ungeklärt ist, auf welche Weise Interessengruppen tatsächlich in der Lage sind, den Verhandlungsverlauf durch aktives Lobbying zu beeinflussen.

6.4 Das Zusammenspiel der Verhandlungsebenen

Trotz des Rückführens nationaler Vermeidungsentscheidungen auf politische Einflussfaktoren, wird ein Land in den oben beschriebenen Ansätzen weiterhin nach außen als ein monolithischer Verhandlungspartner angesehen. Zwar werden die Präferenzen unterschiedlicher Interessengruppen berücksichtigt, ein direkter Legitimierungszwang für ein geschlossenes Abkommen auf nationaler Ebene besteht aber nicht. Insofern können Interessengruppenansätze nur Tendenzen politischer Entscheidungen wiedergeben.

Die folgenden beiden Abschnitte geben einen Überblick darüber, inwieweit die Tatsache, dass von den Verhandlungsführern antizipierte Entscheidungsprozesse über die Umsetzung eines Abkommens dessen Verhandlungssituation beeinflussen, in der Literatur berücksichtigt wurde. Anschließend wird das Zusammenspiel der Entscheidungsebenen im Hinblick auf internationale Umweltabkommen diskutiert.

6.4.1 Kooperative Koalitionsbildung

Explizit in die Analyse miteinbezogen werden die beiden Entscheidungsebenen von Currarini/Tulkens (1998), die allerdings kooperative Gleichgewichtskonzepte verwenden. In jedem Land wird das Regulierungsniveau durch ein nicht-diktatorisches monotones Abstimmungsspiel festgesetzt und zwar so, dass es von keiner mehrheitsfähigen Koalition (Winning Coalition) blockiert werden kann.[22] Vermeidungskosten werden über eine lineare Einkommensteuer finanziert. Die Vermeidung stellt ein globales öffentliches Gut dar. Bei der Festsetzung des Regulierungsniveaus bleiben ausländische Effekte jedoch zunächst unberücksichtigt, so dass durch ein internationales Umweltabkommen Kooperationsgewinne realisierbar sind.

Im Rahmen eines Abkommens wird festgelegt, wieviel Emissionsvermeidung jedes Land zu betreiben hat, und wie die Kosten zwischen den Ländern – nicht jedoch innerhalb eines Landes – aufzuteilen sind. Ein geschlossenes Umweltabkommen muss außerdem in einem weiteren Abstimmungsverfahren in jedem Land ratifiziert werden, d.h. es darf ebenfalls von keiner mehrheitsfähigen Koalition blockiert werden. Im Unterschied zur rein inländischen Vermeidungsentscheidungen können sich nun auch länderübergreifend Koalitionen bilden. Der Koalitionsbildungsprozess verläuft kooperativ nach der Einstimmigkeitsregel.

Im Gleichgewicht beteiligen sich alle Länder an einem Abkommen, welches durch effiziente Vermeidungsvektoren und einer Kostenaufteilung proportional zum Konsumniveau vor den Verhandlungen gekennzeichnet ist. Trotz dieses ermutigenden Resultats greift hier wieder die Kritik an der Annahme, einseitiges Abweichen eines Koalitionsmitgliedes führe zum Zusammenbruch der Kooperation.[23]

[22] Mit anderen Worten, das Regulierungsniveau liegt im Kern des Abstimmungsspiels.

[23] Siehe Kapitel 2.4.

6.4.2 Two-Level-Games

Das Zusammenwirken innenpolitischer und internationaler Entscheidungsprozesse – sogenannte Two-Level-Games – hat noch weitere Aspekte, auf die Putnam (1988) ausdrücklich hingewiesen hat:

- Ratifizierungsprozesse können scheitern, weil sich entweder die Mehrheitsverhältnisse während der Dauer der Verhandlungen geändert haben, oder aufgrund einer Fehleinschätzung der innenpolitischen Meinungslage durch den Verhandlungsführer.

- Die Notwendigkeit, geschlossene Abkommen zu ratifizieren, hat Auswirkungen auf die Verhandlungsposition eines Landes.

Fehlende Mehrheiten bei Ratifizierungsprozessen sind von vorsätzlichen Vertragsbrüchen zu unterscheiden, die wie beim Gefangenendilemma aus strategischen Erwägungen heraus geschehen. Erstere bezeichnet Putnam als *Involuntary Defection*, also als unfreiwilligen Vertragsbruch oder als unfreiwilliges Scheitern der Verhandlungen.[24] Während vorsätzlicher Vertragsbruch mit dem Verlust außenpolitischen Ansehens einhergehen kann, stellt die noch anstehende Ratifizierung eher die Glaubwürdigkeit der eingegangen Verpflichtung in Frage. Anders ausgedrückt: "..., in any two-level game, the credibility of an official commitment may be low, even if the reputational costs of reneging are high."[25]

Von dieser Tatsache ausgehend lassen sich hinsichtlich der Verhandlungsposition eines Landes folgende Vermutungen formulieren. (1) Je glaubwürdiger ein Verhandlungsführer auf seinen eingeschränkten Verhandlungsspielraum verweisen kann, d.h. je kleiner die Menge der Abkommen, die in seinem Land ratifiziert werden, um so stärker ist seine Verhandlungsposition.[26] (2) Ein kleiner Verhandlungsspielraum geht mit einer großen Wahrscheinlichkeit des unfreiwilligen Scheiterns einher.

Formalisiert worden sind diese Hypothesen von Iida (1993, 1996) und Dupont (1994)– allerdings nicht im Hinblick auf Umweltabkommen. Der Verhandlungsprozess wird mittels des Rubinstein-Verhandlungsmodells alternierender Angebote[27] abgebildet. In Umweltverhandlungen kann sich dies auf die Aufteilung der Kooperationsgewinne bei Implementierung

---

[24] Vgl. Putnam 1988, S. 438.

[25] Putnam 1988, S. 439.

[26] Ähnlich Schelling 1960 über die Verbesserung der eigenen Verhandlungspositions durch die glaubwürdige Einschränkung des eigenen Handlungsspielraums, S. 22 ff.

[27] Vgl. Rubinstein 1982.

der vollkooperativen Lösung beziehen.[28] Implizit wird somit angenommen, die Interessen des Verhandlungsführers gehen mit den maximalen Wohlfahrtsgewinnen für sein Land konform.[29] Restriktionen kommen dadurch zum Ausdruck, dass die inländischen politischen Entscheidungsträger Präferenzen darüber haben, was als minimal akzeptables Angebot anzusehen ist. Bei einfacher erforderlicher Mehrheit wird der Status quo der Verhandlungen bzw. hier der Drohpunkt durch den Medianwähler bestimmt. In einer Situation ohne Unsicherheit bieten innenpolitische Restriktionen einen klaren Verhandlungsvorteil, denn mit dem minimal akzeptablen Anteil steigen auch die Angebote der anderen Seite, um Verluste durch Verhandlungsverzögerungen zu vermeiden.

Ist dieses Mindestangebot private Information des Verhandlungsführers, sind die Auswirkungen auf das Verhandlungsergebnis ambivalent, d.h. er kann eine starke Verhandlungsposition nicht ausnutzen, falls er durch seinen Verhandlungspartner falsch eingeschätzt wird. In diesem Fall kommt es zunächst zu einer Verzögerung der Einigung aufgrund eines zu geringen Angebotes. Schwache Verhandlungspartner hingegen profitieren von einer Fehleinschätzung. Asymmetrische Information kann jedoch das unfreiwillige Scheitern eines Abkommens nicht erklären, solange inakzeptable Angebote bereits auf der internationalen Verhandlungsebene abgelehnt werden.[30]

Direkt zum Tragen kommen die zwei Verhandlungsebenen, wenn die Verhandlungsführer nur die Verteilungsfunktion der Präferenzen des Medianwählers bzw. des ausschlaggebenden politischen Entscheidungsträgers kennen. Sind die Verhandlungsführer hinreichend geduldig – der Diskontfaktor kann z.B. Ausdruck der Wiederwahlwahrscheinlichkeit sein –, so werden kaum extreme Forderungen gestellt und die Wahrscheinlichkeit, dass das Abkommen von beiden Ländern ratifiziert wird, ist relativ groß. Ein Verhandlungsvorteil ergibt sich, wenn die Ratifizierungswahrscheinlichkeit eines Landes sehr stark auf eine Erhöhung des Angebotes reagiert. Aufgrund der unsicheren Umsetzung des Abkommens muss sich ein höherer Anteil allerdings nicht zwangsläufig in einer höheren erwarteten Auszahlung widerspiegeln. Die Ablehnungswahrscheinlichkeit steigt, sofern nach

---

[28] Vgl. z.B. Compte/Jehiel 1997.

[29] Mo 1994 geht davon aus, dass die Ziele verschiedener politischer Gruppierungen auch innerhalb eines Landes von divergierenden Interessen geleitet sein können, kommt jedoch aufgrund der Vielzahl sich ergebender Gleichgewichte nicht zu eindeutigen Ergebnissen.

[30] Anders bei Black et al. 1993; Hier steht der Abkommensinhalt bereits fest. Jedoch sieht sich ein Verhandlungsführer der Frage gegenüber, ob die Ratifizierung durch sein Land für das Inkrafttreten des Abkommens ausschlaggebend ist.

einem gescheiterten Ratifizierungsprozess noch einmal neu verhandelt werden kann. Es ergeben sich nun Anreize zu strategischem Abstimmungsverhalten, um in der nächsten Verhandlungsrunde einen größeren Anteil zu erhalten.

6.4.3 Diskussion

Bei dem von Iida (1993, 1996) und Dupont (1994) verwendeten Konzept wird unterstellt, ein effizientes Abkommen zwischen den Beteiligten sei grundsätzlich möglich sofern gemeinsame Gewinne realisierbar sind. Nur die Aufteilung dieser Gewinne bleibt zunächst strittig. Gerade bei Umweltabkommen ist dieses wegen der starken Freifahreranreize jedoch nicht gewährleistet. Selbst wenn sich die Verteilung der Gewinne unter den Vertragsländern durch die Berücksichtigung inländischer Entscheidungsprozesse verschiebt, wird dieser prozess doch von den Verhandlungsführern bei der Kooperationsentscheidung antizipiert. Das eigentliche Hindernis zu voller Kooperation, nämlich der Anreiz vom Beitritt der anderen Länder zu einem Abkommen zu profitieren, ohne selbst höhere Vermeidungskosten tragen zu müssen, bleibt erhalten.

Das Zusammenspiel der beiden Entscheidungsebenen kann sich ferner noch unter einem weiteren Gesichtspunkt auf die Verhandlungssituation auswirken. Putnam (1988, S. 428) verweist darauf, dass internationale Verhandlungen auf die innenpolitischen Gegebenheiten Einfluss haben. Mit dem Argument internationalen Drucks kann sich die Ratifizierungswahrscheinlichkeit politischer Maßnahmen vergrößern, die ohne internationale Verhandlungen kaum Mehrheiten gefunden hätten. In diesem Fall sind die Präferenzen der Entscheidungsträger auf nationaler Ebene nicht mehr exogen sondern vom Verhandlungsverlauf abhängig. Des weiteren müssen sich die Präferenzen der Abstimmenden nicht nur auf die Höhe der Auszahlungen beziehen. Inhaltliche Aspekte der Abkommensausgestaltung wie z.B. die Wahl des Instruments oder ganz allgemein der gewählten Allokationsregel sind ebenfalls nicht zu vernachlässigen.

6.5 Zusammenfassung

Mit der Aufhebung der Annahme eines wohlwollenden Diktators lassen sich Ineffizienzen hinsichtlich der Umweltpolitik auf nationaler Ebene erklären. Trotz dieser Einschränkung sind jedoch weiterhin durch internationale Umweltabkommen Kooperationsgewinne realisierbar. Entscheidend für die Ausgestaltung internationaler Umweltabkommen ist die Einschränkung des Verhandlungspielraums der Verhandlungführer, wenn die Verhandlungsergebnisse noch von einem Parlament legitimiert werden müssen. Dieser Aspekt hat im Hinblick auf selbstdurchsetzende Abkommen bislang keine Berücksichtung gefunden. Im nächsten Kapitel wird deshalb ein Modell entwickelt, bei welchem den Verhandlungsführern nicht mit Sicherheit bekannt ist, ob das geschlossene Abkommen mit Sicherheit ratifiziert wird.

Kapitel 7

Flexibilität und Beteiligung in einem Two-Level-Ansatz

7.1 Motivation und Modellidee

Anknüpfend an die Ausführungen in Abschnitt 6.4 wird in diesem Kapitel das Zusammenspiel internationaler und nationaler Entscheidungsprozesse und dessen Konsequenzen für das Verhandlungsergebnis näher untersucht. Wie in den dort behandelten Two-Level-Games wird davon ausgegangen, dass nationale demokratische Entscheidungsprozesse sich auf internationaler Ebene in einer Unsicherheit der Verhandlungsführers über die Ratifizierung eines Abkommens manifestieren. Als Grundmodell der Analyse dient das Konzept selbsterfüllender Abkommen. Im Unterschied zu den herkömmlichen Two-Level-Ansätzen, die die Aufteilung der realisierbaren Kooperationsgewinne in den Vordergrund stellen, berücksichtigt der hier gewählte Modellrahmen zusätzlich die mit internationalen Umweltabkommen verbundene Trittbrettfahrerproblematik. Hinsichtlich dieser beiden Aspekte – Ratifzierungsunsicherheit und Trittbrettfahrerverhalten – wird insbesondere auf die folgenden Fragestellungen eingegangen:

- Was bedeutet die Unsicherheit über die Ratifizierung für die Ausgestaltung eines Abkommens?

- Wie wirkt sich die Unsicherheit auf den Anreiz eines Verhandlungsführers aus, ein Umweltabkommen zu unterzeichnen?

- Wie ändert sich die Anreizsituation, wenn nacheinander zwei unterschiedliche Abkommen verhandelt werden?

Wird ein Umweltabkommen von einigen Unterzeichnerländern nicht ratifiziert, so folgt daraus nicht grundsätzlich das Scheitern der Vereinbarungen. Tätsächlich treten die meisten Umweltabkommen bereits dann in Kraft, wenn sie von einem Teil der Unterzeichnerländer ratifiziert worden sind. So tritt das Kyoto-Protokoll in Kraft, wenn dieses von 55 Ländern, die mindestens 55 v.H. des weltweiten Emissionsniveaus repräsentieren, ratifiziert wird. Unter diesen Umständen ist es möglich, dass sich diejenigen Länder, die das Abkommen umsetzen, ex post gegenüber dem nicht-kooperativen

Status quo verschlechtern, sofern die zu implementierende Umweltpolitik nicht auf die Ratifizierer konditioniert wird.

Nach einer Beschreibung der Annahmen zur Verhandlungssituation in Abschnitt 7.2 werden Abschnitt 7.3 zwei unterschiedliche Abkommensformen diskutiert: Ein unflexibles Abkommen, das die aggregierten erwarteten Vermeidungsnettonutzen der Unterzeichner maximiert, ein flexibles Abkommen, nach welchem die Vermeidungsverpflichtungen erst nach dem Ratifizierungsprozess der Höhe nach festgelegt werden, und ein Abkommen mit prozentual gleichen Vermeidungsverpflichtungen für alle Länder. Ferner wird untersucht, inwieweit starke inländische Restriktionen der Verhandlungsführer die Verhandlungsposition eines Landes hinsichtlich des jeweils betrachteten Abkommens stärken. Hierfür wird unterstellt, dass starke innenpolitische Restriktionen mit einer geringen Ratifizierungswahrscheinlichkeit verbunden sind. Der Einfluss internationaler Verhandlungen auf nationale Entscheidungsprozesse soll darüber zum Ausdruck kommen, dass die Ratifzierungswahrscheinlichkeiten mit zunehmender Beteiligung an einem Abkommen ansteigen.

Die zweite Fragestellung zielt auf die Tatsache, dass in Umweltverhandlungen häufig mehr als ein Abkommen vorgeschlagen wird. Wolf (1997, S.166) weist darauf hin, dass Quotenabkommen dabei die Funktion einer „Default Option" haben, auf die die Verhandelnden zurückgreifen können, falls bei anderen Regeln der Dissens nicht überwunden werden kann. Unter Berücksichtigung der Möglichkeit zu einer Einigung auf flexible Abkommensverpflichtungen soll deshalb untersucht werden, unter welchen Umständen ein flexibles Abkommen geschlossen wird, wenn in einer zweiten Verhandlungsrunde eine einheitliche Vermeidungsquote zur Diskussion steht. Verhandlungen der ersten Runde gelten als gescheitert, wenn sich an dem Abkommen weniger als eine vorher festgelegte Mindestanzahl von Ländern beteiligen. Abschnitt 7.4 beschreibt den genauen Verhandlunglungsverlauf und die Kooperationsentscheidungen der Länder für beide Verhandlungsrunden.

Um Aussagen über die Auswirkungen der Ratifizierungssicherheit auf die Trittbrettfahreranreize treffen zu können, ist es notwendig, die erwarteten Vermeidungsnettonutzen der verhandelnden Länder näher zu spezifizieren. Dieses geschieht in Abschnitt 7.5 für symmetrische Länder und in Abschnitt 7.6 für asymmetrische Länder. Es wird gezeigt, dass für die Entscheidung über die Teilnahme an einem Quotenabkommen lediglich der relative Anstieg der Ratifizierungswahrscheinlichkeiten eine Rolle spielt und die Beteiligung an einem Umweltabkommen nur unwesentlich gegenüber dem Fall ohne Unsicherheit ausgedehnt werden kann. Anders bei einem flexiblen Abkommen: Volle Kooperation wird erreicht, wenn die Ratifizierungswahrscheinlichkeiten bei geringer Beteiligung hinreichend klein ist. Die Einführung einer zweiten Verhandlungsrunde kann jedoch dazu führen, dass das Quorum für das flexible Abkommen verfehlt wird. Abschnitt 7.7 schließt das Kapitel mit einer Zusammenfassung der Ergebnisse.

7.2 Annahmen zur Verhandlungssituation

Die von einem internationalen Umweltproblem betroffenen Länder haben sich entschlossen, über die Emissionsreduktion eines bestimmten Schadstoffes zu verhandeln.[1] Die Menge der verhandelnden Länder ist N. Für die Verhandlungssituation wird von folgenden Annahmen ausgegangen:

Umweltverschmutzung
(i) Die Schadstoffe akkumulieren sich nicht in der Umwelt, so dass der zeitliche Anfall der Emissionen vernachlässigt werden kann. Ohne Schadstoffvermeidung ist e_i^0 das Emissionsniveau eines Landes $i \in N$. (ii) Jedes Land kann sein Emissionsniveau kontrollieren. q_i bezeichnet die Vermeidungsmengen von Land i. Da aufgrund obiger Annahme negative Emissionen nicht möglich sind, gilt $q_i \in [0, e_i^0]$ für alle $i \in N$. Zur Vereinfachung wird jedoch davon ausgegangen, dass die Bedingung $q_i \in [0, e_i^0]$ weder im nicht-kooperativen Status quo noch bei den verhandelten Abkommen für ein Land bindend ist.[2] (iii) Der Diffusionsprozess der Schadstoffe wird durch die quadratische $n \times n$ Matrix $\mathbf{H} = [h_{ij}]$ beschrieben. Ein Element h_{ij} der Matrix gibt an, welcher Anteil der Emissionen von Land j in Land i als Immission niedergeht. Das Transportmodell ist durch $\mathbf{I} = \mathbf{H}(\mathbf{e^0} - \mathbf{q})$ gegeben, wobei $\mathbf{e^0} = (e_1^0, \ldots, e_n^0)^T$ den Emissionsvektor, $\mathbf{q} = (q_1, \ldots, q_n)^T$ den Vermeidungsvektor und $\mathbf{I} = (I_1, \ldots, I_n)^T$ den Immissionsvektor bezeichnet.

Kosten- und Nutzenstruktur
(i) Der Nutzen der Schadstoffvermeidung ist gegeben durch $B_i(\mathbf{I}) := D_i(I_i^0) - D_i(I_i)$ mit $I_i^0 = \sum_{j \in N} h_{ij} e_j^0$, wobei $D_i(I_i)$ der Umweltschaden von Land i bei einem Immissionsniveau von I_i ist. Die Vermeidungsgrenznutzen aller Länder sind konstant: Für alle $i \in N$ gilt $B_i'(\mathbf{I}) = b_i \geq 0$. (ii) Für die Kosten der Schadstoffvermeidung C_i gilt für alle $i \in N$: $C_i = C_i(q_i)$ ist zweimal stetig differenzierbar, $C_i' > 0$ und $C_i'' > 0$.

---

[1] Handelt es sich um mehrere Schadstoffe, so wird angenommen, dass sich die Schadstoffmengen – ähnlich wie im Ozon- und Klimaregime – anhand einer gemeinsamen Bezugsgröße vergleichen lassen.

[2] Ungleichheitsbeschränkungen bzgl. der Vermeidungsmengen werden in Abschnitt 1.3.2 diskutiert.

Ausgangssituation
Im nicht-kooperativen Status quo, d.h. vor den Verhandlungen, maximieren die Länder ihren Vermeidungsnettonutzen. Es gilt $q_i = \text{argmax}\ \pi_i(\mathbf{q}) = \text{argmax}\ B_i(\mathbf{I}) - C_i(q_i)$. Das Nash-Gleichgewicht im Status quo ist eindeutig.

Umsetzung des Abkommens
(i) Ein Abkommen tritt nur dann in Kraft, wenn es von einer vorher festgelegten Anzahl m von Ländern zunächst unterzeichnet und schließlich ratifiziert wird. (ii) Ein Abkommen ist nur für die Länder verbindlich, die dieses ratifiziert haben. Länder, die das Abkommen nicht ratifiziert haben, setzen dieses auch nicht um. (iii) Tritt ein Abkommen in Kraft, so wird es von den Ratifizierern umgehend in nationale Gesetzgebung umgesetzt und eingehalten.

Ratifizierungsprozess
(i) Ein Land i ratifiziert ein Abkommen mit Wahrscheinlichkeit p_i.[3] (ii) Die Ratifizierungsprozesse in den einzelnen Ländern sind stochastisch unabhängig. (iii) Es gilt für alle $i \in N$:

$$p_i(K) \quad \begin{cases} = 0 & : \quad i \notin K, \\ = 0 & : \quad |K| < m, \\ 0 < p_i \leq 1 & : \quad \text{sonst.} \end{cases}$$

wobei K die Menge der Unterzeichner bezeichnet. Wird ein Abkommen von einer zu geringen Anzahl von Ländern unterzeichnet, d.h. das Quorum m wird verfehlt, so kommt es nicht zu einer Abstimmung auf nationaler Ebene. Alle Ratifizierungswahrscheinlichkeiten nehmen folglich einen Wert von Null an. Gleiches gilt, wenn ein Abkommen von einem Land nicht unterzeichnet wird. In allen anderen Fällen wird von einer positiven Wahrscheinlichkeit ausgegangen. Die Ratifizierungswahrscheinlichkeit eines Unterzeichnerlandes ist um so höher, je mehr Länder das Abkommen unterzeichnen. Die mit der Anzahl der Unterzeichner steigenden Ratifizierungswahrscheinlichkeiten sind Ausdruck für einen steigenden außenpolitischen Druck auf ein Land, das Abkommen tatsächlich umzusetzen, d.h. in diesem Fall zu ratifizieren. Zusätzlich lässt sich als Argument anführen, dass eben gerade dieser Druck dazu dienen kann, unpopuläre Maßnahmen innenpolitisch durchzusetzen.[4] Diese Effekte wirken in die gleiche Richtung

[3] Die Idee, Abstimmungsergebnisse nicht deterministisch sondern als zufallsabhängig aufzufassen, stammt aus der Public-Choice-Theorie. Häufig wird davon ausgegangen, dass die Wahrscheinlichkeit einer Partei gewählt zu werden, von bestimmten Einflussgrößen – i. d. R. deren politisches Programm sowie die finanzielle Unterstützung durch Lobbyisten abhängt. Z.B. Zeckhauser 1981, Clark/Jonathan 1995.

[4] Vgl. Putnam 1988, S. 428 f.

und kommen implizit durch die ansteigenden Ratifizierungswahrscheinlichkeiten zum Ausdruck.

Verhandlungsführer
Jeder Verhandlungsführer handelt im Interesse seines Landes und verfolgt darüber hinausgehend keine eigenen Ziele.[5]

Informationsstruktur
Vermeidungsnettonutzen und Ratifizierungswahrscheinlichkeiten sind gemeinsames Wissen aller Verhandelnden.

7.3 Zur Abkommensausgestaltung

Nach dem Konzept selbstdurchsetzender Abkommen vereinbaren die Länder (bzw. deren Verhandlungsführer) ihre Vermeidungsverpflichtungen nach ihrer Entscheidung über die Teilnahme an einem Umweltabkommen. Denn wird die Entscheidungsreihenfolge vertauscht, so ist kein Abkommmen zwischen mehr als zwei Ländern stabil.[6] Aus diesem Grund wird in den Abschnitten zur Abkommensausgestaltung jeweils von einer gegebenen Menge K von Unterzeichnern ausgegangen.

7.3.1 Ein unflexibles und ein flexibles Abkommen

In diesem Abschnitt wird dargelegt, mit welchen Verteilungswirkungen und Problemen ein Abkommen verbunden ist, dass den aggregierten erwarteten Vermeidungsnettonutzen der Unterzeichner eines Umweltabkommens maximiert. Ein solches Abkommen wird als unflexibel bezeichnet, weil für die Länder, die das Abkommen tatsächlich ratifizieren, keine Möglichkeit besteht, ihre Vermeidungsverpflichtungen an die Situation nach den Ratifizierungsprozessen anzupassen. Alternativ dazu wird ein Abkommen vorgeschlagen, welches den aggregierten Vermeidungsnettonutzen der Ratifizierer maximiert. Das Abkommen ist flexibel in dem Sinne, dass die Vermeidungsverpflichtungen nicht bereits zum Zeitpunkt der Abkommensunterzeichnung der Höhe nach festliegen, sondern erst nach den nationalen Entscheidungsprozessen ermittelt werden.

Betrachten wir zunächst allgemein die *Wirkung der Ratifizierungsunsicherheit.* Jedes Unterzeicherland verpflichtet sich, seine Vermeidungs-

---

[5] In Abschnitt 6.2 und 6.3 wurde herausgearbeitet, dass eine explizite Berücksichtigung nationaler Entscheidungsprozesse, die von der hier unterstellten Wohlfahrtsfunktion eines Landes abweicht, zu keiner qualitativen Änderung der Anreizstruktur führt.

[6] Siehe Abschnitte 2.3.1 und 3.1.

mengen entsprechend der Vereinbarungen im Umweltabkommen festzusetzen. Die Umsetzung des Abkommens durch ein Land erfolgt jedoch nur dann, wenn dieses das Abkommen auch ratifiziert. Anderenfalls wird die nicht-kooperative Vermeidungsmenge realisiert, die den Vermeidungsnettonutzen des Landes für gegebene Vermeidungsstrategien der übrigen Länder maximiert. Das heißt, aufgrund der Unsicherheit eines Verhandlungsführers hinsichtlich der Ratifizierung des Abkommens durch sein Land, kann die eingegangene Verpflichtung mit positiver Wahrscheinlichkeit nicht eingehalten werden.

Die Länder, die das Abkommen nicht unterzeichnet und/oder nicht ratifiziert haben, verfügen aufgrund der Annahme konstanter Vermeidungsnutzen über eine dominante Strategie zur Festsetzung ihrer Vermeidungsmengen.[7] Bezeichnet L eine beliebige Menge von Ratifizierern, so gilt:

$$q_i(L) = \begin{cases} \text{vereinbarte Vermeidungsmenge} & : \; i \in L, \\ \text{nicht-kooperative Vermeidungsmenge } q_i^N & : \; i \notin L, \end{cases}$$

wobei die vereinbarte Vermeidungsmenge für $i \in L$ unten bestimmt wird. Da die Vermeidungsentscheidung der Länder, die das Abkommen nicht unterzeichnet haben, von der Umsetzung eines Umweltabkommens unberührt bleibt, können sich die folgenden Betrachtungen auf die Vereinbarungen der Unterzeichner beschränken. Der besseren Übersicht wegen führen wir folgende Notation ein:

$$\Pi(L,K) := \prod_{j \in L} p_j(K) \prod_{l \in K \setminus L} (1 - p_l(K)).$$

$\Pi(L,K)$ ist die Wahrscheinlichkeit, dass das Abkommen von allen Ländern in der Teilmenge L ratifiziert wird, während die Ratifizierungsprozesse aller Länder in K, die nicht in L sind, scheitern.

Kommen wir zur Festlegung der *Vermeidungsverpflichtungen im Rahmen eines unflexiblen Abkommens.* Der erwartete aggregierte Vermeidungsnettonutzen einer Menge von Unterzeichnern K ist gegeben durch:

$$\sum_{L \subseteq K} \Pi(K,L) \sum_{j \in K} \pi_j(\mathbf{q}^L) = \sum_{L \subseteq K} \Pi(K,L) \left(\sum_{j \in K} B_j(\mathbf{I}^L) - \sum_{j \in K} C_j(q_j(L)) \right).$$

$\mathbf{q}^L$ ist der realisierte Vermeidungsvektor und $\mathbf{I}^L$ der realisierte Immissionsvektor, wenn das Abkommens durch die Länder in L ratifiziert wird.

[7] Die Reaktionsfunktion eines Trittbrettfahrers ist implizit gegeben durch $h_{ii}b_i - C_i'(q_i) = 0$ und somit von den Vermeidungsmengen aller anderen Länder unabhängig. Siehe auch Abschnitt 1.3.3.1.

Für die Maximierung des erwarteten aggregierten Vermeidungsnettonutzens über die vereinbarten Vermeidungsmengen erhält man als Bedingung erster Ordnung:

$$\forall\, i \in K: \quad \sum_{\substack{L \\ L \subseteq K, i \in L}} \Pi(L,K) \left(\sum_{j \in K} b_j h_{ji} - C_i'(q_i(L)) \right) = 0. \tag{7.1}$$

Bei einem unflexiblen Abkommen ist die Höhe der vereinbarten Vermeidungsverpflichtung eines Landes von L unabhängig. Gleichung (7.1) lässt sich deshalb umstellen zu:

$$\forall\, i \in K: \quad \left(\sum_{j \in K} b_j h_{ji} - C_i'(q_i) \right) \sum_{\substack{L \\ L \subseteq K, i \in L}} \Pi(L,K) = 0.$$

Hieraus ist ersichtlich, dass die vereinbarten Vermeidungsverpflichtungen denjenigen entsprechen, die die aggregierten Vermeidungsnettonutzen unter Sicherheit maximieren. Der Grund dafür ist, dass der Vermeidungsnettonutzen jedes Unterzeichnerlandes berücksichtigt wird, gleichgültig ob das Land das Abkommen auch umsetzt. Die Gleichgung (7.1) ist erfüllt, wenn sich jedes Land $i \in K$ verpflichtet, soviel Schadstoffvermeidung zu betreiben, dass der aggregierte Grenzvermeidungnutzen seinen Grenzvermeidungskosten entspricht. Das bedeutet, dass bei steigenden Grenzvermeidungskosten die vereinbarten Vermeidungsverpflichtungen höher sind als die nicht-kooperativen Vermeidungsmengen.

Dieses Ergebnis bleibt von der Einführung eines Quorums m unberührt. Für $m > 1$ werden in (7.1) lediglich die Teilmengen von K berücksichtigt, bei denen die Mindestanzahl für das In-Kraft-Treten des Abkommens erreicht wird. Die Summe erstreckt sich dann über alle $L \subseteq K$ mit $|L| \geq m$.

Welche *Verteilungswirkungen* ergeben sich hinsichtlich der erwarteten Vermeidungsnettonutzen der Unterzeichner aus dieser Vorgehensweise, wenn *keine Seitenzahlungen* möglich sind? Der erwartete Vermeidungsnutzen eines Landes $i \in K$ beträgt

$$\sum_{L \subseteq K} \Pi(L,K) B_i(\mathbf{I}^L).$$

Für den Fall identischer Vermeidungnutzen und gleichmäßiger Verteilung der Schadstoffe ist also der erwartete Vermeidungsnutzen für alle Länder gleich; und zwar unabhängig davon, wie sich diese in ihren Ratifizierungswahrscheinlichkeiten unterscheiden. Zusätzliche Vermeidungskosten hingegen fallen für ein Land nur an, wenn dieses das Abkommen auch ratifiziert.

Die erwarteten Vermeidungskosten eines Unterzeichners sind deshalb um so geringer je kleiner die Ratifizierungswahrscheinlichkeit eines Landes ist. Folglich ist der erwartete Vermeidungsnettonutzen ceteris paribus von denjenigen Ländern größer, die das Abkommen mit einer vergleichsweise geringeren Wahrscheinlichkeit umsetzen. Interpretiert man die Höhe der Ratifzierungswahrscheinlichkeit als Maßstab für den Verhandlungsspielraum eines Verhandlungsführers, so unterstützt dieses Ergebnis die These von Putnam, dass innenpolitische Restriktionen die Verhandlungssituation eines Landes verbessern.[8]

Ohne Seitenzahlungen ist nicht sichergestellt, dass der erwartete Vermeidungsnettonutzen für alle Unterzeichner grösser ist, als deren Vermeidungsnettonutzen im nicht-kooperativen Zustand.[9] Zieht man die Verwendung von *Seitenzahlungen* in Betracht, ergeben sich für die Ausgestaltung des Abkommens folgende Probleme:

(i) Seitenzahlungen können vor dem Ratifizierungsprozess weder absolut noch dem Anteil nach festgelegt werden, da erst nach diesem die Höhe der Kooperationsgewinne sowie die Anzahl der entsprechenden Länder bekannt sind.

(ii) Es ist zunächst nicht auszuschließen, dass die ratifizierenden Länder untereinander einen Verlust verteilen müssen, falls nicht genügend Länder das Abkommen umsetzen.[10]

Sollen Seitenzahlungen verwendet werden, so kann hierfür allerdings eine Regel, wie etwa die gleiche Aufteilung der Kooperationsgewinne, vereinbart werden. Es liegt dann jedoch nahe, auch die Vermeidungsverpflichtungen entsprechend flexibel zu gestalten. Mit anderen Worten, bei Unterzeichnung eines Abkommens wird nicht die Vermeidungsmenge selbst, sondern nur die Regel, gemäß welcher diese im Anschluß an die Ratifizierungsprozesse zu ermitteln sind, vereinbart. Die Länder bzw. deren Verhandlungsführer einigen sich z.B. darauf, jeweils den Vermeidungsnettonutzen der Ratifizierer zu maximieren und nach einer bestimmten Regel zu verteilen. Wie im Falle selbstdurchsetzender Abkommen ohne Unsicherheit kann ein solches Abkommmen als die Zusage eines Landes interpretiert werden, sich bei Umsetzung des Abkommens entsprechend einer vorher festgelegten Regel zu verhalten. Auf diese Weise kann ausgeschlossen

---

8 Vgl. Putnam 1989, S. 440.

9 Das einfachste Beispiel, in welchem sich einige Länder durch eine Umweltabkommen schlechter stellen als im Status quo, ist das Vorliegen einseitiger externer Effekte.

10 Beispiel: Der Vermeidungsnettonutzen von drei Ländern sei jeweils gegeben durch $\sum_{j=1}^{3} 2q_j - 0,5q_i^2$. Die aggregierten Auszahlungen werden bei einer individuellen Vermeidungsmenge von $q_i = 6$ für $i = 1, 2, 3$ maximal. Ratifizieren nur Land 1 und 2 das Abkommen, beträgt $\pi_i = -4$ für $i = 1, 2$.

werden, dass diejenigen Länder, die das Abkommen tatsächlich umsetzen, sich gegenüber dem Status quo verschlechtern. Um Verluste zu vermeiden, kann zwar alternativ das Quorum m, bei welchen das Abkommen in Kraft tritt, entsprechend hoch gesetzt werden. Dies führt jedoch zum Sinken der erwarteten Auszahlungen, da nun das Abkommen mit einer größeren Wahrscheinlichkeit scheitert.

Als *Verteilungsregel für ein flexibles Abkommen* schlage ich den Shapley-Wert vor.[11] Die Verwendung des Shapley-Wertes garantiert eine eindeutige Aufteilung des aggregierten Vermeidungsnettonutzens der Ratifizierer, bei welcher sich kein Land gegenüber dem Status quo verschlechtert.[12]

Für eine Menge von Spielern L ist die Auszahlung ϕ_i eines Spielers $i \in L$ nach dem Shapley-Wert[13] definiert als

$$\phi_i(v|L) = \sum_{H \subseteq L} [v(H) - v(H \setminus \{i\})] \frac{(|H|-1)!(|L|-|H|)!}{|L|!}$$

wobei v jeweils den Wert einer Koalition H darstellt, d.h. den Betrag, der dieser zur Aufteilung zur Verfügung steht. Die Auszahlung ϕ_i kann als der erwartete marginale Beitrag von i zum Wert von L interpretiert werden. Hierbei wird davon ausgegangen, dass jede Reihenfolge, in welcher die Länder jeweils ihren Beitrag zum Wert der Koalition L leisten, gleich wahrscheinlich ist.[14]

Bezogen auf ein flexibles Umweltabkommen ist L die Menge der Ratifizierer. Der Wert einer Koalition H besteht in dem durch die Koalition maximal erreichbaren aggregierten Vermeidungsnettonutzen, d.h.

$$v(H) = \sum_{i \in H} \pi_i(\mathbf{q}^H)$$

mit

$$\mathbf{q}^H = \text{argmax} \sum_{i \in H} \pi_i(\mathbf{q}) \quad u.d.N. \; q_i = q_i^N \; \text{ für } i \notin H.$$

Der Wert einer Koalition steigt monoton in der Anzahl der Länder: Je mehr Länder das Abkommen umsetzen, desto höhere Vermeidungsmengen werden vereinbart und desto stärker können die negativen externen Ef-

[11] Vgl. z.B. Barrett 1997b für die Verwendung des Shapley-Wertes im Rahmen von Umweltabkommen ohne Unsicherheit.

[12] Vgl. Friedman 1991, S. 268f.

[13] Vgl. Friedman 1991, S. 267.

[14] Vgl. Osborne/Rubinstein 1994, S. 291.

fekte grenzüberschreitender Umweltprobleme internalisiert werden.[15] Die Einführung eines Quorums $m > 1$ kann leicht dadurch berücksichtigt werden, dass für $|H| < m$ für alle Länder $q_i = q_i^N$ gesetzt wird. Der Wert einer Koalition H mit $|H| < m$ entspricht dann den aggregierten Vermeidungsnettonutzen im Status quo.

Der erwartete aggregierte Vermeidungsnettonutzen der Unterzeichner ist bei einem flexiblen Abkommen geringer als bei einem unflexiblen Abkommen, weil nun bei der Festlegung der Vermeidungsverpflichtungen die Nettonutzen der Länder, die das Abkommen nicht ratifizieren, nicht mehr berücksichtigt werden. Ein Vergleich der individuellen erwarteten Auszahlungen hingegen ist nur schwer möglich, da hierzu auch für das unflexible Abkommen trotz der erwähnten Schwierigkeiten ein Seitenzahlungsmechanismus eingeführt werden müßte. Auch ohne einen genauen Vergleich ist jedoch ersichtlich, dass nach den nationalen Entscheidungsprozessen die Vermeidungsnettonutzen der Länder, die das Abkommen nicht umsetzen, aufgrund der Anpassung der Vermeidungsverpflichtungen bei einem flexiblen Abkommen geringer ist als bei einem unflexiblen Abkommen. Die Verteilung der erwarteten Vermeidungsnettonutzen verschiebt sich somit tendenziell zugungsten der Länder mit einer höheren Ratifizierungswahrscheinlichkeit.

7.3.2 Ein Quotenabkommen

Mengenorientierte Allokationsregeln, insbesondere einheitliche Quoten, bieten den Verhandelnden einfache und überschaubare Kriterien zur Festlegung ihrer Vermeidungsverpflichtungen und finden aus diesem Grund häufig bei internationalen Umweltabkommen Anwendung.[16]

In diesem Abschnitt wird deshalb ergänzend zu den beiden vorherigen Abkommensformen die Festlegung einer einheitlichen Vermeidungsquote für alle Unterzeichner unter Berücksichtigung von Ratifzierungsunsicherheit untersucht. Hierfür wird angenommen, dass die verhandelnden Länder sich darauf einigen, ihre nicht-kooperativen Vermeidungsmengen um den gleichen Faktor θ zu erhöhen.[17] Aus den im vorherigen Abschnitt ausgeführten Gründen wird wiederum nur die Menge der Unterzeichner des

[15] Da bei Problemen grenzüberschreitender Umweltverschmutzung ohne weitere Annahmen nicht gewährleistet ist, dass alle Teilmengen von Ländern jeweils gemeinsam eine Effizienzverbesserung erreichen können, ist v nicht zwangläufig streng monoton steigend in der Anzahl der Länder. Denkbar ist z.B., dass zwei Länder aufgrund ihrer geographischen Lage nicht von den Schadstoffemissionen des jeweils anderen Landes betroffen sind.

[16] Vgl. hierzu die Kapitel 4 und 5.

[17] Dieses Vorgehen entspricht zwar nicht dem verbreiteten Konzept einheitlicher Re-

Abkommens betrachtet. Es wird ferner davon ausgegangen, dass die Quote bereits vor dem Ratifizierungsprozess der Höhe nach festliegt, weshalb auch dieses Abkommen als unflexibel bezeichnet werden kann.

Für die *Festlegung der Quote durch die Unterzeichner* bietet sich folgende Vorgehensweise an: Jeder Verhandlungsführer eines Unterzeichnerlandes i schlägt eine Vermeidungsquote θ_i vor. Anschließend einigen sich die Unterzeichner auf die kleinste vorgeschlagene Quote. Da die Beurteilung einer Vermeidungsquote davon abhängt, wieviel und/oder welche Länder sich an dem Abkommen beteiligen, können wir

$$\theta(K) := \min\{\theta_i(K) | i \in K\} \tag{7.2}$$

für die vereinbarte Quote schreiben.

$$q_i(L|K) = \begin{cases} q_i^N \cdot \theta(K) & : \quad i \in L, \\ q_i^N & : \quad i \notin L. \end{cases} .$$

ist die Vermeidungsmenge von Land i, wenn eine durch die Länder in K vereinbarte Vermeidungsquote durch die Länder in L ratifiziert wird.

Das durch (7.2) beschriebene Verfahren zur Festsetzung der Quote wird in der Theorie der Anreizmechanismen (Mechanism Design) auch als „Conservative-Mechanism" bezeichnet.[18] Der Vorteil dieser Vorgehensweise liegt darin, dass sie bei eingipfligen Präferenzen die Eigenschaften „Anonymität" und „Coalition-Strategy-Proofness" aufweist.

Eingipfligkeit bedeutet hier, dass bei gegebener Menge von Unterzeichnern K für jedes Land $i \in K$ eine Vermeidungsquote θ_i^* existiert, so dass der erwartete Vermeidungsnettonutzen rechts derselben in der Vermeidungsquote streng monoton fällt und links davon streng monoton steigt (siehe Abbildung 7.1).[19] Aufgrund der getroffenen Annahmen ist der erwartete Vermeidungsnettonutzen von Land i konkav in $\mathbf{q}$ und streng konkav in q_i. θq_j^N mit $j \in L$ ist konkav und streng monoton steigend in θ. Daraus folgt, dass der erwartete Vermeidungsnettonutzen eines Unterzeichners streng konkav in θ ist. Die Forderung der Eingipfligkeit ist deshalb erfüllt.

Die Eigenschaft der *Anonymität* besagt, dass allein die Höhe der vorgeschlagenen Quote entscheidend ist, nicht welches Land den Vorschlag unterbreitet.

---

duzierungsquoten, weist jedoch den Vorteil auf, dass die Vermeidungsverpflichtungen nicht von der hier exogenen Größe des Verschmutzungspotentials e_i^0 abhängen.

[18] Vgl. Moulin 1994; zur Anwendung auf internationale Umweltprobleme vgl. Finus/Rundshagen 1998; Eyckmans 1999.

[19] Vgl. Eyckmans 1999, S. 172.

Abbildung 7.1: *Eingipfligkeit*

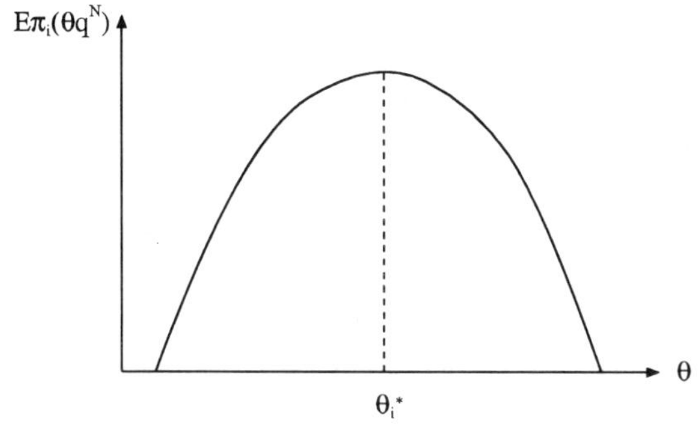

Coalition-Strategy-Proofness stellt zum einen sicher, dass es für jeden Verhandlungsführer eine dominante Strategie ist, seine wahren Präferenzen hinsichtlich der Vermeidungsquote zu offenbaren. Die vorgeschlagene Vermeidungsquote eines Landes ist damit unabhängig von den vorgeschlagenen Vermeidungsquoten der anderen Länder und erfordert keine Kenntnis von deren Vermeidungsnettonutzenfunktionen. Jeder Verhandlungsführer schlägt die Vermeidungsquote vor, die den erwarteten Vermeidungsnettonutzen seines Landes maximiert. Zum anderen kann keine Koalition von Ländern – auch nicht die große Koalition – unabhängig von den Angaben der Länder außerhalb der Koalition durch Verfälschung ihrer Präferenzen ein besseres Ergebnis erzielen. Sind also für die Ausgestaltung eines Abkommens nur einheitliche Vermeidungsquoten zulässig, so liefert der Conservative-Mechanism effiziente Ergebnisse in dem Sinne, dass keine andere Vermeidungsquote existiert, durch welche der erwartete Vermeidungsnettonutzen mindestens eines Landes erhöht werden kann, ohne den eines anderen Landes zu verringern.[20]

Daraus folgt direkt, dass für vollständig identische Länder das unflexible Abkommen und das Quotenabkommen äquivalent sind. Aus Symmetriegründen schlägt jedes Land die gleiche Quote vor. Diese Quote maximiert den erwarten aggregierten Vermeidungsnettonutzen.

Unterscheiden sich die Länder allerdings in ihrer Auszahlungsstruktur, so wird möglicherweise nur eine sehr kleine Vermeidungsquote vereinbart und die an dem Abkommen beteiligten Länder können einen höheren er-

[20] Moulin 1994, S.307; Eyckmans 1999, S. 170.

warteten Vermeidungsnettonutzen erreichen, wenn sie von der Forderung nach einer einheitlichen Vermeidungsquote abweichen. Ein Quotenabkommen stellt dennoch eine Verbesserung gegenüber dem Status quo dar, wenn die Vermeidungsquote zu einer Erhöhung der Gesamtvermeidungsmenge führt, d.h. wenn $\theta > 1$ vereinbart wird. Aus der Eingipfligkeit der erwarteten Vermeidungsnettonutzen folgt, dass der erwartete Vermeidungsnettonutzen jedes Unterzeichners dann ebenfalls höher ist als im Status quo. Im Folgenden wird gezeigt, dass jeder Verhandlungsführer, dessen Land i von den Vermeidungsaktivitäten mindestens eines weiteren Landes profitiert, ein $\theta_i > 1$ vorschlägt.

Wir betrachten zunächst den Fall ohne Unsicherheit. Für $\theta = 1$ wird der Vermeidungsnettonutzen des Status quo realisiert. Der Verhandlungsführer eines Landes i schlägt $\theta_i > 1$ vor, sofern sein Land sich hierdurch gegenüber dem Status quo verbessern kann. Der marginale Nettonutzen der Vermeidungsquote $\frac{\partial \pi_i(\theta_i \mathbf{q})}{\partial \theta_i}$ an der Stelle $\theta_i = 1$ beträgt

$$b_i \sum_{j \in K} h_{ij} q_j^N - C_i'(q_i^N) q_i^N.$$

Der obige Ausdruck ist positiv, wenn

$$b_i \cdot \left(\frac{\sum_{j \neq i} h_{ij} q_j^N}{q_i^N} + h_{ii} \right) - C_i'(q_i^N) > 0. \tag{7.3}$$

Die nicht-kooperative Vermeidungsmenge q_i^N ist implizit gegeben durch:

$$b_i h_{ii} - C_i'(q_i^N) = 0. \tag{7.4}$$

Nach Einsetzen von (7.4) in (7.3) erkennt man, dass es sich für den Verhandlungsführer von Land i immer lohnt, ein $\theta_i > 1$ vorzuschlagen, wenn $h_{ij} \neq 0$ für mindestens ein $j \neq i$, d.h wenn Land i von den Vermeidungsaktivitäten mindestens eines weiteren Landes profitiert. Dieses ist nicht sehr überraschend, denn die Quote führt zu einer neuen Bewertung der Vermeidungsaktivitäten. Der Grenznutzen der Vermeidung im Falle eines Quotenabkommens wird von jedem Land höher eingeschätzt als ohne Quote, da die Erhöhung der eigenen Vermeidungsmenge auch mit einer Erhöhung der Vermeidungsaktivitäten der anderen Länder verbunden ist.

Das Ergebnis lässt sich direkt auf den Fall mit Ratifizierungsunsicherheit übertragen. Der erwartete marginale Vermeidungsnettonutzen der Quote an der Stelle $\theta_i = 1$ beträgt:

$$\sum_{\substack{L \\ L \subset K, i \notin L}} \Pi(L,K) \left(b_i \sum_{j \in L} h_{ij} q_j^N \right) + \sum_{\substack{L \\ L \subseteq K, i \in L}} \Pi(L,K) \left(b_i \sum_{j \in L} h_{ij} q_j^N - C_i'(q_i^N) q_i^N \right)$$

Bei Einführung eines Quorums $m \geq 2$ erstreckt sich die Summe wiederum entsprechen $L \subseteq K$ mit $|L| \geq m$. Der erste Summand ist positiv. Da für den Fall ohne Unsicherheit eine beliebige Menge von Unterzeichnern betrachtet wurde, wissen wir, dass der zweite Summand ebenfalls positiv ist. Auch unter Unsicherheit lohnt es sich also für jedes Land, das von ausländischen Emissionen betroffen ist, eine Vermeidungsquote größer als Eins vorzuschlagen. Die unter Unsicherheit vereinbarte Quote kann allerdings von derjenigen, die ceteris paribus unter Sicherheit vereinbart wird, abweichen.[21]

Hinsichtlich der Verteilungswirkungen der Unsicherheit gelten analog die Argumente für das unflexible Abkommen des vorhergehenden Abschnitts. Länder mit einer kleinen Ratifizierungswahrscheinlichkeit haben tendenziell einen vergleichweise höheren erwarteten Vermeidungsnettonutzen. Der Vorteil des Quotenabkommen gegenüber dem unflexiblen Abkommen liegt darin, dass sich bei ersterem ex ante kein Land gegenüber dem Status quo verschlechtert.

7.4 Das Verhandlungsspiel

7.4.1 Der Verhandlungsverlauf

Bezug nehmend auf die vorhergehenden Ausführungen, in welchen die Vermeidungsentscheidungen einer gegebenen Menge von Unterzeichnern im Vordergrund standen, wird nun auf die Kooperationsentscheidung der Länder eingegangen. Ein wesentliches Merkmal internationaler Entscheidungsprozesse ist die Möglichkeit des „unfreiwilligen Scheiterns" der Verhandlungen, weil z.B. auf nationaler Ebene die zur Ratifizierung des Abkommens notwendigen Mehrheiten verfehlt werden.[22] In diesem Fall werden neue Verhandlungen über den Inhalt des Abkommens notwendig.

Ein Beispiel hierfür ist das 1976 zwischen den Rheinanliegern Schweiz, Frankreich, der Bundesrepublik Deutschland und den Niederlande geschlossene Chloridabkommen zur Verringerung der vornehmlich durch die im die Elsaß gelegenen Kaliminen verursachten Salzbelastung des Rheins. Die Beteiligten einigten sich darauf, die Kosten für die Reinigung zu teilen. Die Bundesrepublik Deutschland und Frankreich sollten 30 v.H., die Niederlande 34 v.H. und die Schweiz 6 v.H. der Kosten übernehmen. Dieses Abkommen wurde von Frankreich nicht ratifiziert, so dass es seinen

[21] Beispiele hierfür werden in Abschnitt 7.6.1 gegeben.

[22] Vgl. Abschnitt 6.4.2.

Verpflichtungen nicht nachkam. 1983 wurden daraufhin die festgesetzten Belastungsgrenzwerte herabgesetzt.[23]

Neuverhandlungen im Falle gescheiterter Ratifizierung berücksichtigt z.B. Iida (1996). Allerdings spielen in dem verwendeten Modell zwei Verhandlungsführer in beiden internationalen Verhandlungsrunden das Rubinsteinspiel alternierender Angebote, so dass Trittbrettfahreranreize nicht auftreten können und auf internationaler Ebene immer eine Einigung zustande kommt. „Neuverhandlungen" können jedoch auch dann notwendig werden, wenn bereits auf internationaler Ebene keine Einigung erzielt wird, weil entweder die Trittbrettfahreranreize zu groß sind, oder sich einige Länder gegenüber dem Status quo verschlechtern.

Im Unterschied zu den in Kapitel 3 beschriebenen Ansätzen wird deshalb jetzt davon ausgegangen, dass die Verhandelnden im Falle gescheiterter Verhandlungen oder Ratifizierungsprozesse in einer zweiten Verhandlungsrunde über ein alternatives Abkommen entscheiden. Diese Situation unterschiedet sich von Verhandlungen mit wiederholten Spielen, da in den Verhandlungsrunden über unterschiedlich ausgestaltete Abkommen verhandelt wird. Gegenstand der ersten Verhandlungsrunde soll das flexible Abkommen sein. Dieses ist in seiner Struktur komplexer und somit u.U. für politische Entscheidungsträger auch schwerer nachvollziehbar. Das Quotenabkommen dient im Falle von in der ersten Runde gescheiterten Verhandlungen als „Default Option"bzw. als Kompromisslösung.

Die möglichen Verhandlungsverläufe sind in Abbildung 7.2 schematisch dargestellt. In der ersten Verhandlungsrunde müssen sich die Verhandlungsführer der Länder entscheiden, ob sie ein flexibles Abkommen unterzeichnen. Aufgrund der Tatsache, dass hierbei keine Vermeidungsmengen festgeschrieben werden, entfällt die Vermeidungsentscheidung. Wie in den vorherigen Abschnitten werden die Ratifizierungsprozesse in den Unterzeichnerländern als Zufallsprozess modelliert. Wird das Quorum sowohl auf nationaler Ebene als auch auf internationaler Ebene erreicht, dann sind die Verhandlungen erfolgreich abgeschlossen.

Anderenfalls beginnen Neuverhandlungen über ein Quotenabkommen. Hierbei treffen die Verhandelnden zunächst ihre Kooperationsentscheidung. Anschließend vereinbaren die Unterzeichner nach dem in Abschnitt 7.3.2 beschriebenen Verfahren die Vermeidungsquote. Auch über das Quotenabkommen wird nach der Unterzeichnung in den betreffenden Ländern abgestimmt.

[23] Vgl. Kirchgässner 1992, S. 57.

Abbildung 7.2: *Der Verhandlungsverlauf*

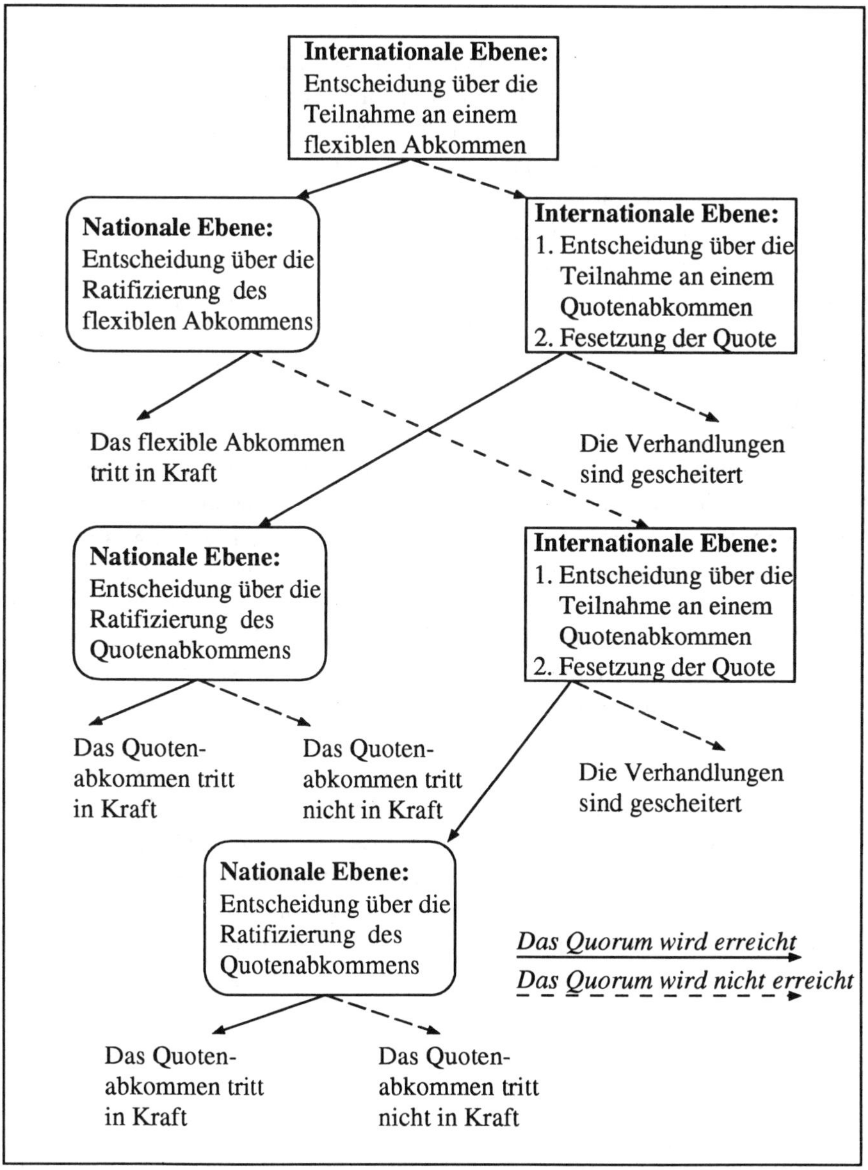

7.4.2 Die Kooperationsentscheidungen

7.4.2.1 Vorbemerkung

Bei einem mehrstufigen Verhandlungsspiel sind die Strategien der Verhandelnden bedingte Pläne darüber, unter welchen Umständen welche Aktion gewählt wird. Die Aktionen der Verhandlungsführer bestehen in: (i)„Teilnahme" oder „Nicht-Teilnahme" an dem flexiblen Abkommen, (ii) „Teilnahme" oder „Nicht-Teilnahme" an dem Quotenabkommen und (iii) dem Vorschlagen einer Vermeidungsquote im Anschluß an die Kooperationsentscheidung über das Quotenabkommen.

Die Strategie des Verhandlungsführers von Land i könnte z.B. lauten: (i) Nehme nie an einem flexiblen Abkommen teil, (ii) unterzeichne das Quotenabkommen, nur dann wenn alle anderen Spieler an dem flexiblen Abkommen teilgenommen haben[24] und schlage (iii) in diesem Fall die Vermeidungsquote vor, die den erwarteten Vermeidungsnettonutzen von Land i maximiert.

Wählen alle Verhandlungsführer diese Strategie, so kommt kein Umweltabkommen zustande. Kein Verhandlungsführer kann ferner durch einseitiges Abweichen von dieser Strategie die Situation seines Landes verbessern, wenn mehr als zwei Länder an den Verhandlungen beteiligt sind. Das Verhandlungsergebnis stellt in dem Fall ein Nash-Gleichgewicht dar. Trotzdem erscheint das Ergebnis unplausibel. Die Drohung, auf der zweiten Spielstufe nicht zu kooperieren, ist nicht glaubwürdig, sofern mindestens zwei Länder vom Abschluss eines Quotenabkommens profitieren. Diese könnten in der zweiten Verhandlungsrunde ein selbstdurchsetzendes Quotenabkommen eingehen.

Zur Lösung des Verhandlungsspiels wird deshalb das Konzept der *Teilspielperfektheit* angewandt. Teispielperfektheit stellt eine Verfeinerung des Konzepts des Nash-Gleichgewichts dar. Es bietet bei mehrstufigen Entscheidungsprozessen die Möglichkeit, unglaubwürdige Drohungen – in diesem Verhandlungsspiel z.B. die Verweigerung von Kooperation – auszuschließen. Stellt man das Spiel in seiner extensiven Form da, so stellt jeder Teil des Spielbaums, der die qualitativen Eigenschaften eines Spiels aufweist, ein Teilspiel dar.[25] Ein Gleichgewicht ist teilspielperfekt, wenn die Strategien der Spieler in jedem Teilspiel ein Nash-Gleichgewicht induzie-

[24] Beachte, dass aufgrund der Ratifizierungsunsicherheit die zweite Verhandlungsrunde immer mit positiver Wahrscheinlichkeit erreicht wird.

[25] Insbesondere ist der Startpunkt einelementig und den Endpunkten lassen sich die Auszahlungen der Spieler entnehmen. Das größte Teilspiel ist somit das Spiel selbst. Vgl. Friedman 1991, S. 24f.

ren.[26] Auf das Verhandlungsspiel angewandt impliziert die Forderung nach Teilspielperfektheit, dass die Entscheidung über die Teilnahme an einem Quotenabkommen unabhängig von der Geschichte des Spiels, d.h. von den auf den vorherigen Spielstufen gewählten Aktionen, ist.

Für die Darstellung der Gleichgewichte werden zunächst die Entscheidungen der Verhandelnden hinsichtlich des Quotenabkommens und anschließend – unter Berücksichtigung der Gleichgewichte dieser Spielstufe – die Entscheidungen über das flexible Abkommen ermittelt.

7.4.2.2 Das Quotenabkommen

Damit ein Land bei gegebenen Kooperationsentscheidungen der anderen Länder über seinen Beitritt entscheiden kann, muss es die Auswirkungen seiner Entscheidung auf die jeweils vereinbarten Quoten antizipieren. Die Festlegung der Quote für eine gegebene Menge von Unterzeichner K wurde bereits in Abschnitt 7.3.2 dargelegt. Bezeichnet N die Menge der verhandelnden Länder, so ist der erwartete Vermeidungsnettonutzen von Landes $i \in N$ bei Unterzeichnung des Abkommens durch die Länder in K gegeben durch

$$\sum_{L \subseteq K} \Pi(L, K)\pi_i(\mathbf{q}(L|K)),$$

wobei $\mathbf{q}(L|K) = (q_1(L|K), \ldots, q_n(L|K))$ mit $n = |N|$ der realisierte Vermeidungsvektor ist, wenn die Länder in K die Vermeidungsquote $\theta(K)$ vereinbart haben und das Abkommen durch die Länder in L ratifiziert wird. Berücksichtigt man ein Quorum m, so gilt $\mathbf{q}(L|K) = \mathbf{q}^N = (q_1^N, \ldots, q_n^N)$ für $|L| < m$.

Die Entscheidungen über den Beitritt zu einem Abkommen werden in nicht-kooperativer Weise getroffen. Das heißt, jedes Land geht bei seiner Entscheidung über die Teilnahme an dem Quotenabkommen davon aus, dass die übrigen Länder ihre Kooperationssentscheidung daraufhin nicht revidieren.[27] Gegeben eine Mengen von Unterzeichnern K des Quotenabkommens ist der Beitritt von Land $i \notin K$ mit folgenden Effekten verbunden:

Wahrscheinlichkeitseffekt
Die Ratifizierungswahrscheinlichkeiten der Länder in K steigen annahmegemäß aufgrund der höheren Beteiligung, d.h. jedes Land $j \in K$ setzt das Quotenabkommen mit einer höheren Wahrscheinlichkeit um als vor dem

---

[26] Für eine formale Definition vgl. z.B. Friedman 1991, S. 49.

[27] Vgl. auch Abschnitt 2.4.2.

Beitritt von Land i. Da der erwartete Vermeidungsnettonutzen eines Landes in den Ratifizierungswahrscheinlichkeiten der anderen Länder steigt, wirkt sich dies positiv auf die Kooperationsbereitschaft von i aus. Wird ein Quorum $m \geq 2$ festgelegt und ist $|K| \geq m-1$, entsteht ein zusätzlicher Kooperationsanreiz dadurch, dass das Abkommen nun mit einer größeren Wahrscheinlichkeit in Kraft tritt.

Beteiligungseffekt
Es wird eine neue Vemeidungsquote $\theta(K \cup \{i\})$ vereinbart. Eine Aussage darüber, wie sich die vereinbarten Vermeidungsquoten in Abhängigkeit von der Menge der Unterzeichner ändern, ist ohne Kenntnis der Vermeidungsnettonutzen der Länder nicht möglich. Kooperationsanreize entstehen, wenn eine höhere Anzahl von Länder auch eine höhere Vermeidungsquote vereinbart.

Der Verhandlungsführer von Land $i \notin K$ unterzeichnet das Quotenabkommen, wenn sich sein Land dadurch gegenüber der Trittbrettfahrersituation nicht verschlechtert, d.h. wenn

$$\sum_{L \subseteq K \cup \{i\}} \Pi(L, K \cup \{i\}) \pi_i(\mathbf{q}(L|K \cup \{i\})) \geq \sum_{L \subseteq K} \Pi(L, K) \pi_i(\mathbf{q}(L|K)).$$

Damit die Kooperationsentscheidungen der Länder für das Quotenabkommen ein Nash-Gleichgewicht darstellen, darf kein Land einen Anreiz haben, von seiner Kooperationsentscheidung abzuweichen. Um zu verdeutlichen, dass auch in diesem nicht-kooperativen Rahmen die Zusammenarbeit von Ländern im Vordergrund steht, werden die Gleichgwichte über die Stabilität von Koalitionen formuliert.[28]

Eine Koalition K von Unterzeichnern des Quotenabkommens heißt *intern stabil*, wenn für alle $i \in K$ gilt:

$$\sum_{L \subseteq K} \Pi(L, K) \pi_i(\mathbf{q}(L|K)) \geq \sum_{L \subseteq K \setminus \{i\}} \Pi(L, K \setminus \{i\}) \pi_i(\mathbf{q}(L|K \setminus \{i\})). \tag{7.5}$$

Kein Unterzeichner kann einen höheren erwarteten Vermeidungsnettonutzen dadurch erlangen, dass er die Koalition verlässt.

Eine Koalition K von Unterzeichnern des Quotenabkommens heißt *extern stabil*, wenn für alle $i \notin K$ gilt:

$$\sum_{L \subseteq K} \Pi(L, K) \pi_i(\mathbf{q}(L|K)) \geq \sum_{L \subseteq K \cup \{i\}} \Pi(L|K \cup \{i\}) \pi_i(\mathbf{q}(L|K \cup \{i\})). \tag{7.6}$$

---

[28] Vgl. auch Abschnitt 3.1.2.

Kein Trittbrettfahrer hat in diesem Fall einen Anreiz, der Koalition beizutreten.

Eine Koalition die sowohl intern als auch extern stabil ist, heißt *stabil.*

Hinsichtlich der Einführung eines Quorums $m \geq 2$ lässt sich folgenden Aussage treffen:

Keine Koalition K mit $|K| = m - 1$, in der jedes Land von den Emissionen eines anderen Unterzeichnerlandes betroffen ist, ist stabil, sofern mindestens ein weiteres Land $i \in N$ ebenfalls von den Emissionen eines Unterzeichners betroffen ist.

Angenommen es gilt $|K| = m - 1$. Der erwartete Vermeidungsnettonutzen jedes Landes $j \in N$ ist dann $\pi_j(\mathbf{q}^N)$. Es sei $i \notin K$ ein Land, welches von den Emissionen mindestens eines Landes in K betroffen ist. Wir wissen, dass in diesem Fall $\theta(K \cup \{i\}) > 1$ ist. Land i hat wegen $\pi_j(\mathbf{q}^N) < \sum_{L \subseteq K \cup \{i\}} \Pi(L, K \cup \{i\}) \pi_i(\mathbf{q}(L|K \cup \{i\}))$ einen Anreiz, der Koalition beizutreten. Die Koalition ist nicht extern stabil und folglich nicht stabil. Hingegen ist nach obiger Definition jede Koalition K mit $|K| < m - 1$ stabil. Das Abkommen kann – gegeben die Kooperationsentscheidungen der anderen Länder – nicht durch den Beitritt eines weiteren Landes in Kraft treten. Dieses Gleichgewicht wird allerdings unter den oben getroffenen Annahmen durch die gleichgewichtigen Kooperationsentscheidungen, bei welchen das Quorum erreicht wird, dominiert.

Schließt man dominierte Gleichgewichte aus, so lässt sich volle Kooperation durch ein hinreichend hohes Quorum erreichen. Die höhere Beteiligung durch die Einführung eines Quorums muss allerdings gegen die daraufhin gesunkene Wahrscheinlichkeit, dass das Abkommen in Kraft tritt, abgewogen werden.

7.4.2.3 Das flexible Abkommen

Bei der Entscheidung der Verhandlungsführer über die Teilnahme an einem flexiblen Abkommen wird die Kooperationsentscheidung über das Quotenabkommen antizipiert. Zur Beurteilung der Kooperationsentscheidung über das flexible Abkommen muß die Gesamtauszahlung eines Landes über beide Spielstufen hinweg betrachtet werden. Diese setzt sich zusammen aus der erwarteten Auszahlung des flexiblen Abkommens zuzüglich des erwarteten Vermeidungsnettonutzen des Quotenabkommens. Da es nur dann zu Verhandlungen über das Quotenabkommen kommt, wenn das Quorum für das flexible Abkommen nicht erreicht wird, ist der erwartete Vermeidungsnettonutzen des ersteren mit der Wahrscheinlichkeit, dass das flexible Abkommen nicht in Kraft tritt, zu gewichten.

Für die folgenden Betrachtungen wird davon ausgegangen, dass das Gleichgewicht hinsichtlich der Kooperationsentscheidungen über das Quotenabkommen eindeutig ist. Die entsprechende stabile Koalition wird mit K^* bezeichnet. In Abgrenzung zu den Unterzeichnern des Quotenabkommens bezeichnet jetzt $\hat{K}$ die Menge der Unterzeichner des flexiblen Abkommens. Der Payoff[29] von Land $i \in N$ beträgt:

$$\begin{aligned} P_i(\hat{K}, K^*) = & \sum_{\substack{L \\ L\subseteq \hat{K}, |L| \geq \hat{m}}} \Pi(L, \hat{K}) \phi_i(v|L) \\ & + \sum_{\substack{L \\ L\subseteq \hat{K}, |L| < \hat{m}}} \Pi(L, \hat{K}) \sum_{L \subseteq K^*} \Pi(L, K^*) \pi_i(\mathbf{q}(L|K^*)) \end{aligned} \tag{7.7}$$

$\hat{m}$ bezeichnet das Quorum für das flexible Abkommen. $\phi_i(v|L)$ ist die Auszahlung von Land i nach dem Shapley-Wert, unter der Bedingung, dass L die Menge der Ratifizierer des flexiblen Abkommens ist. Um die Notation überschaubar zu halten, wird beim flexiblen Abkommen für die Auszahlung eines Ratifizierers und des erwarteten Vermeidungsnettonutzen eines Landes, welches das Abkommen nicht umsetzt, das gleiche Symbol verwendet.[30]

Der Beitritt eines Land $i \notin \hat{K}$ zu dem flexiblen Abkommen führt wiederum annahmegemäß dazu, dass die Länder in $\hat{K}$ das Abkommen mit einer größeren Wahrscheinlichkeit als bisher ratifizieren (Wahrscheinlichkeitseffekt). Falls nicht anders erwähnt, wird immer vom Erreichen des Quorums ausgegangen. Anders als beim Quotenabkommen, bei welchem die Quote durch alle Unterzeichner vereinbart wird, sind die realisierten Vermeidungsmengen der Länder beim flexiblen Abkommen allein abhängig von der Menge der Ratifizierer. Mit den Ratifizierungswahrscheinlichkeiten steigt deshalb die erwartete Vermeidungsmenge jedes Unterzeichners. Als Beteiligungseffekt kommt hinzu, dass aufgrund des Beitritts von i mit positiver Wahrscheinlichkeit eine größere Koalition – d.h. $\hat{K} \cup \{i\}$ – höhere Vermeidungsmengen realisiert. Zugleich sinkt jedoch auch die Wahrscheinlichkeit, dass das Quotenabkommen verhandelt wird.

Gegeben eine Menge von Unterzeichnern des flexiblen Abkommens $\hat{K}$ unterzeichnet der Verhandlungsführer von Land $i \notin \hat{K}$ das flexible Abkommen, wenn

$$P_i(\hat{K} \cup \{i\}, K^*) \geq P_i(\hat{K}, K^*) \tag{7.8}$$

[29] Der englische Begriff wird verwendet, um P_i von den Auszahlungen jeweiligen der Abkommen eindeutig abzugrenzen.

[30] Dies ist insofern korrekt, als dass der marginale Beitrag eine Landes $j \notin L$ zum Wert jeder Koalition $v(H)$ mit $H \subseteq L$ gleich Null ist und j somit seine nicht-kooperative Auszahlung $v(\{j\})$ erhält. Vgl. Seite 150.

Nach Einsetzen von (7.3) in (7.8) erhält man durch Umstellen:

$$\begin{aligned}
&\sum_{\substack{L \\ L\subseteq \hat{K}\cup\{i\},|L|\geq \hat{m}}} \Pi(L,\hat{K}\cup\{i\})\phi_i(v|L) - \sum_{\substack{L \\ L\subseteq \hat{K},|L|\geq \hat{m}}} \Pi(L,\hat{K})\phi_i(v|L) \\
&\quad + \left[\sum_{\substack{L \\ L\subset \hat{K}\cup\{i\},|L|<\hat{m}}} \Pi(L,\hat{K}\cup\{i\}) \right. \\
&\quad \left. - \sum_{\substack{L \\ L\subset \hat{K},|L|<\hat{m}}} \Pi(L,\hat{K}) \right] \sum_{L\subseteq K^*} \Pi(L,K^*)\pi_i(\mathbf{q}(L|K^*)) \geq 0.
\end{aligned} \tag{7.9}$$

Die erste Zeile von (7.9) stellt den Kooperationsanreiz für das flexible Abkommen ohne zweite Verhandlungsrunde dar. Die zweite und dritte Zeile kann als die Neubewertung der Option auf eine zweiten Verhandlungsrunde interpretiert werden. Der Ausdruck in den eckigen Klammern ist negativ. Das heißt, je mehr Länder das flexible Abkommen unterzeichnen, um so unwahrscheinlicher wird das Erreichen der zweiten Verhandlungsrunde. Mit anderen Worten, die Vorteilhaftigkeit von Neuverhandlungen wird durch die gestiegene Anzahl an Unterzeichnern des flexiblen Abkommens relativiert. Dieses ist durch einen höheren Kooperationsgewinn in der ersten Verhandlungsrunde zu kompensieren.

Noch deutlicher wird der Effekt, wenn die Zustimmung von Land $i \notin \hat{K}$ für das Erreichen des Quorums pivotal ist. Für $|\hat{K}| = \hat{m} - 1$ läßt sich (7.9) umformen zu:

$$\begin{aligned}
&\sum_{\substack{L \\ L\subseteq \hat{K}\cup\{i\},|L|\geq \hat{m}}} \Pi(L,\hat{K}\cup\{i\})\phi_i(v|L) \\
&\quad + \sum_{\substack{L \\ L\subset \hat{K}\cup\{i\},|L|<\hat{m}}} \Pi(L,\hat{K}) \sum_{L\subseteq K^*} \Pi(L,K^*)\pi_i(\mathbf{q}(L|K^*)) \geq \\
&\qquad \sum_{L\subseteq K^*} \Pi(L,K^*)\pi_i(\mathbf{q}(L|K^*)).
\end{aligned}$$

Tritt das flexible Abkommen mit einer hohen Wahrscheinlichkeit in Kraft, muss die erwartete Auszahlung des flexiblen Abkommens fast ebenso hoch sein wie der erwartete Vermeidungsnettonutzen des Quotenabkommens, damit sich die Teilnahme an dem flexiblen Abkommen lohnt.[31] Würde hingegen nur über das flexible Abkommen verhandelt, bestünde für einen

[31] Beachte, dass dies unabhängig davon gilt, ob Land i an dem Quotenabkommen teilnimmt oder nicht.

Verhandlungsführer immer ein Anreiz, dem Abkommen beizutreten, sofern dies für das Erreichen des Quorums pivotal ist.[32]

Im Vergleich zu Verhandlungen ohne zweite Verhandlungsrunde sind also die geforderten Kooperationsgewinne in der ersten Verhandlungsrunde höher, damit sich Kooperation gegenüber Trittbrettfahren lohnt.[33] Hieraus folgt auch, dass die Beteiligung am flexiblen Abkommen, wenn Neuverhandlungen über ein Quotenabkommen möglich sind, nicht größer sein kann als bei Verhandlungen mit nur einer Verhandlungsrunde.

Eine Koalition $\hat{K}$ von Unterzeichner des flexiblen Abkommens heißt *intern stabil*, wenn für alle $i \in \hat{K}$ gilt

$$P_i(\hat{K}, K^*) \geq P_i(\hat{K} \setminus \{i\}, K^*) \tag{7.10}$$

Eine Koalition $\hat{K}$ von Unterzeichnern des flexiblen Abkommens heißt *extern stabil*, wenn für alle $i \notin \hat{K}$ gilt:

$$P_i(\hat{K}, K^*) \geq P_i(\hat{K} \cup \{i\}, K^*) \tag{7.11}$$

Das flexible Abkommen tritt mit positiver Wahrscheinlichkeit in Kraft, wenn eine stabile Koalition existiert, bei welcher das Quorum überschritten wird.

7.5 Ergebnisse für symmetrische Länder

7.5.1 Vorbemerkung

Im Folgenden wird die Wirkungsweise des Verhandlungsmodells für in ihrer Kosten- und Nutzenstruktur und ihren Ratifizierungswahrscheinlichkeiten symmetrische Länder untersucht. Obwohl die Annahme identischer Verhandlungspartner als eher unrealistisch einzuschätzen ist, weist diese Vorgehensweise zwei entscheidende Vorteile auf: Erstens können aufgrund der symmetrischen Auszahlungsstruktur Verteilungsfragen zwischen den Unterzeichnern vernachlässigt werden. Zweitens sind das Quotenabkommen und das unflexible Abkommen für symmetrische Länder äquivalent.[34] Die Wirkung von Flexibilität und Ratifizierungsunsicherheit kann somit allein unter dem Aspekt der Trittbrettfahrerproblematik herausgearbeitet werden.

---

[32] Für Land $i \notin \hat{K}$ mit $|\hat{K}| = \hat{m} - 1$ besteht bei nur einer Verhandlungsrunde wegen $\sum_{L \subseteq K \cup \{i\}} \Pi(L, K \cup \{i\}\phi_i(v|L) - \pi_i(\mathbf{q}^N) \geq 0$ ein Anreiz zu kooperieren.

[33] Eine Diskontierung der Auszahlungen der zweiten Verhandlungsstufe würde den Effekt nur quantitativ abschwächen.

[34] Vgl. Abschnitte 7.3.1 und 7.3.2.

Zunächst werden die Kooperationsentscheidungen der Länder analysiert, wenn sich die Verhandlungen über jeweils nur eine Verhandlungsrunde erstrecken. Ferner wird in diesem Zusammenhang die Wirkung von Mindestteilnahmeregeln diskutiert und die Verhandlungsergebnisse des unflexiblen und des flexiblen Regimes miteinander verglichen (Abschnitte 7.5.1 bis 7.5.3). Abschnitt 7.5.4 geht auf den Verlauf der Auszahlungen bei zweistufigen Verhandlungen und die damit verbundenen Kooperationsanreize beim flexiblen Abkommen ein.

Es wird angenommen, dass die Länder von einem globalen Umweltproblem betroffen sind, es gilt $I_i = \sum_{j \in N} e_j^0 - q_j$. Die Vermeidungsgrenzkosten der Länder sind linear. Die nicht-kooperative Vermeidungmenge wird ferner auf Eins normiert. Der Vermeidungsnettonutzen der verhandelnden Länder läßt sich dann beschreiben durch:

$$\forall i \in N: \quad B_i(\mathbf{I}) - C_i(q_i) = Q - 0,5q_i^2 \quad \text{mit} \quad Q = \sum_{j \in N} q_j.$$

Es bietet sich ferner an, für jedes Umweltabkommen und jedes Land $i \in N$ nur inkrementellen Größen, d.h. die Differenz zwischen dem nicht-kooperativen Status quo und den realsierten Werten bei Umsetzung eines Abkommens, zu berücksichtigen. Da hierdurch lediglich alle Auszahlungen um einen konstanten Betrag gesenkt werden, bleibt das Optimierungskalkül der Verhandlungsführer unberührt. Inkrementelle Vermeidungsmengen, Vermeidungskosten und Vermeidungsnutzen des Status quo sind somit gleich Null.

7.5.2 Das Quotenabkommen

Wir betrachten eine Menge von Unterzeichnern K mit den Ratifizierungswahrscheinlichkeiten $p_i(K) = p(K)$ für alle $i \in K$ und ein Quorum $m \leq 1$.

Die vereinbarte inkrementelle, d.h. die über $q_i^N = 1$ hinausgehende, Vermeidungsmenge eines Landes $i \in K$ ist gegeben durch $(\theta(K) - 1)$.[35] Da jedes Unterzeichnerland das Abkommen mit einer Wahrscheinlichkeit von $p(K)$ umsetzt, beträgt die erwartete aggregierte inkrementelle Vermeidungsmenge von K

$$p(K)\left(|K| \cdot (\theta(K) - 1)\right). \tag{7.12}$$

Wegen $B_i(\mathbf{I}) = Q$ entspricht (7.12) gerade dem erwarteten inkrementellen Vermeidungsnutzen eines Landes $i \in N$.

[35] Man beachte, dass die *realisierte* inkrementelle Vermeidungsmenge eines Landes gleich Null ist, wenn dieses das Abkommen nicht ratifiziert.

Inkrementelle Vermeidungskosten fallen nur an, wenn das betrachtete Land das Abkommen ratifiziert. Die erwarteten inkrementellen Vermeidungskosten eines Landes $j \in K$ sind gegeben durch

$$p(K)0,5\left(\theta(K)^2 - 1\right). \tag{7.13}$$

Jedes Land $i \in K$ schlägt die Vermeidungsquote vor, die den erwarteten aggregierte Vermeidungsnettonutzen der Unterzeichner maximiert.[36] Es läßt sich leicht nachprüfen, dass die vereinbarte Quote in diesem Fall gleich der Anzahl der Unterzeichner ist. Wir haben somit

$$\theta(K) = |K|. \tag{7.14}$$

Durch Einsetzen von (7.14) in (7.12) und (7.13) erhält man

$$p(K)\left(0,5|K|^2 - |K| + 0,5\right)$$

als erwarteten inkrementellen Vermeidungsnettonutzen der Unterzeichner. Für Länder, die das Abkommen nicht unterzeichnen, sind die erwarteten inkrementellen Kosten gleich Null. Deren erwartete Auszahlung beträgt dementsprechend

$$p(K)\left(|K|^2 - |K|\right).$$

Kooperationsanreize entstehen sowohl dadurch, dass eine größere Anzahl von Unterzeichnern eine höhere Quote vereinbart, als auch aufgrund der ansteigenden Ratifizierungswahrscheinlichkeiten. Der Verhandlungsführer eines Landes i unterzeichnet das Abkommen, wenn der erwartete Vermeidungsnettonutzen seines Landes hierdurch nicht sinkt, d.h. wenn

$$p(K \cup \{i\})\left(0,5(|K|+1)^2 - (|K|+1) + 0,5\right) \geq p(K)\left(|K|^2 - |K|\right)$$

ist. Dies läßt sich umformen zu:

$$\frac{p(K \cup \{i\})}{p(K)} \geq \frac{2|K| - 2}{|K|} \tag{7.15}$$

Hieraus ist ersichtlich, dass für die Kooperationsentscheidung eines Verhandlungsführers lediglich der relative Anstieg der Ratifizierungswahrscheinlichkeiten entscheidend ist. Steigen die Ratifizierungswahrscheinlichkeiten nicht mit der Beteiligung, so liegt die gleiche Anreizsituation vor wie unter Sicherheit.[37] In diesem Fall wird (7.15) nur für $|K| \leq 2$

[36] Vgl. Abschnitt 7.3.2.

[37] Vgl. Abschitt 3.2.1.1.

erfüllt, d.h. kein Abkommen mit mehr als drei Ländern ist intern stabil. Die rechte Seite der Ungleichung wird mit ansteigender Beteiligung größer. Je größer also das Beteiligungsniveau an dem Abkommen bereits ist, desto größer muß auch die neue Ratifizierungswahrscheinlichkeit $p(K \cup \{i\})$ im Verhältnis zu $p(K)$ sein, damit sich der Beitritt für ein weiteres Land lohnt.

Anhand der beiden folgenden Beispiele wird deutlich, dass stabile Koalitionen auch bei ansteigenden Ratifizierungswahrscheinlichkeiten in der Regel nur wenig größer sind als in der Situation ohne Ratifizierungsunsicherheit.

Beispiel 1
Die Ratifizierungswahrscheinlichkeiten betragen für alle $j \in K$:

$$p(K) = p^0(1+a)^{|K|-1}$$

p^0 bildet die Ausgangswahrscheinlichkeit und a die Rate, mit welcher $p(K)$ bei zunehmender Beteiligung ansteigt. Die Ratifizierungswahrscheinlichkeiten steigen mit konstanter Rate. Der Wahrscheinlichkeitseffekt des Beitritts eine Landes zu dem Abkommen ist hier um so größer, je mehr Länder bereits an dem Abkommen beteiligt sind. Eingesetzt in (7.15) ergibt sich als Bedingung für den Beitritt von $i \notin K$:

$$|K| \leq \frac{2}{1-a}.$$

Wie zu erwarten, ist die Ausgangswahrscheinlichkeit für das Ausmaß der Kooperation unerheblich. Je größer die Wachstumsrate der Ratifizierungswahrscheinlichkeiten, desto mehr Länder gehören dem Abkommen an. Für $a = 0,4$ besteht eine stabile Koalition beispielsweise aus vier Länder, für $a = 0,9$ ist $|K^*| = 21$. Man beachte jedoch, dass p^0 und a so beschaffen sein müssen, dass die Ratifizierungswahrscheinlichkeiten nicht größer als Eins werden. Ein hohes a, und somit eine hohe Beteiligung an dem Abkommen, ist nur bei einer ausreichend kleinen Ausgangswahrscheinlichkeit möglich.

Beispiel 2
Die Ratifizierungswahrscheinlichkeiten steigen linear in der Beteiligung. Für alle $j \in K$ gilt:

$$p(K) = b\frac{|K|}{a} \quad \text{mit } a, b > 0 \text{ und } |N| \leq a/b.$$

Der Anstieg der Ratifizierungwahrscheinlichkeit ist unabhängig von der Beteiligung an dem Abkommen. Das Verhältnis von $p(K \cup \{i\})$ zu $p(K)$

wird mit ansteigendem $|K|$ immer kleiner. Eine stabile Koalition besteht aus nur vier Ländern.

Kommen wir nun zur *Wirkung eines Quorums* $m \geq 2$. Da die vereinbarte Vermeidungsquote bei identischen Ländern immer derjenigen entspricht, die den aggregierten Vermeidungsnettonutzen der Unterzeichner unter Sicherheit maximiert, kann eine Änderung in der Anreizstruktur lediglich in dem Wahrscheinlichkeitseffekt, der mit dem Beitritt eines weiteren Landes zu dem Abkommen verbunden ist, begründet liegen.

Die erwarteten inkrementellen Vermeidungsnettonutzen der Länder entsprechen denjenigen bei $m \leq 1$, jedoch zusätzlich gewichtet mit der Wahrscheinlichkeit, dass das Quorum nach den Ratifizierungsprozessen erreicht wird.[38] Im Unterschied zu dem Fall $m \leq 1$ hat nun auch die absolute Höhe der Ratifizierungswahrscheinlichkeit Auswirkungen auf die Kooperationsentscheidung. Diese Wahrscheinlichkeit steigt für ein gegebenes Quorum mit steigender Anzahl von Unterzeichnern. Hierdurch entsteht ein zusätzlicher Anreiz zu kooperieren. Der Effekt ist um so kleiner, je mehr Länder dem Abkommen bereits beigetreten sind.

Das Argument für die Annahme ansteigender Ratifizierungswahrscheinlichkeiten war der zunehmende außenpolitische Druck auf die Unterzeichner, das Abkommen umzusetzen. Vor diesem Hintergrund wurde ferner davon ausgegangen, dass die Ratifizierungswahrscheinlichkeiten nur dann mit zunehmender Beteiligung größer werden, wenn das Abkommen auch mit positiver Wahrscheinlichkeit in Kraft tritt.[39] Nimmt man einen konstanten Anstieg der Ratifizierungswahrscheinlichkeiten an, so könnte $p(K)$ beispielsweise dem Anteil der Länder entsprechen, die einen positiven marginalen Beitrag zu der Wahrscheinlichkeit leisten, dass das Quorum erreicht wird. Das heißt, für alle $i \in K$ gilt:

$$p(K) = \frac{|K| - m + 1}{|N|}.$$

In diesem Fall gibt es einen Trade off zwischen der Höhe des Quorums und der Höhe der Ratifizierungswahrscheinlichkeiten. Das optimale m kann nun unter demjenigen liegen, welches zu voller Kooperation führt. Tabelle 7.1 gibt einige Beispiele für unterschiedlich große N und alternative m. Die dritte und vierte Spalte gibt jeweils den erwarteten Vermeidungsnettonutzen der Unterzeichner bzw. der Trittbrettfahrer an. Es wird ersichtlich, dass die erwarteten Auszahlungen im Gleichgewicht aufgrund der höheren Kooperation steigen. Die Wahrscheinlichkeit, dass das Abkommen

[38] Siehe Anhang A.1.

[39] Vgl. Abschnitt 7.2.

Tabelle 7.1: *Das Quotenabkommen mit Quorum*

$\|N\|$	m	$\|K^*\|$	$i \in K^{a)}$	$i \notin K^{b)}$	$W(\|L\| \geq m)$
10	0	4	1,800	4,800	1,000
20	0	4	0,9	2,4	1,000
30	0	4	0,6	1,6	1,000
50	0	4	0,36	0,96	1,000
10	5	9	10,19	22,922	0,500
20	5	11	8,508	18,718	0,332
30	5	12	5,380	11,787	0,194
50	5	13	2,011	4,357	0,068
10	10	10	0,000	0,000	0,000
20	10	19	48,012	101,358	0,500
30	10	21	32,352	67,939	0,308
50	10	23	9,100	19,028	0,081
20	15	20	0,006	0,0124	0,000
30	15	28	61,774	128,123	0,293
50	15	32	32,794	67,705	0,137
20	20	20	0,000	0,000	0,000
30	20	30	0,233	0,482	0,000
50	20	39	39,733	81,558	0,102

$p(K) = |K|/(|N| - m + 1)$ für $1 \leq m \leq |N|$,

a) Erwarteter inkrementeller Vermeidungsnettonutzen der Unterzeichner

b) Erwarteter inkrementeller Vermeidungsnettonutzen der Trittbrettfahrer.

Alle Ergebnisse sind auf die dritte Nachkommastelle gerundet.

tatsächlich umgesetzt wird, hier mit $W(|L| \geq m)$ bezeichnet, ist allerdings gering.

7.5.3 Das flexible Abkommen

Auch für das flexible Abkommen wird zunächst der Fall ohne Mindesteilnahmeregel, d.h. für $\hat{m} \leq 1$, betrachtetet. Die Menge der Unterzeichner des flexiblen Abkommens wird in Abgrenzung zum Quotenabkommen weiterhin mit $\hat{K}$ bezeichnet.

Die vereinbarten Vermeidungsmengen hängen bei einem flexiblen Abkommen davon ab, wieviel Länder das Abkommen ratifizieren. Der aggregierte inkrementelle Vermeidungsnettonutzen der Ratifizierer wird maximal, wenn diese eine Vermeidungsmenge vereinbaren, die genau ihrer Anzahl entspricht. Seitenzahlungen sind aufgrund der identischen Vermeidungsnettonutzen nicht notwendig. Die inkrementellen Vermeidungsnettonutzen nach dem Ratifizierungsprozess betragen:[40]

$$\phi_i(v|L) - \pi_i(q_i^N) = \begin{cases} 0,5|L|^2 - |L| + 0,5 & : \quad i \in L, \\ |L|^2 - |L| & : \quad i \notin L, \end{cases} \tag{7.16}$$

wobei L die Menge der Ratifizierer bezeichnet. Unter Berücksichtigung der Anpassung der Vermeidungsmengen an die Anzahl der Ratifizierer erhält man als erwarteten inkrementellen Vermeidungsnettonutzen der Unterzeicher:

$$\begin{aligned} p_i(\hat{K})^2 \left(|\hat{K}|^2 - 2,5|\hat{K}| + 1,5\right) \\ -p(\hat{K})^3 \left(0,5|\hat{K}|^2 + 1,5|\hat{K}| - 1\right). \end{aligned} \tag{7.17}$$

Für die Trittbrettfahrer ergibt sich:

$$p^2(|\hat{K}|)(|\hat{K}|^2 - |\hat{K}|). \tag{7.18}$$

Wie sich leicht nachprüfen lässt, steigen die erwarteten Vermeidungsnettonutzen mit der Anzahl der Unterzeichner.

Im Folgenden wird gezeigt, dass – anders als beim Quotenabkommen – nun auch die absolute Höhe der Ratifizierungswahrscheinlichkeiten Einfluß auf die Kooperationsentscheidungen der Verhandlungführer hat.

Bei nur einer Verhandlungsrunde ist für ein Land $i \in \hat{K}$ das Abkommen profitabler als die Trittbrettfahreroption, wenn

$$\sum_{L \subseteq \hat{K}} \Pi(L, \hat{K}) \phi_i(v|L) \geq \sum_{L \subseteq \hat{K} \setminus \{i\}} \Pi(L, \hat{K} \setminus \{i\}) \phi_i(v|L) \tag{7.19}$$

Wir nehmen an, dass die Höhe der Ratifizierungswahrscheinlichkeiten von der Anzahl der Unterzeichner unabhängig sei. Wir haben somit $p(\hat{K}) = p$ für alle $\hat{K} \subseteq N$. Durch Einsetzen von (7.17) und (7.18) in (7.19) und nach einigen Umformungen erhält man

$$|\hat{K}|\,(0,5 + 1,5p) - 0,5p|\hat{K}|^2 - 0,5 - p \geq 0$$

als Voraussetzung für den Verbleib von i in $\hat{K}$. Die Ungleichung ist erfüllt für $1 \leq |\hat{K}| \leq \frac{1}{p} + 2$. Daraus folgt, dass die Größe einer stabilen Koalition $\hat{K}$ gerade $\min\{\frac{1}{p} + 2, |N|\}$ beträgt. Bei weniger Unterzeichnern besteht noch ein Anreiz, dem Abkommen beizutreten, größere Koalitionen sind nicht extern stabil. Für $p > 0,5$ gehören dem flexiblen Abkommen nur

[40] Siehe Anhang A.2.

Tabelle 7.2: *Das flexible Abkommen*

$\|N\|$	$\|\hat{K}^*\|$	$i \in \hat{K}^{a)}$	$i \notin \hat{K}^{b)}$
10	7	11,025	20,580
20	10	14,625	22,500
30	12	14,960	21,200
50	15	14,553	18,900
100	22	18,600	22,361

$p(\hat{K}) = |\hat{K}|/|N|$

a) Erwartete inkrementelle Auszahlung der Unterzeichner

b) Erwartete inkrementelle Auszahlung der Trittbrettfahrer

noch drei Länder an. Ist p hingegen hinreichend klein, so ist die erwartete inkrementelle Vermeidungsmenge sehr gering. Als Folge davon ist der Beteiligungseffekt des Beitritts, d.h. der Anstieg der erwarteten inkrementellen Vermeidungsmengen, zunächst größer als die Trittbrettfahreranreize.

Steigende Ratifizierungswahrscheinlichkeiten sind beim flexiblen Abkommen deshalb mit zwei gegenläufigen Effekten verbunden: Zum einen wird hierdurch der Beteiligungseffekt abgeschwächt, zum anderen entstehen durch den Wahrscheinlichkeitseffekt neue Kooperationanreize. Tabelle 7.2 gibt stabile Koalitionsgrößen sowie die erwarteten inkrementellen Vermeidungsnettonutzen der Unterzeichner und der Trittbrettfahrer für proportional zur Beteiligung ansteigende Ratifizierungswahrscheinlichkeiten an. Die Größe einer stabilen Koalition steigt unterproportional zur Anzahl der verhandelnden Länder.

Mindestteilnahmeregeln wirken ähnlich wie beim Quotenabkommen: Zusätzliche Kooperationsanreize werden dadurch geschaffen, dass bei einem höheren Quorum die erwartete Vermeidungsmenge durch den Beitritt eines weiteren Landes stärker ansteigt. Allerdings ist ceteris paribus beim flexiblen Abkommen aufgrund der höheren Beteiligung die Wahrscheinlichkeit, dass das Abkommen in Kraft tritt höher, als beim Quotenabkommen (siehe Tabelle B.1).

7.5.4 Vergleich der Regime

Das Quotenabkommen maximiert für gegebenes $\hat{K}$ die erwarteten Auszahlungen der Unterzeichner. Bei gleicher Beteiligung ist deshalb immer dem Quotenabkommen der Vorzug zu geben.[41] Durch die Anpassung der Vermeidungsmengen beim flexiblen Abkommmen sind die Trittbrettfahreranreize jedoch geringer als beim Quotenabkommen. Die Anzahl der Unterzeichner des flexiblen Abkommens liegt in den betrachteten Fällen über denen des Quotenabkommens. Die Beteiligung ist soviel höher, dass die Gleichgewichtsauszahlungen des flexiblen Abkommens ebenfalls höher sind als beim Quotenabkommen. Mindestteilnahmeregeln verstärken diesen Effekt.

Quotenabkommen weisen allerdings den Vorteil auf, dass die Festlegung der Vermeidungsverpflichtungen leicht nachvollziehbar sind, während ein flexibles Abkommen in seiner Struktur wesentlich komplexer ist. Aus diesem Grund ist es vollstellbar, dass ein flexibles Abkommen – für jeweils gleiche Anzahl von Unterzeichnern – mit einer geringeren Ratifizierungswahrscheinlichkeit verbunden ist als ein Quotenabkommen. Da sich kleine Ratifizierungswahrscheinlichkeiten beim flexiblen Abkommen positiv auf die Kooperationsanreize auswirken, folgt daraus dennoch nicht zwangsläufig die Überlegenheit eines Quotenabkommens.

Tabelle 7.3: *Vergleich der Regime*

Art	$p^{a)}$	Beteiligung	Unterzeichner$^{b)}$	Trittbrettfahrer$^{b)}$
Quote	$0,9 \cdot 0,85^{\|K\|-2}$	3	1,9830	5,9490
Flexibel	$0,8 \cdot 0,95^{\|\hat{K}\|-2}$	3	1,4949	4,1330
Quote	$0,9609 + 0,001(\|K\| - 2)$	3	1,9400	5,8200
Flexibel	$0,1 + 0,001(\|\hat{K}\| - 2)$	14	1,9288	2,8301

a) $p(1) = 0$; $m = \hat{m} = 0$

b) Erwartete inkrementelle Vermeidungsnettonutzen/Auszahlungen

Die beiden in Tabelle 7.3 aufgeführten Beispiele machen deutlich, dass ein unflexibles Quotenabkommen aus der Sicht der verhandelnden Länder nur dann vorzuziehen ist, wenn die Größe einer stabilen Koalition beim Quotenabkommen $|K^*|$ unwesentlich kleiner ist als die des flexiblen Abkommens $|\hat{K}^*|$, oder wenn die Ratifizierungswahrscheinlichkeiten des flexiblen Abkommens so gering sind, dass die erwarteten Vermeidungsnettonutzen im Gleichgewicht trotz der höheren Beteiligung unter denen des Quotenabkommens liegen. Die letzten beiden Spalten geben jeweils die erwarteten inkrementellen Vermeidungsnettonutzen der Länder an. Der

[41] Eine Ausnahme bildet der Fall $m = \hat{m} = |N|$. Hier stimmen die erwarteten Auszahlungen beider Regime überein.

Vorteil liegt – wie nach den Ausführungen in Abschnitt 7.3.1 zu erwarten – vor allem auf Seiten der Trittbrettfahrer.

7.5.5 Zwei Verhandlungsrunden

Betrachten wir nun die Auswirkungen der Möglichkeit zu Neuverhandlungen auf Eindeutigkeit, Größe und Zusammensetzung stabiler Koalitionen.

Sind Neuverhandlungen über ein Quotenabkommen möglich, so werden bei der Entscheidung über das flexible Abkommen die Kooperationsentscheidungen über das Quotenabkommen antizipiert. Wir wissen zudem aus der Ungleichung (7.9), dass bei zweistufigen Verhandlungen die Trittbrettfahreranreize für das flexible Abkommen höher sind als im Fall ohne Neuverhandlungen. Der Effekt ist um so stärker, je mehr ein Land von dem im Anschluss verhandelten Quotenabkommen profitiert. Die Kooperationsentscheidungen hinsichtlich des Quotenabkommen hingegen bleiben von den Verhandlungen über das flexible Abkommen unberührt. Bei symmetrischen Ländern sind die erwarteten Auszahlungen der Trittbrettfahrer der zweiten Verhandlungsrunde höher als die der Unterzeichner. Für eine Menge von Unterzeichnern des flexiblen Abkommens $\hat{K}$ und zwei Länder $i, j \in \hat{K}$ mit $i \notin K^*$ und $j \in K^*$ gilt somit:

$$\begin{aligned} & P_i(\hat{K}, K^*) - P_i(\hat{K} \setminus \{i\}, K^*) \geq 0 \\ \Rightarrow\ & P_j(\hat{K}, K^*) - P_j(\hat{K} \setminus \{j\}, K^*) \geq 0. \end{aligned} \tag{7.20}$$

Der Ausdruck (7.20) besagt, dass die Kooperationsbereitschaft der Unterzeichner des Quotenabkommens in der ersten Verhandlungsrunde mindestens so hoch ist wie die der Länder, die das Quotenabkommen nicht unterzeichnen. Aus diesem Grund stellt die Anzahl der Unterzeichner des Quotenabkommens einen Einflussfaktor hinsichtlich Größe und Zusammensetzung stabiler Koalitionen von Unterzeichnern des flexiblen Abkommens dar. Tendenziell ist hiernach das Ausmaß der Kooperation beim flexiblen Abkommen größer, wenn auch beim Quotenabkommen eine hohe Beteiligung erreicht werden kann.

Ein weiteres wichtiges Merkmal von Verhandlungen über zwei Runden ist, dass der Payoff der Verhandelnden nicht zwangsläufig monoton in der Beteiligung steigt. Und zwar selbst dann nicht, wenn dies – wie bei den im letzten Abschnitt betrachteten Beispielen – für den Fall ohne zweite Verhandlungsrunde zutrifft. Mit anderen Worten ist es möglich, dass der Payoff eines Landes – Trittbrettfahrer oder Unterzeichner – durch den Beitritt eines weiteren Landes zu dem flexiblen Abkommen sinkt.

Dies liegt daran, dass bei einer geringen Beteiligung an dem flexiblen Abkommen die Wahrscheinlichkeit von Neuverhandlungen sehr groß und

Abbildung 7.3: *Verlauf des Payoffs*

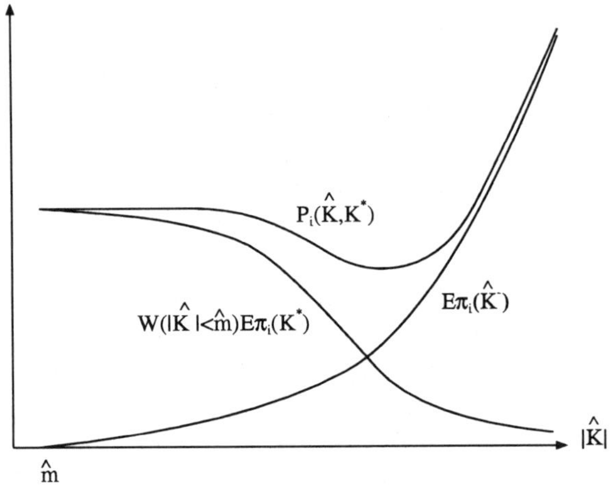

der erwartete Vermeidungsnettonutzen des flexiblen Abkommens sehr klein ist. Die Unterzeichnung des flexiblen Abkommens durch die Verhandlungsführer weniger Länder bedeutet, dass jedes Land mit positiver Wahrscheinlichkeit eine Auszahlung erhält, die sehr viel geringer ist als die erwartete Auszahlung Quotenabkommens. In Abbildung 7.3 ist die erwartete Auszahlung für das Quotenabkommen mit $E\pi_i(\hat{K})$ bezeichnet. Steigt die Beteiligung an dem flexiblen Abkommen erhöht sich zwar dieser Wert, aber die Wahrscheinlichkeit von Neuverhandlungen sinkt. Die Kurve $W(|L| < \hat{m})E\pi_i(K^*)$ gibt den erwarteten Vermeidungsnettonutzen der Quotenabkommens an multipliziert mit der Wahrscheinlichkeit, dass die zweite Verhandlungsrunde erreicht wird. Ist die Gleichgewichtsauszahlung für das Quotenabkommen sehr hoch, so können die Payoffs der Länder bei steigender Beteiligung zunächst sinken, weil der zweite Effekt überwiegt.

Eine direkte Konsequenz dieser Tatsache ist, dass von der Stabilität einer Koalitionsgröße nicht mehr auf die interne Stabilität aller kleineren Koalitionen geschlossen werden kann, wie dies bei den bisher betrachteten Beispielen der Fall war. In Abbildung 7.4 schneidet beispielsweise die Payoff-Kurve $P_i(\hat{K}, K^*)$ von Land $i \in \hat{K}$ in Abhängigkeit von $|\hat{K}|$ die Payoff-Kurve für dessen Trittbrettfahreroption $P_i(\hat{K} \setminus \{i\}, K^*)$ mehrfach. Da die Trittbrettfahreranreize mit zunehmender Beteiligung immer stärker werden, verlaufen für alle $i \in \hat{K}$ die Payoff-Kurven $P_i(\hat{K}, K^*)$ ab einer bestimmten Größe von $\hat{K}$ stets unterhalb von $P_i(\hat{K} \setminus \{i\}, K^*)$. Wie vorher

Abbildung 7.4: *Kooperationsanreize bei zwei Verhandlungsrunden*

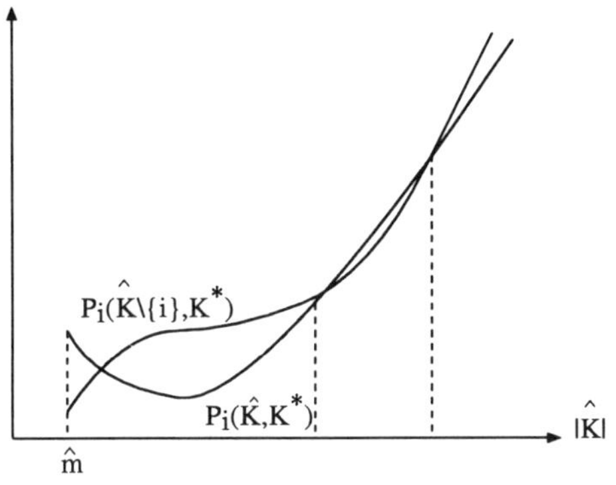

ist ab einer bestimmten Anzahl an Unterzeichnern der Beitritt zu dem Abkommen flexiblen Abkommen unattraktiv. Im Unterschied zum Fall mit nur einer Verhandlungsrunde lohnt sich jetzt die Teilnahme an dem flexiblen Abkommen für Land i ebenfalls dann nicht, wenn ein gewisses Beteiligungsniveau unterschritten wird. Ist die Anzahl der Verhandelnden kleiner als dieses Niveau, so führt die Möglichkeit von Neuverhandlungen zum Scheitern des flexiblen Abkommens.

Die folgenden Beispiele verdeutlichen den Unterschied zum Fall einstufiger Verhandlungen.

Beispiele

$|N| = 20$, $p(K) = \frac{|K|-m+1}{|N|}$ für $1 \leq m \leq 20$, $p(\hat{K}) = \frac{|\hat{K}|-\hat{m}+1}{|N|-1}$ für $1 \leq \hat{m} \leq 20$.

$m = 5$, $\hat{m} = 5$

An dem Quotenabkommen beteiligen sich 11 Länder. Der erwartete inkrementelle Vermeidungsnettonutzen der Unterzeichner beträgt 9,87, derjenige der Trittbrettfahrer 21,14. Ohne zweite Verhandlungsrunde beteiligen sich 14 Länder an dem flexiblen Abkommen. Die erwarteten inkrementellen Vermeidungsnettonutzen betragen 30,15 bzw. 44,62. Durch die Einführung einer zweiten Verhandlungsrunde sinkt die Beteiligung auf 11 Länder mit den Payoffs 12,59 und 23,44. Es nehmen nur Unterzeichner des Quotenabkommens an dem flexiblen Abkommen teil. Für die Unterzeichner des Quotenabkommen lohnt sich die Teilnahme am flexiblen Abkommen nur dann, wenn $|\hat{K}| > 8$. Die Payoffs dieser Länder sinken zunächst wenn das Quorum für das flexible Abkommen gerade erreicht wird und steigen dann mit der Beteiligung am flexiblen Abkommen. Die Payoffs der Länder, die das Quotenabkommen nicht unterzeichnen, sinken für $|\hat{K}| \leq 11$ mit der Anzahl der Unterzeichner des flexiblen Abkommens. Mit einer Wahrscheinlichkeit von über 60 v.H. kommt es zu Neuverhandlungen.

$m = 5$, $\hat{m} = 10$
Ohne zweite Verhandlungsrunde beteiligen sich alle Länder an dem flexiblen Abkommen. Der erwartete inkrementelle Vermeidungsnettonutzen ist 66,62. Volle Kooperation wird ebenfalls erreicht, wenn die Möglichkeit zu Neuverhandlungen besteht. Der Gleichgewichtspayoff ist 72,04. Mit einer Wahrscheinlichkeit von etwa einem Viertel wird die zweite Verhandlungsrunde erreicht.

$m = 10$, $\hat{m} = 10$
Es beteiligen sich 18 Länder an dem Quotenabkommen bei einem erwarteten inkrementellen Vermeidungsnettonutzen von 28,25 bzw. 59,83. Es kooperieren in der ersten Verhandlungsrunde lediglich die Länder, die ebenfalls am Quotenabkommen teilnehmen. Die Gleichgewichtspayoffs betragen 39,15 für die Unterzeichner und 71,78 für die Trittbrettfahrer.

Die Wirkung der Mindessteilnahmeregeln auf das Verhandlungsergebnis lässt sich wie folgt erläutern:

Das Quorum für das flexible Abkommen
Bei nur einer Verhandlungsrunde wirkt sich das Quorum positiv auf die Kooperationsanreize aus. Aus der Ungleichung (7.9) ist ersichtlich, dass dieser Effekt auch bei zwei Verhandlungsrunden zum Tragen kommt. Zudem sinkt die Wahrscheinlichkeit, dass die zweite Verhandlungsrunde erreicht wird, tendenziell weniger stark durch den Beitritt eines weiteren Landes, wenn das Quorum relativ hoch ist. Auch dies wirkt sich positiv auf die Kooperationsbereitschaft aus. Zu beachten ist wiederum, dass das flexible Abkommen bei einem sehr hohen Quorum nur mit geringer Wahrscheinlichkeit in Kraft tritt.

Das Quorum für das Quotenabkommen
Die Wirkung auf das Verhandlungsergebnis erfolgt indirekt über die Höhe des erwarteten Vermeidungsnettonutzens von Unterzeichnern und Trittbrettfahrern des Quotenabkommens.[42] Je höher die antizipierten Werte sind, desto größer sind auch die Trittbrettfahreranreize in der ersten Verhandlungsrunde. Als Folge davon geht die Beteiligung am flexiblen Abkommen mit steigenden erwarteten Vermeidungsnettonutzen in der zwei-

[42] Vgl. Abschnitt 7.5.2.

ten Verhandlungsrunde zurück. Dieser Effekt kann so stark sein, dass die Payoffs im Gleichgewicht durch ein Heraufsetzen des Quorums insgesamt sinken.

7.6 Ergebnisse für asymmetrische Länder

In den folgenden Abschnitten wird die Annahme symmetrischer Länder aufgehoben und die Kooperationsanreize von Ländern mit unterschiedlichen Ratifizierungswahrscheinlichkeiten, Vermeidungsnutzen und Vermeidungskosten betrachtet. Um den Einfluss der einzelnen Größen besser voneinander abzugrenzen, wird immer nur ein Unterscheidungsmerkmal variiert. Die funktionale Form der Vermeidungsnettonutzen wird beibehalten. Für das Quotenabkommen wird zudem ein Quorum $m \leq 1$ unterstellt. K bezeichnet weiterhin die Menge der Unterzeichner des Quotenabkommens und $\hat{K}$ die Menge der Unterzeichner des flexiblen Abkommens. Die Tabellen mit den inkrementellen erwarteten Auszahlungen der Länder, anhand derer die Gleichgewichte ermittelt werden, sind dem Anhang zu entnehmen.

7.6.1 Asymmetrische Ratifizierungswahrscheinlichkeiten

Hebt man die Annahme identischer Ratifizierungswahrscheinlichkeiten auf, so wird bei sonst gleichbleibender Kosten-Nutzenstruktur der erwartete inkrementelle Vermeidungsnettonutzen von Land $i \in K$ bei einer Quote von

$$\theta_i = \sum_{j \in K} p_j(K)/p_i(K)$$

maximal.[43] Nach Gleichung (7.2) setzt das Land mit der höchsten Ratifizierungswahrscheinlichkeit die vereinbarte Quote fest. Da dessen Ratifizierungswahrscheinlichkeit bei asymmetrischen Ländern immer über dem Durchschnitt liegt, ist die vereinbarte Vermeidungsquote kleiner als $|K|$. Mit anderen Worten, die vereinbarte Quote maximiert nicht mehr wie in den bisherigen Fällen den aggregierten erwarteten Vermeidungsnettonutzen der Unterzeichner.

Ferner ist es nun möglich, dass die vereinbarte Quote durch den Beitritt eines weiteren Landes sinkt, wenn dessen Ratifizierungswahrscheinlichkeit sehr viel größer ist als die der anderen Unterzeichner. Die erwarteten Auszahlungen können ebenfalls mit steigender Beteiligung abnehmen. Dies ist z.B. der Fall, wenn einer homogenen Menge von Unterzeichnern ein Land

[43] Siehe Anhang A.3.

mit einer sehr viel höheren Ratifizierungswahrscheinlichkeit beitritt. Die vereinbarte Quote liegt dann nahe Eins, so dass die erwarteten Auszahlungen der bisherigen Länder in der Koalition sinken.

Des weiteren ist festzustellen, dass Länder mit einer hohen Ratifizierungswahrscheinlichkeit aufgrund der höheren erwarteten Vermeidungskosten größere Trittbrettfahreranreize haben. Kooperation ist deshalb schwerer zu erreichen als für den Fall symmetrischer Länder.

Im Unterschied zum Quotenabkommen wirken die Asymmetrien beim *flexiblen Abkommen* lediglich über die unterschiedlichen erwarteten Vermeidungskosten der einzelnen Länder, denn die Anpassung der Vermeidungsverpflichtungen nach dem Ratifizierungsprozess ist unabhängig von den Ratifizierungswahrscheinlichkeiten. Die vereinbarten Vermeidungsmengen entsprechen somit bei identischen Vermeidungsnettonutzen weiterhin der Anzahl der Ratifizierer.[44] Die Flexibilisierung der Vermeidungsverpflichtungen bewirkt eine Umverteilung zugunsten der Länder, die das Abkommen mit einer hohen Wahrscheinlichkeit umsetzen. Für diese Länder erhöht sich damit im Vergleich zum Quotenabkommen der Anreiz zu kooperieren.

Folgendes Beispiel zeigt die Auswirkungen der Asymmetrie für fünf Länder mit linear ansteigenden Ratifizierungswahrscheinlichkeiten.

Beispiel
$N = \{1, \dots, 5\}$. Für alle $i \in K$ gilt $p_i(K) = |K|/(5+i)$. Für alle $i \in \hat{K}$ mit $1 \leq \hat{m} \leq 5$ gilt $p_i(\hat{K}) = (|\hat{K}| - \hat{m} + 1)/(5+i)$.

Das Quotenabkommen
$K = \{3, 4, 5\}$ ist die einzige stabile Koalition. Alle Zweier- und Dreierkoalitionen sind nicht extern stabil, keine größere Koalition ist intern stabil. Die Länder 3 bis 5 haben einen Anreiz, jeder Koalition beizutreten. Das Land mit der höchsten Ratifizierungswahrscheinlichkeit kooperiert nicht, wenn mehr als zwei Länder das Abkommen bereits unterzeichnet haben. Im Vergleich zum symmetrischen Fall beteiligt sich also ein Land weniger an dem Abkommen. Wie zu erwarten kooperieren zudem nicht diejenigen Länder miteinander, die aufgrund einer höheren Ratifizierungswahrscheinlichkeit am stärksten von einem Abkommen profitieren (siehe Tabelle B.2).

Das flexible Abkommen
Ohne Mindestteilnahmeregeln ist die große Koalition die einzige stabile Koalition. Alle kleineren Koalitionen sind nicht extern stabil. Die erwarteten Vermeidungsnettonutzen sind – mit Ausnahme des erwarteten Vermeidungsnettonutzens von Land 1 für $\hat{K} = \{1, 2, 3, 4, 5\}$ – beim fle-

[44] Vgl. Abschnitt 7.5.3.

xiblen Abkommen stets höher als beim Quotenabkommen. Die Differenz der erwarteten Auszahlungen gegenüber dem Quotenabkommen ist um so höher, je geringer die Ratifizierungswahrscheinlichkeit eines Landes ist (siehe Tabelle B.3).

Zwei Verhandlungsrunden
Für $\hat{m} = 2$ wird weiterhin volle Kooperation erreicht. Jedoch sind Koalitionen, die weniger als drei Länder enthalten, nicht intern stabil. Beteiligen sich Land 1 und Land 2 an dem flexiblen Abkommen, so sinken für diese Länder die Payoffs zunächst mit der Anzahl der Unterzeichner. Aufgrund der geringeren Ratifizierungswahrscheinlichkeiten sind die Gleichgewichtspayoffs kleiner als die erwarteten Auszahlungen ohne zweite Verhandlungsrunde (siehe Tabelle 8).

7.6.2 Asymmetrische Vermeidungsnutzen

Anders als im vorhergehenden Abschnitt werden wiederum symmetrischen Ratifizierungswahrscheinlichkeiten angenommen. Jedoch wird jetzt davon ausgegangen, dass der Vermeidungsnettonutzen für jedes Land $i \in N$ durch:

$$b_i \sum_{j \in N} q_j - 0,5 q_i^2$$

beschrieben wird. Das heißt, die verhandelnden Länder haben zwar gleiche Vermeidungskosten, profitieren aber u.U. in unterschiedlichem Ausmaß von der Emissionsvermeidung. Wegen $q_i^N = b_i$ ist die nicht-kooperative Vermeidungsmenge eines Landes um so höher, je größer dessen Grenznutzen der Vermeidung ist.

Setzen alle Unterzeichner das Abkommen mit der gleichen Wahrscheinlichkeit um, so ist die vereinbarte Quote von der Höhe der Ratifizierungswahrscheinlichkeiten unabhängig.[45] Ein Land $i \in K$ schlägt

$$\theta_i = \sum_{j \in K} b_j / b_i$$

vor. Es wird diejenige Vermeidungsquote vereinbart, die das Land mit mit dem höchsten Vermeidungsgrenznutzen – und somit der höchsten nicht-kooperativen Vermeidungsmenge – vorschlägt. Auch hier kann die vereinbarte Quote bei sehr heterogenen Ländern mit der Koalitionsgröße sinken.

Kooperieren die Länder im Rahmen eines *flexibles Abkommens* miteinander, so sind die Vermeidungsmengen wegen der identischen Kostenverläufe für alle Ratifizierer gleich. Die inkrementelle Vermeidungsmenge ist – anders als beim Quotenabkommen – für Länder mit geringem

[45] Siehe Anhang A.4.

Vermeidungsgrenznutzen höher. Die Aufteilung der Nettonutzen nach dem Shapley-Wert stellt sicher, dass sich kein Land durch die Umsetzung des Abkommens gegenüber dem Status quo verschlechtert. Die nichtkooperativen Vermeidungsnettonutzen sind auf Null normiert. Der Wert einer Koalition L mit $|L| \geq \hat{m}$ beträgt dann:[46]

$$v(L) = (0,5|L| - 1)\left(\sum_{j\in L} b_j\right)^2 + 0,5\sum_{j\in L} b_j^2.$$

Für $\hat{m} = |L|$ sind die marginalen Beiträge der Länder in L zum Wert der Koalition gleich. Alle Länder erhalten deshalb die gleiche Auszahlung. Bei einer größeren Anzahl von Ratifizierern leisten Länder mit einem höheren Vermeidungsnutzen einen höheren marginalen Beitrag zum Wert der Koalition und erhalten somit eine höhere Auszahlung. Für $\hat{m} \geq 2$ hat deshalb eine Erhöhung des Quorums eine Verschiebung der Auszahlungen zugunsten der Ratifizierer mit einem kleineren Vermeidungsnutzen zur Folge.

Die Unterschiede zwischen beiden Abkommensformen sowie die Wirkung einer zweiten Verhandlungsrunde werden anhand des folgenden Beispiels betrachtet. Die Ratifizierungswahrscheinlichkeiten sind wiederum linear in der Anzahl der Unterzeichner. Bei zwei Verhandlungsrunden werden die Ergebnisse für das Quotenabkommen übernommen, so dass lediglich die Kooperationsentscheidungen hinsichtlich des flexiblen Abkommens betrachtetet werden.

Beispiel 1
Es gilt $b_i = i$ für alle $i \in \{1,\ldots,5\}$. Ferner gilt für alle $i \in K$: $p_i(K) = |K|/5$. Für alle $i \in \hat{K}$ mit $1 \leq \hat{m} \leq 5$ gilt $p_i(\hat{K}) = (|\hat{K}| - \hat{m} + 1)/5$.

Das Quotenabkommen
Die einzige stabile Koalition ist $K = \{1,2,3,4\}$. Es kooperieren im Gleichgewicht nicht diejenigen Länder miteinander, die aufgrund eines hohen Vermeidungsnutzens gemeinsam die höchsten aggregierten erwarteten Auszahlungen erreichen können. Die Länder 1 bis 4 kooperieren immer. Land 5 verbleibt weder in der großen Koalition, noch kooperiert es mit zu heterogenen Ländern (siehe Tabelle B.5).

Das flexible Abkommen:
Ohne Quorum ($\hat{m} = 1$) sind $\hat{K} = \{1,2,3,4\}$ und $\hat{K} = \{1,2,3,5\}$ stabile Koalitionen. Volle Kooperation ist für Land 4 und 5 nicht attraktiv. Abkommen zwischen weniger als vier Ländern sind nicht extern stabil (siehe

[46] Siehe Anhang A.5.

Tabelle B.6). Für $\hat{m} = 3$ ist trotz des oben erwähnten Umverteilungseffektes des Quorums die große Koalition stabil. Dies ist darauf zurückzuführen, dass bei einem höheren Quorum die Ratifizierungswahrscheinlichkeiten geringer sind und somit zusätzlich Kooperationsanreize entstehen (siehe Tabelle B.7).

Zwei Verhandlungsrunden
Durch die Einführung einer zweiten Verhandlungsrunde wird für $\hat{m} \leq 2 \leq 4$ volle Kooperation beim flexiblen Abkommen erreicht (siehe Tabelle B.8 bis B.10). Die Payoffs der Länder sinken zunächst für $|\hat{K}| > 2$ und zwar umso stärker je höher der Vermeidungsgrenznutzen eines Landes ist. Keine Koalition mit $1 < |\hat{K}| < 5$ ist deshalb extern stabil.

Ein Vergleich beider Abkommen zeigt, dass die erwarteten Auszahlungen für das flexible Abkommen bis auf wenige Ausnahmen über denen des Quotenabkommens liegen. Wegen der im Vergleich zum Quotenabkommen höheren erwarteten Vermeidungsmengen steigen allerdings gleichzeitig die Trittbrettfahreranreize. Der Effekt kommt vor allem dann zum Tragen, wenn bereits mehrere Länder miteinander kooperieren. Dies erklärt, warum im Fall ohne Neuverhandlungen beim flexiblen Abkommen zwei Länder nicht an voller Kooperation interessiert sind, während beim Quotenabkommen nur Land 5 aus der großen Koalition austritt. Die Möglichkeit von Neuverhandlungen ändert nichts an der Beteiligung am flexiblen Abkommen, so dass die Verhandelnden durch die Option auf eine zweite Verhandlungsrunde im Gleichgewicht einen höheren Payoff haben.

Beispiel 2
Es gilt $b_i = i$ für alle $i \in \{1, \ldots, 5\}$. Ferner gilt für alle $i \in K$: $p_i(K) = |K|/5$. Für alle $i \in \hat{K}$ mit $1 \leq \hat{m} \leq 5$ gilt $p_i(\hat{K}) = |\hat{K}|/5$.

Das Quotenabkommen
Aus der Annahme von $m = 1$ folgt, dass Beispiel 1 und Beispiel 2 für das Quotenabkommen äquivalent sind.

Das flexible Abkommen
Ebenso wie beim Quotenabkommen sind auch beim flexiblen Abkommen die Beispiele 1 und 2 äquivalent für $\hat{m} = 1$. Da in diesem Beispiel das Quorum keinen Einfluss auf die Ratifizierungswahrscheinlichkeiten hat, ist unmittelbar einsichtig, dass die Fälle $\hat{m} = 1$ und $\hat{m} = 2$ hier ebenfalls äquivalent sind.

Zwei Verhandlungsrunden
Bei einem Quorum von $\hat{m} = 2$ scheitern die Verhandlungen über das flexible Abkommen zur Folge. Es kommt direkt zu Neuverhandlungen über

das Quotenabkommen. Keine Koalition ist extern stabil (siehe Tabelle B.11). Im Unterschied zu Beispiel 1 verschlechtern sich die Ländern im Gleichgewicht durch Einführung einer zweiten Verhandlungsrunde Bei einem Quorum von drei hingegen ist die große Koalition stabil (siehe Tabelle B.12). Wie bei Beispiel 1 sind für $\hat{m} = 3$ sind alle Koalitionen $1 < |\hat{K}| < 5$ nicht intern stabil. Wird das Quorum auf vier erhöht, ist $\hat{K} = \{1, 2, 3, 4\}$ die einzige stabile Koalition. Land 5 ist aufgrund des Umverteilungseffektes des Quorum nicht an Kooperation im Rahmen eines flexiblen Abkommens interessiert (siehe Tabelle B.13).

7.6.3 Asymmetrische Vermeidungskosten

Für den Vermeidungsnettonutzen eines Landes $i \in N$ wird folgender Verlauf unterstellt:

$$\sum_{j \in N} q_j - 0,5 c_i q_i^2.$$

Unterscheiden sich die Länder allein hinsichtlich ihrer Vermeidungskosten, so sind – wie im Fall asymmetrischer Vermeidungsnutzen – die vorgeschlagenen Vermeidungsquoten von der Ratifizierungswahrscheinlichkeit unabhängig. Für $i \in K$ gilt:[47]

$$\theta_i = c_i \sum_{j \in K_\theta} c_j^{-1}. \tag{7.21}$$

Das Land mit den geringsten Grenzkosten – d.h. mit der höchsten nicht-kooperativen Vermeidungsmenge – schlägt die vereinbarte Vermeidungsquote vor.

In dem *flexible Abkommen* verpflichten sich die Länder ebenfalls, ihre Vermeidungsmengen im Fall der Ratifizierung um eine einheitliche Quote zu erhöhen. Die Mitglieder einer Menge von Ratifizierern L mit $|L| \geq \hat{m}$ erhöhen ihre nicht-kooperativen Vermeidungsmengen um den Faktor $|L|$. Der Wert einer Koalition L mit $|L| \geq \hat{m}$ ist gegen durch:[48]

$$v(L) = (|L|^2 - |L| + 0,5) \sum_{j \in L} c_j^{-1}.$$

Länder mit geringen Vermeidungskosten übernehmen – ebenso wie beim Quotenabkommen – einen größeren Teil der Vermeidungsverpflichtungen. Ihr marginaler Beitrag zum Wert der Koalition und somit auch ihre

---

[47] Siehe Anhang A.6.

[48] Die nicht-kooperativen Vermeidungsnettonutzen sind auf Null normiert. Siehe Anhang A.7.

Auszahlung ist für $|L| > \hat{m}$ deshalb ebenfalls höher. Eine Erhöhung des Quorum bewirkt eine Verschiebung der Auszahlungen zugunsten der Länder mit hohen Vermeidungskosten.

Im Unterschied zum Fall asymmetrischer Vermeidungsnutzen hat hier für beide Abkommen jeweils die gleiche Gruppe von Ländern die höheren inkrementellen Vermeidungsverpflichtungen. Allerdings erhalten diese Länder im Rahmen des flexible Abkommens auch eine höhere Auszahlung. An dem folgenden Beispiel mit linear ansteigenden Ratizierungswahrscheinlichkeiten wird deutlich, dass diese Tatsache zu einer geänderten Anreizstruktur führt. Bei nur einer Verhandlungsrunde sind die stabilen Koalitionen unterschiedlich zusammengesetzt.

Beispiel
Es gilt $c_i = i$ für alle $i \in \{1, \ldots, 5\}$. Ferner gilt für alle $i \in K$: $p_i(K) = |K|/5$. Für alle $i \in \hat{K}$ mit $1 \leq \hat{m} \leq 5$ gilt $p_i(\hat{K}) = (|\hat{K}| - \hat{m} + 1)/5$.

Das Quotenabkommen
Die erwartete Auszahlung eines Landes fällt um so geringer aus, je höher dessen nicht-kooperative Vermeidungsmenge ist. Land 1 tritt nicht allen Abkommen zwischen zwei Ländern und keinem Abkommen mit mehr als drei Ländern bei. Land 2 kooperiert nicht gleichzeitig mit den Ländern 3 bis 5. Alle anderen Länder sind immer an Kooperation interessiert. $K = \{3, 4, 5\}$ ist die einzige stabile Koalition (siehe Tabelle B.14).

Das flexible Abkommen
Im Unterschied zum Quotenabkommen sind die erwarteten kooperativen Auszahlung der Länder mit kleiner Indexzahl am höchsten. Dies führt dazu, dass Land 1 nun immer an Kooperation interessiert ist, während die anderen Länder nicht in der großen Koalition verbleiben. Alle Abkommen zwischen vier Ländern, die Land 1 enthalten, sind stabil (siehe Tabelle B.15). Wie bei asymmetrischen Vermeidungsnutzen liegen auch hier die erwarteten Auszahlungen für das flexible Abkommen fast ausnahmslos über denen des Quotenabkommens.

Zwei Verhandlungsrunden
Für $\hat{m} = 2$ wird in obigem Beispiel volle Kooperation erreicht (siehe Tabelle B.16). Aus der Tatsache, dass zwei Verhandlungsrunden beim flexiblen Abkommen nicht zu mehr Kooperation führen können als eine Verhandlungsrunde,[49] kann geschlossen werden, dass die Möglichkeit zu Neuverhandlungen aufgrund der geringen erwarteten Vermeidungsnettonutzen des Quotenabkommens im Gleichgewicht nichts am Verhandlungsergebnis ändert.

49 Vgl. Abschnitt 7.4.2.3.

Auch ein Heraufsetzen des Quorums ändert nichts am Umfang der Kooperation und führt lediglich zu einem Absinken der Gleichgewichtspayoffs (siehe Tabelle B.17).

7.7 Zusammenfassung und Ausblick

Gegenstand dieses Kapitels bildete der Einfluss nationaler Entscheidungsprozesse auf Ausgestaltung und Beteiligungsniveau internationaler Umweltabkommen. Hierbei wurde unterstellt, dass ein unfreiwilliger Vertragsbruch möglich ist, da den Verhandlungsführern der Länder lediglich bekannt ist, mit welcher Wahrscheinlichkeit ein unterzeichnetes Abkommen ratifiziert und umgesetzt wird. Diese Ratifizierungswahrscheinlichkeit sollte um so höher sein, je mehr Länder einem Abkommen angehören. Ferner wurde untersucht, ob innenpolitische Restriktionen in der Form kleiner Ratifizierungswahrscheinlichkeiten die Verhandlungsposition eines Verhandlungsführers stärken. Die wichtigsten Ergebnisse lassen sich wie folgt zusammenfassen:

Abkommensausgestaltung
Hinsichtlich der Abkommensausgestaltung sind zwei Typen von Abkommen von Interesse: Zum einen „konventionelle" unflexible Abkommen, bei welchen die Vermeidungsverpflichtungen bereits bei Vertragsschluss der absoluten Höhe nach festgelegt werden. Als Alternative hierzu wird, um der Unsicherheit der Abkommensumsetzung Rechnung zu tragen, die Flexibilisierung von Vermeidungsverpflichtungen vorgeschlagen. Bei einem flexiblen Abkommen einigen sich die Unterzeichner auf eine Regel, nach welcher die Verpflichtungen der Länder im Anschluss an die Ratifzierungsprozesse ermittelt und Kooperationsgewinne nach dem Shapley-Wert verteilt werden.

Im Falle vollständig symmetrischer Länder ist ein unflexibles Abkommen für eine gegebene Menge von Unterzeichnern mit einem höheren erwarteten Vermeidungsnettonutzen verbunden als ein flexibles Abkommen. Der Nachteil einer unflexiblen Abkommensausgestaltung gegenüber einem flexiblen Abkommen liegt darin, dass sich die Länder, die das Abkommen tatsächlich umsetzen, ex post gegenüber dem nicht-kooperativen Status quo verschlechtern können. Auch die Verwendung von Seitenzahlungen ist problematisch, da Kooperationsgewinne – oder Verluste, sofern die Anzahl der Ratifzierer zu gering ist – erst nach den nationalen Entscheidungsprozessen realisiert werden. Eine einfache Möglichkeit, bei einem unflexiblen Abkommen ohne Seitenzahlungen zu gewährleisten, dass kein Land sich ex ante gegenüber dem Status quo verschlechtert, stellt eine nach dem „Conservative-Mechanism" ermittelte einheitliche Vermeidungsquote dar. Hiernach schlägt jeder Verhandlungsführer eine Vermeidungsquote vor. Die kleinste vorgeschlagene Quote wird vereinbart. Einheitliche Vermeidungsquoten führen allerdings zu keiner wesentlichen Verbesserung gegenüber dem Status quo, wenn die Länder in sehr unterschiedlichem Ausmaß von dem Abkommen profitieren.

Verhandlungsposition
Innenpolitische Restritiktionen verbessern in dem Modell die Verhandlungsposition eines Landes in dem Sinne, dass aufgrund der geringeren Umsetzungwahrscheinlichkeit dessen erwartete Vermeidungskosten vergleichsweise geringer und dessen erwarteter Vermeidungsnettonutzen folglich höher ist. Dieses unterstützt die These von Putnam (1988), nach welcher innenpolitische Restriktionen zu einer stärkeren Verhandlungsposition führen. Eine Flexibilisierung der Vermeidungsverpflichtungen bewirkt tendenziell eine Verschiebung der erwarteten Auszahlung in Richtung der Länder mit einer höheren Ratifizierungswahrscheinlichkeit.

Verhandlungsverlauf
Welche Art von Abkommen zustande kommt, wird maßgeblich durch den Verhandlungsverlauf beeinflusst. Einheitliche Vermeidungsquoten werden von Verhandelnden oft als attraktive Kompromisslösung angesehen. Ein großer Vorteil liegt z.B. darin, dass zu deren Ermittlung keine Einigung auf monteräre Bezugsgrößen notwendig ist. Es wurde deshalb als plausibel angenommen, dass die Verhandelnden zunächst versuchen ein flexibles Abkommen zu schließen. Erst wenn die Beteiligung an diesem ein bestimmtes Niveau unterschreitet, finden Neuverhandlungen zu einem Quotenabkommen statt. Die Kooperationsanreize für das flexible Abkommen sind dann geringer als bei nur einer Verhandlungsrunde. Die Möglichkeit von Kompromissen im Rahmen von Neuverhandlungen erschwert somit die Umsetzung alternativer Abkommensformen.

Kooperationsanreize
Für den Fall *symmetrischer Länder* wurde gezeigt, dass für die Beteiligung am Quotenabkommen allein der Anstieg der Ratifizierungswahrscheinlichkeiten von Bedeutung ist, nicht deren absolute Höhe. Zwar enstehen durch die mit der Beteiligung ansteigenden Wahrscheinlichkeiten zusätzliche Kooperationsanreize. Die vereinbarte aggregierte Vermeidungsmenge steigt jedoch weiterhin überproportional zur Anzahl der kooperierenden Länder, so dass die Beteiligung kaum höher liegt als im Fall ohne Unsicherheit.

Im Gegensatz dazu ist beim flexiblen Abkommen die Höhe der Ratifzierungswahrscheinlichkeiten von Bedeutung. Eine geringe erwartete Anzahl von Ratifizierern geht mit einer vergleichsweise geringeren erwarteten Gesamtvermeidungsmenge und somit kleineren Trittbrettfahreranreizen einher. Durch die Flexibilisierung der Vermeidungsverpflichtungen sinken die Trittbrettfahreranreize so stark, dass ein flexibles Abkommen in einer Vielzahl von Fällen selbst dann vorzuziehen ist, wenn die erwarteten Auszahlungen eines unflexiblen Abkommens bei gleicher Koalitionsgrößen höher liegen.

Geht man davon aus, ein Quotenabkommen sei aufgrund seiner einfachen Struktur mit einer höheren Ratifizierungswahrscheinlichkeit verbunden als ein flexibles Abkommen, so sollten sich die Länder aufgrund des Beteiligungseffektes eher für die flexible Abkommensausgestaltung entscheiden. Dies bedeutet auch, dass die Höhe der Ratifizierungswahrscheinlichkeit nicht erklärt, warum einheitliche Vermeidungsquoten eine bevorzugte Form der Abkommensausgestaltung darstellen.

Anders stellt sich die Situation dar, wenn die Verhandelnden die Entscheidung über den Abkommensinhalt in zwei Verhandlungsrunden treffen, wobei das Quotenabkommen in der zweiten Verhandlungsrunde vorgeschlagen wird. Aufgrund der Tatsache, dass die Payoffs der Länder mit steigender Beteiligung am flexiblen Abkommen zunächst absinken können, wird das Quorum in der ersten Verhandlungsrunde selbst dann nicht immer erreicht, wenn alle Länder hierdurch höhere erwartete Payoffs erhalten können. Da die Kooperationsanreize in der ersten Verhandlungsrunde um so geringer sind, je höher die antizipierte Auszahlung der zweiten Verhandlungsrunde ist, wirken sich hohe Ratifizierungswahrscheinlichkeiten für das Quotenabkommen – und somit hohe erwartete Vermeidungsnettonutzen – negativ auf die Kooperationsbereitschaft in der ersten Verhandlungsrunde aus. Mindestteilnahmeregeln können diesem Effekt zwar entgegenwirken, hierdurch steigt jedoch die Wahrscheinlichkeit, dass das flexible Abkommen nicht in Kraft tritt.

Bei *asymmetrischen Ländern*, sind die Trittbrettfahreranreize für Länder mit einer hohen Ratifizierungswahrscheinlichkeit größer. In einem Modell mit nicht-kooperativer Koalitionsbildung dient ein eingeschränkter Verhandlungsspielraum auf nationaler Ebene also eher dazu, Kooperation zwischen den Ländern zu fördern, die ein Abkommen mit geringerer Wahrscheinlichkeit umsetzen. Im Falle einer asymmetrischer Kosten-Nutzen-Struktur sind die unterschiedlichen Verteilungswirkungen beider Abkommen hinsichtlich der vereinbarten Vermeidungsmengen und der Aufteilung der Kooperationsgewinne zu berücksichtigen. Das Quotenabkommen begünstigt die Länder mit einer geringen nicht-kooperativen Vermeidungsmenge, während die Kooperationsgewinne beim flexiblen Abkommen da-

danach verteilt werden, welchen Beitrag die Länder zu den aggregierten Auszahlungen leisten.

Bei unterschiedlichen Vermeidungsnutzen maximiert die vereinbarte Quote nicht mehr den aggregierten erwarteten Vermeidungsnettonutzen, so dass die erwarteten Auszahlungen des flexiblen Abkommens jetzt fast ausnahmslos über denen des Quotenabkommens liegen. Unter beiden Regimen wird keine volle Kooperation erreicht. Für die Länder mit dem höchsten Vermeidungsnutzen ist die Trittbrettfahreroption immer attraktiver. Sind Neuverhandlungen möglich, so hängt das Verhandlungsergebnis von der Höhe der geforderten Mindestteilnahme ab.

Unterscheiden sich die Länder hinsichtlich ihrer Vermeidungskosten, so sind die stabilen Koalitionen des Quotenabkommens anders zusammengesetzt als die die flexiblen Abkommens. Das Quotenabkommen ist für Länder mit hohen Vermeidungskosten, d.h. geringer nicht-kooperativer Vermeidungsmenge, attraktiv. Aufgrund der Umverteilung der Kooperationsgewinne bei flexibler Abkommensausgestaltung kooperieren hingegen die Länder mit den geringsten Grenzkosten miteinander.

Kritisch ist anzumerken, dass die Ratifizierungswahrscheinlichkeiten in dem untersuchten Verhandlungsmodell nur von der Größe, nicht von der Zusammensetzung einer Koalition abhängen. Diese Annahme ist sicher nur bedingt realistisch. Ebenso ist es denkbar, dass von der Unterzeichnung eines Abkommens durch ein bestimmtes Land eine Signalwirkung ausgehen kann, die die Ratifizierungswahrscheinlichkeiten der anderen positiv beeinflusst. Etwa dann, wenn der von diesem Land ausgehende politische Druck als vergleichsweise hoch eingeschätzt wird. Welches Land dann jeweils ausschlaggebend ist, liegt außerhalb des betrachteten Modells. Wünschenswert wäre es deshalb, die Ratifizierungswahrscheinlichkeiten im Rahmen politökonomischer Ansätze zu endogenisieren. Hierfür bieten sich beispielsweise die in Abschnitt 6.3.1 vorgestellten Modelle mit Klientelparteien an. Die Wahlwahrscheinlichkeit einer Partei könnte dann davon beeinflusst werden, welche weiteren Länder ebenfalls an einem Abkommen beteiligt sind.

Wie bei allen theoretischen Modellen sind zudem die Ergebnisse dieses Kapitels nicht ohne weiteres auf reale Phänomene übertragbar. Vor allem ist fraglich, inwieweit durch die explizite Berücksichtigung eines „unfreiwilligen Vertragsbruchs" Trittbrettfahren legitimiert und negative Anreize geschaffen werden. Trotzdem sollte die Möglichkeit einer flexibleren Abkommensausgestaltung zumindest als Alternative in Betracht gezogen werden, da hierdurch die Trittbrettfahrerproblematik auf internationaler Ebene stark reduziert werden kann.

Kapitel 8

Schlussbetrachtung

Der Grad der wissenschaftlichen Erkenntnisse über eine Vielzahl anthropogener Umweltprobleme hat in den letzten Jahren stark zugenommen. Neben dem Argument mangelnden gesicherten Wissens kommt deshalb der Verteilung der Kosten und Nutzen einer Verbesserung der Umwelqualität mittels eines internationalen Umweltabkommens eine große Bedeutung zu. Den Fragen danach, aufgrund welcher Kriterien die Verhandelnden Kooperationsgewinne und -verluste untereinander aufteilen und auf welche Weise alternative Vorgehensweisen auf das Verhandlungsergebnis einwirken, näherte sich die vorliegende Arbeit unter drei Aspekten:

(1) Stabilität und Trittbrettfahrerproblematik
Trotz der Komplexität und Vielfältigkeit von Umweltproblemen ist, wie die Ausführungen in *Kapitel 1* ergeben, die grundlegende Problematik nicht-kooperativer internationaler Umweltpolitik bereits anhand eines relativ einfachen Modells darstellbar ist. Schwieriger ist hingegen die in *Kapitel 2* behandelte Frage zu beantworten, auf welche Weise die Anreizstrukturen internationaler Verhandlungen angemessen abgebildet werden. Eine Lösung besteht darin, die Entscheidungen der Länder über die Teilnahme an einem Umweltabkommen (Kooperationsentscheidung) und die Festsetzung der Vermeidungsverpflichtungen (Vermeidungsentscheidung) in zwei aufeinanderfolgenden Spielstufen zu modellieren. Die Aufteilung der realisierbaren Kooperationsgewinne wird hierbei anhand einer vorgegebenen Regel vorgenommen. Sind Seitenzahlungen zwischen den Ländern nicht möglich, so determiniert die Vermeidungsentscheidung zugleich die Auszahlungen der Länder. Mit Seitenzahlungen können Vermeidungs- und Verteilungsentscheidungen getrennt voneinander betrachtet werden. In Modellen zu multilateralen Verhandlungen wird das Kooperationsverhalten eines Landes – und somit auch die Stabilität internationaler Umweltabkommen – maßgeblich durch dessen Vermutungen über das Kooperationsverhalten der anderen Länder bestimmt. Es wird gezeigt, dass eine konsistente Modellierung der Verhandlungssituation die Annahme von Nash-Verhalten auf beiden Spielstufen erfordert. Das heißt, sowohl die Entscheidungen über die Höhe der Emissionsvermeidung als auch über die

Teilnahme an einem Umweltabkommen werden auf nicht-kooperative Weise getroffen.

In den in *Kapitel 3* betrachteten Modellen selbstdurchsetzender Abkommen stellt dementsprechend der Anreiz zum Trittbrettfahren ein kaum zu überwindendes Hinderniss zu kooperativem Verhalten dar. Und zwar selbst dann, wenn die Einhaltung eines geschlossenen Umweltakommens als internalisierte Norm angesehen wird. Eine Effizienzverbesserung gegenüber dem nicht-kooperativen Status ist nur in geringem Umfang möglich. Dieses eher negative Ergebnis erweist sich als robust gegenüber Variationen in der Auszahlungsstruktur. Gleiches gilt für die Verwendung unterschiedlicher Allokationsregeln zur Festsetzung der Vertragsverpflichtungen. Die Forderung nach Stabilität liefert demnach in diesem Modellrahmen nur einen geringen Erklärungsbeitrag dazu, warum bestimmte Regeln anderen vorgezogen werden.

(2) Allokationsregeln und wahrgenommenes Konfliktpotential
Kapitel 4 weicht von dem Konstrukt vorgegebener Regeln zur Festsetzung der Vertragsverpflichtungen ab und untersucht, welchen Einfluss die Anwendung bestimmter Regeln auf die Wahrnehmung von Konfliktpotential hat. Ein Konsens über die Notwendigkeit einer internationalen Verhaltenskoordination wird in diesem Fall bereits vorausgesetzt. Das Konfliktpotential wird in wissenschaftliche und ökonomische Argumente sowie Fairnessgedanken unterteilt. Dabei ergibt sich, dass je nach Art der betrachteten Regeln unterschiedliche Argumente für oder gegen ein Abkommen zum Tragen kommen und somit das Konfliktpotential zwischen den Verhandelnden entsprechend vergrößern oder verringern. Welcher Regel der Vorzug zu geben ist, hängt unter anderem stark von den Merkmalen des verhandelten Umweltproblems ab. So sind beispielsweise die Informationserfordernisse für die Anwendung mengenorientierter Kriterien, wie etwa einheitliche Vermeidungs- und Reduzierungsquoten, relativ gering. Es muss keine Einigung darüber erzielt werden, wie die Vermeidungsnutzen und -kosten unterschiedlicher umweltpolitischer Maßnahmen zu bewerten sind.

Der Entwicklung der in *Kapitel 5* untersuchten Umweltregime nach zu beurteilen, bieten mengenorientierte Regeln eine gute Möglichkeit, eine erste Einigung zu erzielen. Allerdings sind diese Regeln oft nicht effizient und auch Einigung auf eine Bezugsgröße ist nicht unproblematisch. Deshalb ist es wichtig, dass eine solche Lösung von den Verhandelnden nicht als endgültig angesehen wird, damit im Verlaufe von Anschlussverhandlungen mit neuen Informationen auch differenziertere Regeln zur Anwendung kommen können. Einheitliche Quoten dienen in dem Sinne mehr als

„Focal Points" denn als faires Verhandlungsergebnis. Neuere Entwicklungen insbesondere des Abkommens zu weiträumiger grenzüberschreitenden Luftverschmutzung (und bedingt auch des Klimaregimes) zeigen, dass – in Folge eines besseren Verständnisses der naturwissenschaftlichen Hintergründe – ökonomische und ökologische Aspekte in zunehmendem Maße für die Vertragsgestaltung berücksichtigt werden. Dies erleichtert es den Verhandelnden, für die einzelnen Länder unterschiedliche Verpflichtungen festzulegen. Der Übergang von mengenorientierten zu ökologischen Kriterien zur Festsetzung der Vermeidungsverpflichtungen bestätigt die Vermutung, dass die Wahl der den Vertragsverpflichtungen zugrunde liegenden Allokationsregeln auch bei internationalen Umweltverhandlungen wesentlich von der Darstellung der Verhandlungssituation bestimmt wird.

(3) Nicht-monolithische Verhandlungsparteien
In *Kapitel 6* wird die Annahme aufgehoben, dass ein wohlwollender Diktator die Interessen seines Landes vertritt. Sowohl in diktatorischen als auch in demokratischen Regimen ist nun nicht mehr gewährleistet, dass die nicht-kooperative Umweltpolitik den Vermeidungsnettonutzen eines Landes maximiert. Trotzdem lassen sich durch internationale Umweltabkommen weiterhin Kooperationsgewinne erzielen, sofern die Umweltqualität eines Landes positiv in die Zielfunktion der politischen Entscheidungsträger eingeht. Für das Zusammenspiel nationaler und internationaler Entscheidungsprozesse folgt, dass die Verhandlungsparteien bei internationalen Umweltverhandlungen keine einheitlichen Blöcke darstellen. Die Umsetzung eines Umweltabkommens durch ein Land kann aufgrund der herrschenden Mehrheitsverhältnisse scheitern, ohne dass dieses auf vorsätzliches Trittbrettfahrerverhalten zurückzuführen ist.

Der Aspekt des „unfreiwilligen Scheiterns" eines Abkommens wird in *Kapitel 7* anhand eines Modells selbstdurchsetzender Abkommen untersucht. Hierbei wird davon ausgegangen, dass die Unsicherheit über die Umsetzung des Abkommens eine Flexibilisierung der Vertragsverpflichtungen ermöglicht. Durch die Konditionierung der Vetragsverpflichtungen auf die Menge der Länder, die das Abkommen tatsächlich umsetzen, kann das Ausmaß der Kooperation auf internationaler Ebene unter den getroffenen Annahmen erheblich erweitert werden. Besteht für die Verhandelnden allerdings die Möglichkeit, auf einfache, für alle Länder einheitliche Vermeidungsquoten zurückzugreifen, kommt unter bestimmten Umständen selbst dann kein flexibles Abkommen zustande, wenn dieses für alle Länder mit einem höheren erwarteten Vermeidungsnettonutzen verbunden ist.

Fazit
Obwohl die Frage nach dem Ausmaß der Trittbrettfahrerproblematik für internationale Umweltabkommen mangels einer Referenzsituation ohne Umweltabkommen empirisch letztendlich nicht geklärt werden kann, deuten die bisherigen Verhandlungsergebnisse daraufhin, dass diese zumindest nicht zu vernachlässigen ist. Vom theoretischen Standpunkt aus besteht eine Möglichkeit, Trittbrettfahrerverhalten unattraktiver zu gestalten, darin, die Vermeidungsverpflichtungen zu flexiblisieren. Voraussetzung hierfür ist allerdings, dass dadurch keine weiteren negativen Anreize geschaffen werden. Geht man davon aus, dass die Anwendung von Allokations- und Verteilungsregeln dazu dient, die Komplexität der Verhandlungssituation zu reduzieren, so beeinflussen die angewandten Regeln gleichzeitig die Wahrnehmung der Verhandlungssituation. In diesem Kontext ist es wichtig, einen Verhandlungsrahmen zu schaffen, der die Kombination verschiedener Kriterien zur Ermittlung der Vermeidungsverpflichtungen für die Verhandelnden transparent werden lässt und auf diese Weise mit dem Verhandlungsspielraum gleichzeitig die Chancen auf eine Einigung vergrößert.

Anhang

A Nebenrechnungen zu Kapitel 7

A.1: Berechnung des erwarteten inkrementellen Vermeidungsnutzens beim Quotenabkommen mit Quorum für symmetrische Länder

Wegen $p(K) = 0$ für alle $i \notin K$ und $p_j(K) = p(K)$ für alle $j \in K$ ist die Anzahl der ratifizierenden Länder für eine Menge von Unterzeichnern K eine mit den Parametern $|K|$ und $p(K)$ binomialverteilte Zufallsvariable $|\tilde{L}|$.

Der erwartete inkrementelle Vermeidungsnettonutzen von $j \in K$ beträgt:

$$\begin{aligned}&(\theta(K) - 1) \sum_{i=m}^{|K|} i \binom{|K|}{i} p(K)^i \, (1 - p(K))^{|K|-i} \qquad (8.1)\\ &\quad -0,5 \left(\theta(K)^2 - 1\right) p(K) \sum_{i=m-1}^{|K|-1} \binom{|K|-1}{i} p(K)^i \, (1 - p(K))^{|K|-1-i}.\end{aligned}$$

Der inkrementelle Vermeidungsnutzen ist von Null verschieden, wenn mindestens m Länder das Abkommen ratifizieren. Der obere Teil des Ausdrucks ist der erwartete inkrementelle Vermeidungsnutzen von Land j. Der untere Teil stellt die erwarteten inkrementellen Vermeidungskosten dar. Diese fallen nur an, wenn zusätzlich zum Erreichen des Quorums das betrachtete Land das Abkommen auch ratifiziert. Tritt das Ereignis „Land j ratifiziert das Abkommen" ein – die Wahrscheinlichkeit hierfür ist $p(K)$ – so sind nur noch die Ratifizierungsprozesse der übrigen $|K| - 1$ Länder zu berücksichtigen.

Setzt man $\theta(K) = |K|$, so lässt sich (8.1) umformen zu:

$$\begin{aligned}&(|K| - 1) \sum_{i=m}^{|K|} |K| \binom{|K|-1}{i-1} p(K)^i \, (1 - p(K))^{|K|-i} \qquad (8.2)\\ &\quad -0,5(|K|^2 - 1) \sum_{i=m}^{|K|} \binom{|K|-1}{i-1} p(K)^i \, (1 - p(K))^{|K|-i}\\ &\quad = \left(0,5|K|^2 - |K| + 0,5\right) p(K) \sum_{i=m-1}^{|K|-1} \binom{|K|-1}{i} p(K)^i \, (1 - p(K))^{|K|-1-i}.\end{aligned}$$

Die ersten beiden Faktoren der dritten Zeile von (8.2) entsprechen zusammen dem erwarteten inkrementellen Vermeidungsnettonutzen für $m \leq 1$.

Die darauffolgende Summe gibt die Wahrscheinlichkeit an, dass das Abkommen von mindestens $m-1$ Ländern ratifiziert wird, wenn noch $|K|-1$ Unterzeichner über die Ratizierung abstimmen müssen. Es gilt:

$$\sum_{i=m-1}^{|K|-1} \binom{|K|-1}{i} p(K)^i \left(1-p(K)\right)^{|K|-1-i} \\ = 1 - W_{|\tilde{L}|}(m-2|(|K|-1); p(K)),$$

wobei $W_{|\tilde{L}|}(m-2|(|K|-1); p(K))$ der Wert der Verteilungsfunktion von $|\tilde{L}|$ an der Stelle $m-2$ ist.

Für den erwarteten inkrementellen Vermeidungsnettonutzen von $j \notin K$ erhalten wir dementsprechend:

$$(|K|-1) \sum_{i=m}^{|K|} i \binom{|K|}{i} p(K)^i \left(1-p(K)\right)^{|K|-i} \\ = \left(|K|^2 - |K|\right) p(K) \left(1 - W_{|\tilde{L}|}(m-2|(|K|-1); p(K))\right).$$

A.2: Berechnung des erwarteten inkrementellen Vermeidungsnutzens ohne Quorum beim flexiblen Abkommen für symmetrische Länder

Die Anzahl der Ratifizierer für gegebenes $\hat{K}$ ist eine mit $|\hat{K}|$ und $p(\hat{K})$ binomialverteilte Zufallsvariable $|\tilde{L}|$. Ferner entspricht die Anzahl der Ratifizierer der vereinbarten Vermeidungsmenge. Als erwarteten inkrementellen Vermeidungsnutzen der Trittbrettfahrer erhält man:

$$\begin{aligned} E|\tilde{L}|^2 - E|\tilde{L}| &= var|\tilde{L}| + (E|\tilde{L}|)^2 - E|\tilde{L}| \\ &= p(\hat{K})^2 \left(|\hat{K}|^2 - |\hat{K}|\right). \end{aligned}$$

Für die Unterzeichner muss berücksichtigt werden, dass inkrementelle Kosten nur bei erfolgreicher Ratifzierung anfallen. Mit Wahrscheinlichkeit $p(\hat{K})$ ratifiziert ein Land $j \in \hat{K}$ das Abkommen. Mit Wahrscheinlichkeit $(1-p(\hat{K}))$ wird das Land unfreiwillig Trittbrettfahrer. Wir betrachten deshalb eine mit $p(\hat{K})$ und $(|\hat{K}|-1)$ verteilte Zufallsvariable $|\tilde{H}| = |\tilde{L}|+1$. Der erwartete inkrementelle Vermeidungsnettonutzen eines Unterzeichners ist dann gegeben durch:

$$\begin{aligned} & p(\hat{K}) \left(0,5E|\tilde{H}|^2 - E|\tilde{H}| + 0,5\right) \\ & \quad + \left(1-p(\hat{K})\right) \left(E(|\tilde{H}|-1)^2 - E(|\tilde{H}|-1)\right) \\ & \quad = 0,5p(\hat{K})E|\tilde{L}|^2 + (1-p(\hat{K})) \left(E\tilde{|}L|^2 - E|\tilde{L}|\right) \end{aligned}$$

$$
\begin{aligned}
&= E|\tilde{L}|^2 \left(1 - 0,5p(\hat{K})\right) - E|\tilde{L}|(1 - p(\hat{K})) \\
&= \left(var|\tilde{L}| + (E|\tilde{L}|)^2\right) \left(1 - 0,5p(\hat{K})\right) - E|\tilde{L}|(1 - p(\hat{K})) \\
&= \left[(|\hat{K}| - 1)p(\hat{K})(1 - p(\hat{K})) + (|\hat{K}| - 1)^2 p(\hat{K})^2\right] \left(1 - 0,5p(\hat{K})\right) \\
&\quad -(|\hat{K}| - 1)p(\hat{K})(1 - p(\hat{K})) \\
&= |\hat{K}|^2 p_i(\hat{K})^2 - 2,5|\hat{K}|p(\hat{K})^2 + 1,5p(\hat{K})^2 \\
&\quad -0,5|\hat{K}|^2 p(\hat{K})^3 + 1,5|\hat{K}|p(\hat{K})^3 - p(\hat{K})^3.
\end{aligned}
$$

A.3: Berechnung der Vermeidungsquote für Länder mit asymmetrischen Ratifizierungswahrscheinlichkeiten

Der erwartete inkrementelle Vermeidungsnettonutzen einer einheitlichen Vermeidungsquote von Land $i \in K$ für eine Menge von Unterzeichnern K mit $m \leq 1$ beträgt:

$$\sum_{j \in K} p_j(K)(\theta - 1) - p_i(K)0,5(\theta^2 - 1).$$

Daraus ergibt sich für die vorgeschlagene Quote als Bedingung erster Ordnung:

$$\sum_{j \in K} p_j(K) - \theta p_i(K) = 0 \quad \Leftrightarrow \quad \theta_i = \sum_{j \in K} p_j(K)/p_i(K).$$

A.4: Berechnung der Vermeidungsquote ohne Quorum für Länder mit asymmetrischen Vermeidungsnutzen

Der erwartete inkrementelle Vermeidungsnutzen eines Unterzeichners $i \in K$ mit $m \leq 1$ beträgt:

$$b_i(\theta - 1) \sum_{L \subseteq K} p(K)^{|L|} (1 - p(K))^{|K|-|L|} \sum_{j \in L} b_j.$$

Jedes Land ist in $\binom{|K|-1}{|L|-1}$ Teilmengen von K der Größe $|L|$ enthalten. Der obige Ausdruck lässt sich deshalb umformen zu:

$$
\begin{aligned}
& b_i(\theta - 1) \sum_{|L|=1}^{|K|} \binom{|K| - 1}{|L| - 1} p(K)^{|L|} (1 - p(K))^{|K|-|L|} \sum_{j \in K} b_j \\
= \quad & b_i(\theta - 1) \sum_{|L|=0}^{|K|-1} \binom{|K| - 1}{|L|} p(K)^{|L|+1} (1 - p(K))^{|K|-1-|L|} \sum_{j \in K} b_j
\end{aligned}
$$

$$= p(K)b_i(\theta-1)\sum_{|L|=0}^{|K|-1}\binom{|K|-1}{|L|}p(K)^{|L|}(1-p(K))^{|K|-1-|L|}\sum_{j\in K} b_j$$
$$= p(K)b_i(\theta-1)\sum_{j\in K} b_j.$$

Inkrementelle Vermeidungskosten in Höhe von $0,5b_i^2(\theta^2-1)$ fallen mit Wahrscheinlichkeit $p(K)$ an. Der erwartete inkrementelle Vermeidungsnettonutzen eines Landes $i \in K$ ist folglich gegeben durch:

$$p(K)\left(b_i(\theta-1)\sum_{j\in K} b_j - 0,5b_i^2\left(\theta^2-1\right)\right).$$

Für die von Land $i \in K$ vorgeschlagene Quote gilt:

$$p(K)\left(b_i\sum_{j\in K} - b_i^2\theta_i\right) = 0 \;\Leftrightarrow\; \theta_i = \frac{\sum_{j\in K} b_j}{b_i}.$$

A.5: Berechnung des Wertes einer Koalition L von Ratifizierern mit asymmetrischen Vermeidungsnutzen

Bei symmetrischen Vermeidungskosten wird der aggregierte Vermeidungsnettonutzen einer Menge von Ratifizierern L mit $|L| \geq \hat{m}$ maximal, wenn für alle $i \in L$ gilt:

$$q_i(L) = \sum_{j\in L} b_j.$$

Eingesetzt in die Vermeidungsnettonutzenfunktionen der Länder ergibt sich

$$v(L) = \sum_{i\in L}\left(b_i(|L|-1)\sum_{j\in L} b_j - 0,5\left(\sum_{j\in L} b_j\right)^2 - b_i^2\right)$$
$$= (0,5|L|-1)\left(\sum_{j\in L} b_j\right)^2 + 0,5\sum_{j\in L} b_j^2$$

als maximaler aggregierter inkrementeller Vermeidungsnettonutzen nach Umsetzung des Abkommens. Dies entspricht dem Wert der Koalition L.

A.6: Berechnung der Vermeidungsquote ohne Quorum für Länder mit asymmetrischen Vermeidungskosten

Vor den Verhandlungen ist $q_i = 1/c_i$ für alle $i \in N$. Analog zum Fall asymmetrischer Vermeidungsnutzen beträgt der erwartete inkrementelle Vermeidungsnettonutzen einer einheitlichen Vermeidungsquote für $i \in K$:

$$p(K)\left((\theta - 1)\sum_{j\in K} c_j^{-1} - 0,5(1/c_i)(\theta^2 - 1)\right).$$

Der Ausdruck wird maximal für:

$$\sum_{j\in K}\frac{1}{c_j} - \theta_i\frac{1}{c_i} = 0 \quad\Leftrightarrow\quad \theta_i = c_i\sum_{j\in K} c_j^{-1}.$$

A.7: Berechnung der Vermeidungsmengen beim flexiblen Abkommen mit asymmetrischen Vermeidungskosten

Der aggregierte Vermeidungsnettonutzen der Ratifizierer

$$|L|\sum_{j\in L} q_j - 0,5\sum_{j\in L} c_j q_j^2$$

wird maximal, wenn für alle $i \in L$ gilt:

$$q_i = |L|/c_i.$$

Dies entspricht einer einheitlichen Vermeidungsquote in Höhe von $|L|$ für alle Ratifizierer.

B: Auszahlungstabellen zu Kapitel 7

Tabelle B.1: *Das flexible Abkommen mit symmetrischen Ländern*

$\|N\|$	$\hat{m}$	$\|\hat{K}^*\|$	$i \in \hat{K}^{a)}$	$i \notin \hat{K}^{b)}$	$W(\|L\| \geq \hat{m})$
10	5	10	18,54	30,79	0,83
20	5	14	30,15	44,62	0,91
30	5	16	26,78	36,87	0,83
50	5	20	28,95	37,28	0,82
10	10	10	0,00[c)]	0,00	0,00
20	10	20	66,62	100,24	0,75
30	10	23	65,71	92,87	0,69
50	10	28	68,69	90,77	0,67
20	15	20	0,00	0,00	0,00
30	15	30	139,70	203,37	0,71
50	15	32	144,03	195,53	0,67
20	20	20	0,00	0,00	0,00
30	20	30	0,21	0,32	0,37
50	20	39	60,20	83,75	0,19

$p(\hat{K}) = |\hat{K} - \hat{m} + 1|/|N|$, *a*) erwartete inkrementelle Auszahlung der Unterzeichner, *b*) erwartete inkrementelle Auszahlung der Trittbrettfahrer, *c*) alle Werte sind auf die zweite Nachkommastelle gerundet.

Hinweis: In den nachfolgenden Tabellen sind die erwarteten inkrementellen Vermeidungnettonutzen des Quotenabkommens, die erwarteten inkrementellen Auszahlungen des flexiblen Abkommens und die Payoffs bei zwei Verhandlungsrunden (Neuverhandlungen) für unterschiedliche Mengen von Unterzeichnern angegeben. Diese sind nach den in Abschnitt 7.6 angenommen Vermeidungsnettonutzen und Ratifizierungswahrscheinlichkeiten berechnet. Die Ziffern 1-5 bezeichnen dabei die Indexzahl des jeweiligen Landes. Kursiv gedruckt Werte zeigen an, dass das betreffende Land einen Anreiz hat, der Koalition beizutreten. Bei fett gedruckten Werten besteht für das Land ein Anreiz, die Koalition zu verlassen. $W(|L| < \hat{m} - 1)$ gibt an, mit welcher Wahrscheinlichkeit im Fall von Neuverhandlungen jeweils die zweite Verhandlungsrunde erreicht wird.

Tabelle B.2: *Das Quotenabkommen mit asymmetrischen Ratifizierungswahrscheinlichkeiten*

K	$\theta(K)$	1	2	3	4	5
{1,2}	1,8571	0,1224	0,1808	*0,5306*	*0,5306*	*0,5306*
{1,3}	1,7500	0,0937	*0,4375*	0,1797	*0,4375*	*0,4375*
{1,4}	1,6667	0,0741	*0,3703*	*0,3703*	0,1728	*0,3703*
{1,5}	1,6000	0,0600	*0,3200*	*0,3200*	*0,3200*	0,1640
{2,3}	1,8750	*0,4688*	0,1904	0,1542	*0,4688*	*0,4688*
{2,4}	1,7778	*0,3951*	0,0864	*0,3951*	0,1550	*0,3951*
{2,5}	1,7000	*0,3400*	0,0700	*0,3400*	*0,3400*	0,1510
{3,4}	1,8889	*0,4198*	*0,4198*	0,0988	0,1344	*0,4198*
{3,5}	1,8000	*0,3600*	*0,3600*	0,0800	*0,3600*	0,1360
{4,5}	1,9000	*0,3800*	*0,3800*	*0,3800*	0,0900	0,1190
{1,2,3}	2,6071	1,1289	0,8528	1,0080	*2,0950*	*2,0950*
{1,2,4}	2,5238	0,5805	0,7723	*1,9220*	1,0279	*1,9220*
{1,2,5}	2,4571	0,5308	0,7107	*1,7902*	*1,7902*	1,0346
{1,3,4}	2,4167	0,5017	*1,7118*	0,8043	0,9051	*1,7118*
{1,3,5}	2,3500	0,4556	*1,5862*	0,7383	*1,5862*	0,9079
{1,4,5}	2,2667	0,4011	*1,4356*	*1,4356*	0,7459	0,8149
{2,3,4}	2,6528	1,8790	0,5853	0,7471	0,8748	*1,8790*
{2,3,5}	2,5750	1,7381	0,5316	0,6824	*1,7381*	0,8935
{2,4,5}	2,4778	1,5693	0,4679	*1,5693*	0,7127	0,7984
{3,4,5}	2,6889	1,7029	1,7029	0,5348	0,6646	0,7684
{1,2,3,4}	3,2738	**1,7234**	2,1862	2,5332	2,8032	*4,9627*
{1,2,3,5}	3,2071	**1,6238**	2,0660	2,3976	*4,7190*	2,8619
{1,2,4,5}	3,1238	**1,5035**	1,9206	*4,4229*	2,4767	2,6713
{1,3,4,5}	3,0167	**1,3556**	*4,0557*	2,0307	2,2556	2,4357
{2,3,4,5}	3,3528	4,5076	**1,5817**	1,9473	2,2318	2,4569
{1,2,3,4,5}	3,8738	**3,4412**	4,2749	4,9002	5,3865	5,7756

Tabelle B.3: *Das flexible Abkommen mit asymmetrischen Ratifizierungswahrscheinlichkeiten*

$\hat{K}$	1	2	3	4	5
{1,2}	0,0476	0,0476	*0,1905*	*0,1905*	*0,1905*
{1,3}	0,0417	*0,1667*	0,0417	*0,1667*	*0,1667*
{1,4}	0,0370	*0,1481*	*0,1481*	0,0370	*0,1481*
{1,5}	0,0333	*0,1333*	*0,1333*	*0,1333*	0,0333
{2,3}	*0,1429*	0,0357	0,0357	*0,1429*	*0,1429*
{2,4}	*0,1269*	0,0357	*0,1269*	0,0357	*0,1269*
{2,5}	*0,1143*	0,0286	*0,1143*	*0,1143*	0,0317
{3,4}	*0,1111*	*0,1111*	0,0278	0,0278	*0,1111*
{3,5}	*0,1000*	*0,1000*	0,0250	*0,1000*	0,0250
{4,5}	*0,0889*	*0,0889*	*0,0889*	0,0222	0,0222
{1,2,3}	0,4419	0,4821	0,5223	*1,4800*	*1,4800*
{1,2,4}	0,4048	0,4405	*1,0476*	0,6548	*1,0476*
{1,2,5}	0,3750	0,4071	*0,9857*	*0,9857*	0,5036
{1,3,4}	0,3646	*0,9583*	0,4271	0,4583	*0,9583*
{1,3,5}	0,3375	*0,9000*	0,3937	*0,9000*	0,4500
{1,4,5}	0,3083	*0,8333*	*0,8333*	0,3833	0,4083
{2,3,4}	*0,8571*	0,3482	0,3750	0,4018	*0,8571*
{2,3,5}	*0,8036*	0,3214	0,3455	*0,8036*	0,3938
{2,4,5}	*0,7429*	0,2929	*0,7429*	0,3357	0,3571
{3,4,5}	*0,6750*	*0,6750*	0,2813	0,3000	0,3186
{1,2,3,4}	1,5212	1,7566	1,8598	1,9841	*3,6719*
{1,2,3,5}	1,4429	1,5905	1,7238	*3,3905*	1,9476
{1,2,4,5}	1,3524	1,4899	*3,2339*	1,7735	1,835
{1,3,4,5}	1,2481	*2,9926*	1,4889	1,5926	1,6852
{2,3,4,5}	*2,7365*	1,2413	1,3444	1,4381	1,5222
{1,2,3,4,5}	3,4921	3,904	4,2601	4,5437	4,8363

Tabelle B.4: *Neuverhandlungen mit asymmetrischen Ratifizierungswahrscheinlichkeiten und $\hat{m} = 2$*

$\hat{K}$	1	2	3	4	5	$W(\|L\| < 2)$
$\|\hat{K}\| < 2$	1,7029	1,7029	0,5348	0,6647	0,7684	1,0000
{1,2}	**1,6743**	**1,6743**	*0,5697*	*0,6965*	*0,7978*	0,9762
{1,3}	**1,6779**	**1,7092**	0,5341	*0,6925*	*0,7941*	0,9792
{1,4}	**1,7004**	1,7281	*0,5681*	0,6693	*0,8001*	0,9931
{1,5}	**1,6829**	1,7079	*0,5592*	*0,6869*	**0,7639**	0,9833
{2,3}	1,7082	**1,6815**	**0,5342**	*0,6885*	*0,7904*	0,9821
{2,4}	1,7076	**1,6838**	*0,5581*	**0,6621**	*0,7879*	0,9841
{2,5}	1,7072	**1,6858**	*0,5557*	*0,6837*	**0,7646**	0,9857
{3,4}	1,7071	1,7071	**0,5343**	**0,6624**	*0,7885*	0,9861
{3,5}	1,7066	1,7066	**0,5343**	*0,6813*	**0,7651**	0,9875
{4,5}	1,7062	1,7062	*0,5510*	**0,6628**	**0,7654**	0,9888
{1,2,3}	**1,5666**	**1,5845**	0,6706	1,0300	1,1129	0,7976
{1,2,4}	**1,5691**	**1,5849**	0,9514	0,8555	1,0665	0,8095
{1,2,5}	**1,5709**	**1,5852**	0,8761	0,9825	0,8627	0,8190
{1,3,4}	**1,5746**	1,8292	0,6398	0,7607	1,0591	0,8241
{1,3,5}	**1,5774**	1,8358	0,6290	0,9539	0,8487	0,8333
{1,4,5}	**1,5825**	1,8084	0,8219	0,7391	0,8378	0,8444
{2,3,4}	1,8136	**1,5953**	0,6245	0,7456	1,0274	0,8412
{2,3,5}	1,8046	**1,5975**	0,6153	0,9221	0,8353	0,8500
{2,4,5}	1,7952	**1,6015**	0,7902	0,7274	0,8261	0,8603
{3,4,5}	1,7853	1,7964	0,5970	0,7186	0,8174	0,8722
{1,2,3,4}	1,7016	1,7686	1,3269	1,4356	*2,3224*	0,4583
{1,2,3,5}	1,6829	1,7632	1,2838	*2,2210*	1,5147	0,4723
{1,2,4,5}	1,6903	1,7653	*2,0772*	1,3648	1,4713	0,5095
{1,3,4,5}	1,6345	*2,5596*	1,1647	1,2878	0,9958	0,5145
{2,3,4,5}	*2,3772*	1,6219	1,0690	1,1715	1,2457	0,5214
{1,2,3,4,5}	2,7386	2,9878	3,0135	3,2197	3,3969	0,1619

Tabelle B.5: *Das Quotenabkommen mit asymmetrischen Vermeidungsnutzen*

K	$\theta(K)$	1	2	3	4	5
{1,2}	1,5000	0,3500	0,2000	*1,8000*	*2,4000*	3,0000
{1,3}	1,3333	0,3778	*1,0667*	0,2000	*2,1333*	*2,6667*
{1,4}	1,2500	0,3875	*1,0000*	*1,5000*	0,2000	*2,5000*
{1,5}	1,2000	0,3920	*0,9600*	*1,4400*	*1,9200*	0,2000
{2,3}	1,6667	*1,3333*	1,2444	0,8000	*5,3333*	*6,6667*
{2,4}	1,5000	*1,2000*	1,5000	*3,6000*	0,8000	*6,0000*
{2,5}	1,4000	*1,1200*	1,4720	*3,3600*	*4,4800*	0,8000
{3,4}	1,7500	*2,1000*	*4,2000*	2,5875	1,8000	*10,5000*
{3,5}	1,6000	*1,9200*	*3,8400*	2,9520	7,6800	*1,8000*
{4,5}	1,8000	*2,8800*	*5,7600*	*8,6400*	4,3520	3,2000
{1,2,3}	2,0000	2,7000	3,6000	2,7000	*14,4000*	18,0000
{1,2,4}	1,7500	2,5316	3,8250	*9,4500*	2,7000	*15,7500*
{1,2,5}	1,6000	2,4102	3,8880	*8,6400*	*11,5200*	2,7000
{1,3,4}	2,0000	3,9000	*9,6000*	6,3000	4,8000	*24,0000*
{1,3,5}	1,8000	3,6480	*8,6400*	6,9120	*17,2800*	4,8000
{1,4,5}	2,0000	5,1000	*12,0000*	*18,0000*	9,6000	7,5000
{2,3,4}	*2,2500*	6,7500	8,6250	9,2816	7,5000	33,7500
{2,3,5}	2,0000	*6,0000*	8,4000	9,9000	*24,0000*	7,5000
{2,4,5}	2,2000	*7,9200*	11,2320	*23,7600*	13,2480	10,8000
{3,4,5}	2,4000	*10,0800*	*20,1600*	17,3880	17,4720	14,7000
{1,2,3,4}	2,5000	9,9000	15,6000	17,1000	26,4000	60,0000
{1,2,3,5}	2,2000	9,0240	14,9760	17,8560	42,2400	**14,4000**
{1,2,4,5}	2,4000	11,5360	19,2640	40,3200	*23,2960*	19,6000
{1,3,4,5}	2,6000	14,3360	33,2800	*29,1840*	29,6960	25,6000
{2,3,4,5}	2,8000	20,1600	*29,3760*	35,8560	36,8640	32,4000
{1,2,3,4,5}	3,0000	*26,0000*	44,0000	54,0000	56,0000	**50,0000**

Tabelle B.6: *Beispiel 1: Das flexible Abkommen mit asymmetrischen Vermeidungsnutzen*

K	1	2	3	4	5
{1,2}	0,2000	0,2000	*1,4400*	*1,9200*	*2,4000*
{1,3}	0,4000	*1,2800*	0,4000	*2,5600*	*3,2000*
{1,4}	0,6800	*1,6000*	*2,4000*	0,6800	*4,0000*
{1,5}	1,0400	*1,9200*	*2,8800*	*3,8400*	1,0400
{2,3}	*0,8000*	0,5200	0,5200	*3,2000*	*4,0000*
{2,4}	*0,9600*	0,8000	*2,8800*	0,8000	*4,8000*
{2,5}	*1,1200*	1,1600	*3,3600*	*4,4800*	1,1600
{3,4}	*1,1200*	*2,2400*	1,0000	1,0000	*5,6000*
{3,5}	*1,2800*	*2,5600*	1,3600	*5,1200*	1,3600
{4,5}	*1,4400*	*2,8800*	*4,3200*	1,6400	1,6400
{1,2,3}	2,8620	3,5640	4,1580	*18,5760*	*21,6000*
{1,2,4}	3,8520	4,6980	*15,1200*	6,0660	*25,2000*
{1,2,5}	5,0220	6,0120	*17,2800*	*23,0400*	8,3340
{1,3,4}	4,8060	*11,5200*	6,6780	7,4520	*28,8000*
{1,3,5}	6,0480	*12,9600*	8,2080	*25,9200*	9,9360
{1,4,5}	7,2540	*14,4000*	*21,6000*	10,7640	11,7180
{2,3,4}	*6,4800*	6,8580	7,8840	8,8020	*32,4000*
{2,3,5}	*7,2000*	8,3160	9,4860	*28,8000*	11,5020
{2,4,5}	*7,9200*	9,7380	*23,7600*	12,2580	13,3560
{3,4,5}	*8,6400*	*17,2800*	12,5820	13,9320	15,1740
{1,2,3,4}	14,9333	18,8800	22,6133	26,4773	96,0000
{1,2,3,5}	17,8240	22,1973	26,3573	85,0944	34,0373
{1,2,4,5}	20,7360	25,5360	*69,1200*	34,4960	38,6560
{1,3,4,5}	26,6693	*49,9200*	33,9093	38,7093	43,2960
{2,3,4,5}	*26,8800*	32,2773	37,7173	42,9440	47,9573
{1,2,3,4,5}	52,1667	62,4167	72,8333	**83,4167**	**94,1667**

Tabelle B.7: *Beispiel 1: Das flexible Abkommen mit asymmetrischen Vermeidungsnutzen und* $\hat{m} = 3$

$\hat{K}$	1	2	3	4	5
{1,2,3}	0,0667	0,0667	0,0667	*0,4320*	*0,4800*
{1,2,4}	0,0933	0,0933	*0,3360*	0,0933	*0,5600*
{1,2,5}	0,1253	0,1253	*0,3840*	*0,5120*	0,1253
{1,3,4}	0,1200	*0,2560*	0,1200	0,1200	*0,6400*
{1,3,5}	0,1547	*0,2880*	0,1547	*0,5760*	0,1546
{1,4,5}	0,1893	*0,3200*	*0,4800*	0,1893	0,1893
{2,3,4}	*0,1440*	0,1467	0,1467	0,1467	*0,7200*
{2,3,5}	*0,1600*	0,1840	0,1840	*0,6400*	0,1840
{2,4,5}	*0,1760*	0,2213	*0,5280*	0,2213	0,2213
{3,4,5}	*0,1920*	*0,3840*	0,2587	0,2587	0,2587
{1,2,3,4}	1,8291	2,3138	2,7063	3,1450	*10,7520*
{1,2,3,5}	2,1941	2,7411	3,1959	*9,6000*	3,8291
{1,2,4,5}	2,5459	3,1552	*7,7414*	4,0730	4,4301
{1,3,4,5}	2,8845	*5,5910*	4,1355	4,6227	5,0178
{2,3,4,5}	*3,0106*	3,9437	4,5854	5,1350	5,5923
{1,2,3,4,5}	18,9553	25,5402	31,4460	36,8802	41,2207

Tabelle B.8: *Beispiel 1: Neuverhandlungen mit asymmetrischen Vermeidungsnutzen und* $\hat{m} = 2$

$\hat{K}$	1	2	3	4	5	$W(\|L\| < 2)$
$\|\hat{K}\| < 2$	9,9000	15,6000	17,1000	26,4000	60,0000	1,0000
{1,2}	**9,5540**	**15,0260**	16,7760	25,8240	58,2000	0,9600
{1,3}	**9,6400**	15,2960	**16,5160**	25,9840	58,4000	0,9600
{1,4}	**9,6740**	15,3760	17,0160	**25,5140**	58,6000	0,9600
{1,5}	**9,7640**	15,4560	17,1360	26,3040	**57,8600**	0,9600
{2,3}	9,7040	**15,1060**	**16,5460**	*26,1440*	58,6000	0,9600
{2,4}	9,7440	**15,1760**	17,1360	**25,5440**	58,8000	0,9600
{2,5}	9,7840	**15,2660**	*17,2560*	*26,4640*	**57,890**	0,9600
{3,4}	9,7840	15,5360	**16,6660**	**25,5940**	59,0000	0,9600
{3,5}	9,8250	15,6160	**16,7560**	*26,6240*	**57,9400**	0,9600
{4,5}	9,8640	*15,6960*	*17,4960*	**25,7540**	**58,0100**	0,9600
{1,2,3}	**7,7299**	**11,8315**	**13,0995**	25,1712	48,4800	0,6480
{1,2,4}	**8,2899**	**13,0155**	*17,1768*	**20,4219**	50,5600	0,6480
{1,2,5}	**8,9779**	**13,8234**	*19,3368*	26,6032	**43,8427**	0,6480
{1,3,4}	**9,0285**	*14,9648*	**14,6861**	**23,0085**	50,3840	0,6480
{1,3,5}	**9,3059**	*14,7408*	**15,1314**	*27,1872*	**46,4267**	0,6480
{1,4,5}	**9,8339**	*15,5728*	*21,2568*	**22,8059**	**45,1307**	0,6480
{2,3,4}	*9,6232*	**14,0155**	**15,7635**	26,8539	54,4560	0,6480
{2,3,5}	*10,1112*	**15,3701**	17,9421	*27,2352*	**51,4453**	0,6480
{2,4,5}	*10,7432*	16,3275	*23,3208*	29,0939	**44,4747**	0,6480
{3,4,5}	*10,7832*	*18,7648*	17,9715	26,9499	**55,5067**	0,6480
{1,2,3,4}	10,4141	14,4955	17,4643	**21,9893**	*64,7520*	0,1792
{1,2,3,5}	12,0161	16,4575	19,7863	*52,7693*	**32,5140**	0,1792
{1,2,4,5}	13,5101	18,3115	*41,4259*	**26,1077**	**34,6560**	0,1792
{1,3,4,5}	15,1121	*30,8755*	24,3223	29,4089	**38,4900**	0,1792
{2,3,4,5}	*16,8941*	22,1275	26,5363	31,9828	**41,424**	0,1792
{1,2,3,4,5}	34,0079	44,1902	53,8536	63,2016	71,9765	0,0067

Tabelle B.9: *Beispiel 1: Neuverhandlungen mit asymmetrischen Vermeidungsnutzen und* $\hat{m} = 3$

$\hat{K}$	1	2	3	4	5	$W(\lvert L\rvert < 3)$
$\lvert\hat{K}\rvert < 3$	9,9000	15,6000	17,1000	26,4000	60,0000	1,0000
{1,2,3}	**9,8874**	**15,5419**	**17,0299**	26,6208	60,0000	0,9920
{1,2,4}	9,9141	**15,5685**	17,2992	**26,2821**	60,0800	0,9920
{1,2,5}	9,9461	15,6005	*17,3472*	26,7008	**59,6453**	0,9920
{1,3,4}	9,9408	15,7312	**17,0832**	**26,3088**	60,1600	0,9920
{1,3,5}	9,9755	15,7632	17,1179	26,7648	**59,6746**	0,9920
{1,4,5}	10,0101	15,7952	*17,4432*	**26,3781**	**59,7093**	0,9920
{2,3,4}	9,9648	15,6219	17,1099	**26,3355**	60,2400	0,9920
{2,3,5}	*9,9808*	15,6592	17,1472	26,8288	**59,704**	0,9920
{2,4,5}	*9,9968*	15,6965	*17,4912*	26,4101	**59,7413**	0,9920
{3,4,5}	*10,0128*	*15,8592*	17,2219	26,4475	**59,7786**	0,9920
{1,2,3,4}	**9,9550**	**15,1183**	**16,7420**	**24,8141**	*60,0000*	0,8208
{1,2,3,5}	10,3201	**15,5456**	17,2316	*31,2691*	**53,0771**	0,8208
{1,2,4,5}	10,6718	**15,9597**	*21,7771*	**25,7664**	**53,6781**	0,8208
{1,3,4,5}	11,0104	*18,3955*	18,1711	26,2918	**54,2658**	0,8208
{2,3,4,5}	*11,1365*	16,7482	18,6211	26,8041	**54,8403**	0,8208
{1,2,3,4,5}	22,0981	30,4923	36,8742	45,2606	60,2671	0,3174

Tabelle B.10: *Beispiel 1: Neuverhandlungen mit asymmetrischen Vermeidungsnutzen und* $\hat{m} = 4$

$\hat{K}$	1	2	3	4	5	$W(\lvert L\rvert < 4)$
$\lvert\hat{K}\rvert < 4$	9,9000	15,6000	17,1000	26,4000	60,0000	1,0000
{1,2,3,4}	9,9302	15,6210	17,1186	26,4038	*60,1440*	0,9984
{1,2,3,5}	9,9404	15,6312	17,1288	*26,5690*	**59,9602**	0,9984
{1,2,4,5}	9,9510	15,6418	*17,2454*	26,4246	**59,9708**	0,9984
{1,3,4,5}	9,9620	*15,6998*	17,1504	26,4356	**59,9818**	0,9984
{2,3,4,5}	*9,9514*	15,6642	17,1618	26,4470	**59,9932**	0,9984
{1,2,3,4,5}	12,5615	18,5007	20,5070	28,0477	62,5132	0,9130

Tabelle B.11: *Beispiel 2: Neuverhandlungen mit asymmetrischen Vermeidungsnutzen und* $\hat{m} = 2$

$\hat{K}$	1	2	3	4	5	$W(\|L\| < 2)$
$\|\hat{K}\| < 2$	9,9000	15,6000	17,1000	26,4000	60,0000	1,0000
{1,2}	**8,5160**	**13,3040**	15,8040	24,0960	52,8000	0,8400
{1,3}	**8,7160**	14,3840	**14,7640**	24,7360	53,6000	0,8400
{1,4}	**8,9960**	14,7040	16,7640	**22,8560**	54,4000	0,8400
{1,5}	**9,3560**	15,0240	17,2440	26,0160	**51,4400**	0,8400
{2,3}	9,1160	**13,6240**	**14,8840**	25,3760	54,4000	0,8400
{2,4}	9,2760	**13,9040**	17,2440	**22,9760**	55,2000	0,8400
{2,5}	9,4360	**14,2640**	17,7240	26,6560	**51,5600**	0,8400
{3,4}	9,4360	15,3440	**15,3640**	**23,1760**	56,0000	0,8400
{3,5}	9,5960	15,6640	**16,7240**	27,2960	**51,7600**	0,8400
{4,5}	9,7560	15,9840	18,6840	**23,8160**	**52,0400**	0,8400
{1,2,3}	**6,3468**	**9,0552**	**10,1772**	27,8688	42,7200	0,8400
{1,2,4}	**7,3368**	**10,1892**	*21,1392*	**15,3588**	46,3200	0,3520
{1,2,5}	**8,5068**	**11,5032**	*23,2992*	**32,3328**	**29,4540**	0,3520
{1,3,4}	**8,2908**	*17,0112*	**12,6972**	**16,7448**	49,9200	0,3520
{1,3,5}	**9,5328**	*18,4512*	**14,2272**	*35,2128*	**31,0560**	0,3520
{1,4,5}	**10,7388**	*19,8912*	*27,6192*	**20,0568**	**32,8380**	0,3520
{2,3,4}	*9,9648*	**12,3492**	**13,9032**	**18,0948**	53,5200	0,3520
{2,3,5}	*10,6848*	**13,8072**	**15,5052**	*38,0928*	**32,6220**	0,3520
{2,4,5}	*11,4048*	**15,2292**	*29,7792*	**21,5508**	**34,4760**	0,3520
{3,4,5}	*12,1248*	*22,7712*	**18,6012**	**23,2248**	**36,2940**	0,3520
{1,2,3,4}	15,2026	19,3043	23,0785	**27,4658**	97,6320	0,0272
{1,2,3,5}	18,0933	22,6217	26,8225	85,8125	**35,6693**	0,0272
{1,2,4,5}	21,0053	25,9063	*69,5851*	35,2141	**40,2880**	0,0272
{1,3,4,5}	23,9386	*50,3443*	34,3745	39,4274	**44,9280**	0,0272
{2,3,4,5}	*27,1493*	32,7017	38,1825	43,6621	**49,5893**	0,0272
{1,2,3,4,5}	52,1667	62,4167	72,8333	**83,4167**	**94,1667**	0,0000

Tabelle B.12: *Beispiel 2: Neuverhandlungen mit asymmetrischen Vermeidungsnutzen und $\hat{m} = 3$*

$\hat{K}$	1	2	3	4	5	$W(\|L\| < 3)$
$\|\hat{K}\| < 3$	9,9000	15,6000	17,1000	26,4000	60,0000	1,0000
{1,2,3}	**9,5616**	**14,0304**	**15,2064**	32,3616	60,0000	0,7840
{1,2,4}	10,2816	**14,7504**	22,4784	**23,2176**	62,1600	0,7840
{1,2,5}	11,1456	15,6144	*23,7744*	34,5216	**50,4240**	0,7840
{1,3,4}	11,0016	19,1424	**16,6464**	**23,9376**	64,3200	0,7840
{1,3,5}	11,9376	20,0064	17,5824	36,2496	**51,2160**	0,7840
{1,4,5}	12,8736	20,8704	*26,3664*	**25,8096**	**52,1520**	0,7840
{2,3,4}	*11,6496*	16,1904	17,3664	**24,6576**	66,4800	0,7840
{2,3,5}	*12,0816*	17,1984	18,3744	37,9776	**52,0080**	0,7840
{2,4,5}	*12,5136*	18,2064	*27,6624*	26,6736	**53,0160**	0,7840
{3,4,5}	*12,9456*	*22,5984*	20,3904	27,6816	**54,0240**	0,7840
{1,2,3,4}	12,6034	**15,3442**	**17,2637**	**20,6246**	*78,4320*	0,1808
{1,2,3,5}	14,8459	**17,7811**	19,8750	*64,3699*	**31,0310**	0,1808
{1,2,4,5}	17,1090	**20,2285**	*51,7522*	**26,1133**	**34,0314**	0,1808
{1,3,4,5}	19,3925	*37,9642*	25,1589	28,9497	**37,0522**	0,1808
{2,3,4,5}	*20,7134*	25,1846	27,8315	31,8067	**40,0934**	0,1808
{1,2,3,4,5}	53,4167	63,2917	73,0833	82,7917	97,4167	0,0000

Tabelle B.13: *Beispiel 2: Neuverhandlungen mit asymmetrischen Vermeidungsnutzen und $\hat{m} = 4$*

$\hat{K}$	1	2	3	4	5	$W(\|L\| < 4)$
$\|\hat{K}\| < 4$	9,9000	15,6000	17,1000	26,4000	60,0000	1,0000
{1,2,3,4}	17,6210	20,9862	21,8718	27,3627	96,8640	0,5904
{1,2,3,5}	20,2322	23,5974	24,4830	*69,6538*	**49,8112**	0,5904
{1,2,4,5}	22,9458	26,3110	*54,3326*	32,6874	**52,5248**	0,5904
{1,3,4,5}	25,7618	*41,1590*	30,0126	35,5034	**55,3408**	0,5904
{2,3,4,5}	*23,0482*	32,0454	32,9310	38,4218	**58,2592**	0,5904
{1,2,3,4,5}	59,2500	66,3750	73,2500	79,8750	**86,2500**	0,0000

Tabelle B.14: *Das Quotenabkommen mit asymmetrischen Vermeidungskosten*

K	$\theta(K)$	1	2	3	4	5
{1,2}	1,5000	0,0500	0,1750	*0,3000*	*0,3000*	*0,3000*
{1,3}	1,3333	0,0222	*0,1778*	0,1259	*0,1778*	*0,1778*
{1,4}	1,2500	0,0125	*0,1250*	*0,1250*	0,0969	*0,1250*
{1,5}	1,2000	0,0080	*0,0960*	*0,0960*	*0,0960*	0,0784
{2,3}	1,6667	0,2222	0,0889	0,1037	*0,2222*	*0,2222*
{2,4}	1,5000	*0,1500*	0,0500	*0,1500*	0,0875	*0,1500*
{2,5}	1,4000	*0,1120*	0,0320	*0,1120*	*0,1120*	0,0736
{3,4}	1,7500	0,1750	0,5250	0,0375	0,0719	*0,1750*
{3,5}	1,6000	0,1280	*0,1280*	0,0240	*0,1280*	0,0656
{4,5}	1,8000	0,1440	0,1440	*0,1440*	0,0320	0,0544
{1,2,3}	1,8333	**0,2083**	0,5625	0,6806	*0,9167*	*0,9167*
{1,2,4}	1,7500	0,1686	0,4781	*0,7875*	0,6328	*0,7875*
{1,2,5}	1,7000	0,1470	0,4305	*0,7140*	*0,7140*	0,6006
{1,3,4}	1,5833	**0,1021**	*0,5542*	0,4035	0,4411	*0,5542*
{1,3,5}	1,5333	**0,0853**	*0,4907*	0,3556	*0,4907*	0,4096
{1,4,5}	1,4500	**0,0606**	*0,3915*	*0,3915*	0,3088	0,3254
{2,3,4}	2,1667	0,7583	**0,2042**	0,3889	0,4813	*0,7583*
{2,3,5}	2,0667	0,6613	0,1707	0,3342	*0,6613*	0,4651
{2,4,5}	1,9000	0,5130	**0,1215**	*0,5130*	0,3173	0,3564
{3,4,5}	2,3500	0,6345	0,6345	0,18225	0,2953	0,3632
{1,2,3,4}	2,0833	**0,4694**	1,1375	1,0201	1,4715	*1,8056*
{1,2,3,5}	2,0333	**0,4271**	1,0540	1,2630	*1,6809*	1,4301
{1,2,4,5}	1,9500	**0,3610**	0,9215	*1,4820*	1,2016	1,2578
{1,3,4,5}	1,7833	**0,2454**	*1,1176*	0,8269	0,9000	0,9431
{2,3,4,5}	2,5667	1,6084	**0,4909**	0,8634	1,0500	1,1642
{1,2,3,4,5}	2,5667	**0,8235**	1,8769	2,228	2,4040	2,5089

Tabelle B.15: *Das flexible Abkommen mit asymmetrischen Vermeidungskosten*

$\hat{K}$	1	2	3	4	5
{1,2}	0,3000	0,3000	*0,4800*	*0,4800*	*0,4800*
{1,3}	0,2667	*0,4267*	0,2667	*0,4267*	*0,4267*
{1,4}	0,2500	*0,4000*	*0,4000*	0,2500	*0,4000*
{1,5}	0,2400	*0,3840*	*0,3840*	*0,3840*	0,2400
{2,3}	*0,2667*	0,1667	0,1667	*0,2667*	*0,2667*
{2,4}	*0,2400*	0,1500	*0,2400*	0,1500	*0,2400*
{2,5}	*0,2240*	0,1400	*0,2240*	*0,2240*	0,1400
{3,4}	*0,1867*	*0,1867*	0,1167	0,1167	*0,1867*
{3,5}	*0,1707*	*0,1707*	0,1067	*0,1707*	0,1067
{4,5}	*0,1440*	*0,1440*	*0,1440*	0,0900	0,0900
{1,2,3}	1,7130	1,6320	1,6050	*3,4320*	*3,4320*
{1,2,4}	1,6425	1,5615	*3,276*	1,5210	*3,2760*
{1,2,5}	1,6002	1,5192	*3,1824*	*3,1824*	1,4706
{1,3,4}	1,5015	*2,9640*	1,3935	1,3800	*2,9640*
{1,3,5}	1,4592	*2,8704*	1,3512	*2,8704*	1,3296
{1,4,5}	1,3887	*2,7144*	*2,7144*	1,2672	1,2591
{2,3,4}	*2,0280*	0,9975	0,9705	0,9570	*2,0280*
{2,3,5}	*1,9344*	0,9552	0,9282	*1,9344*	0,0966
{2,4,5}	*1,7784*	0,8847	*1,7784*	0,8442	0,8361
{3,4,5}	*1,4664*	*1,4664*	0,7167	0,7032	0,6951
{1,2,3,4}	5,4725	4,9029	4,7131	4,6181	14,4000
{1,2,3,5}	5,3685	4,7989	4,6091	14,0544	4,4571
{1,2,4,5}	5,1952	4,6256	13,4784	4,3408	4,2838
{1,3,4,5}	54,8485	12,3264	4,0891	3,9941	3,9372
{2,3,4,5}	*8,8704*	3,2389	3,0491	2,9541	2,8972
{1,2,3,4,5}	12,2821	**9,5946**	**8,6988**	**8,2508**	**7,9821**

Tabelle B.16: *Neuverhandlungen mit asymmetrischen Vermeidungskosten und* $\hat{m} = 2$

$\hat{K}$	1	2	3	4	5	$W(\|L\| < 2)$
$\|\hat{K}\| < 2$	0,6345	0,6345	0,1823	0,2953	0,3632	1,0000
{1,2}	0,6841	0,6841	*0,2950*	*0,4035*	*0,4686*	0,9600
{1,3}	0,6758	*0,7158*	0,2416	*0,3902*	*0,4553*	0,9600
{1,4}	0,6716	*0,7091*	*0,2750*	0,3460	*0,4486*	0,9600
{1,5}	0,6691	*0,7051*	*0,2710*	*0,3795*	0,4086	0,9600
{2,3}	*0,6758*	0,6508	0,2166	*0,3502*	*0,4153*	0,9600
{2,4}	*0,6691*	0,6466	*0,2350*	0,3210	*0,4086*	0,9600
{2,5}	*0,6651*	0,6441	*0,2310*	*0,3395*	0,3836	0,9600
{3,4}	*0,6558*	*0,6558*	0,2041	0,3112	*0,3953*	0,9600
{3,5}	*0,6518*	*0,6518*	0,2016	*0,3262*	0,3753	0,9600
{4,5}	*0,6451*	*0,6451*	*0,2110*	0,3060	0,3711	0,9600
{1,2,3}	1,1965	1,1925	0,8981	*1,5994*	*1,6433*	0,9600
{1,2,4}	1,1612	1,1572	*1,4621*	0,9354	*1,5793*	0,6480
{1,2,5}	1,1400	1,1360	*1,4237*	*1,4970*	0,9577	0,6480
{1,3,4}	1,0904	*1,6272*	0,7921	0,8647	*1,4513*	0,6480
{1,3,5}	1,0693	*1,5888*	0,7709	*1,3690*	0,8871	0,6480
{1,4,5}	1,0340	*1,5248*	*1,2317*	0,8082	0,8517	0,6480
{2,3,4}	*1,2432*	0,8745	0,5801	0,6527	*1,0673*	0,6480
{2,3,5}	*1,2048*	0,8533	0,5589	*0,9850*	0,6751	0,6480
{2,4,5}	*1,1408*	0,8180	*0,8477*	0,5962	0,6397	0,6480
{3,4,5}	*1,0128*	*1,0128*	*0,4529*	0,5255	0,5691	0,6480
{1,2,3,4}	3,3541	3,2246	3,1003	3,0990	*7,2651*	0,1792
{1,2,3,5}	3,2826	3,1530	3,0288	*7,0801*	3,0266	0,1792
{1,2,4,5}	3,1634	3,0338	*6,7719*	2,9082	2,9074	0,1792
{1,3,4,5}	2,9249	*6,2769*	2,6710	2,6697	2,6689	0,1792
{2,3,4,5}	*4,5489*	2,0798	1,9555	1,9541	1,9534	0,1792
{1,2,3,4,5}	8,8537	7,9353	7,6261	7,4738	7,3824	0,0067

Tabelle B.17: *Neuverhandlungen mit asymmetrischen Vermeidungskosten und* $\hat{m} = 3$

$\hat{K}$	1	2	3	4	5	$W(\|L\| < 3)$
$\|\hat{K}\| < 3$	0,6345	0,6345	0,1822	0,2953	0,3631	1,0000
{1,2,3}	0,6612	0,6612	0,2125	*0,3809*	*0,4482*	0,9920
{1,2,4}	0,6597	0,6597	*0,2647*	0,3232	*0,4442*	0,9920
{1,2,5}	0,6588	0,6588	*0,2623*	*0,3745*	0,3897	0,9920
{1,3,4}	0,6568	*0,7054*	0,2082	0,3203	*0,4362*	0,9920
{1,3,5}	0,6560	*0,7030*	0,2073	*0,3665*	0,3868	0,9920
{1,4,5}	0,6545	*0,6990*	*0,2503*	0,3181	0,3853	0,9920
{2,3,4}	*0,6814*	0,6482	0,1995	0,3117	*0,4122*	0,9920
{2,3,5}	*0,6790*	0,6473	0,1987	*0,3425*	0,3781	0,9920
{2,4,5}	*0,6750*	0,6458	*0,2263*	0,3094	0,3767	0,9920
{3,4,5}	*0,6670*	*0,6670*	0,1943	0,1306	0,3738	0,9920
{1,2,3,4}	1,1217	1,1381	0,7724	0,8679	*1,8020*	0,8208
{1,2,3,5}	1,1065	1,1229	0,7572	*1,2346*	0,9101	0,8208
{1,2,4,5}	1,0811	1,0975	*1,5573*	0,8273	0,8847	0,8208
{1,3,4,5}	1,0304	*1,8082*	0,6811	0,7766	0,8340	0,8208
{2,3,4,5}	*1,4472*	0,8947	0,5290	0,6245	0,6819	0,8208
{1,2,3,4,5}	4,9648	4,9983	4,8659	3,9442	4,9322	0,3174

Literaturverzeichnis

Acid News, Newsletter des Swedish NGO Secretariat on Acid Rain, diverse Ausgaben von 1996-1999.

Aidt, T. (1998), Political Internalization of Economic Externalities and Environmental Policy. In: Journal of Public Economics 69, S. 1-16.

Albin, C. (1995), Rethinking Justice and Fairness: The Case of Acid Rain Emission Reductions. In: Review of International Studies 21, S. 119-143.

Amann, M. (1990), Energy Use, Emissions, and Abatement Costs. In: The RAINS Model of Acidification. Hrsg. Alcamo, J. et al., Dordrecht 1990, S. 31-60.

Amann, M. (1993), IIASA and the New Sulphur Protocol. In: Options, Winter 1993, S. 6-9.

ApSimon et al. (1997), Acid Rain in Europe. Counting the Cost, London 1997.

Aristoteles (1995), Buch V Nikomachische Ethik. Hrsg. von Höffe, O., Berlin 1995.

d' Aspremont, C. et al. (1983), On the Stability of Collusive Price Leadership. In: Canadian Journal of Economics 15, S. 17-25.

Atkinson, G. et al. (1999), Balancing Competing Principles of Environmental Equity. Paper presented at the ninth annual congress of Environmental and Resource Economists in Oslo 1999.

Axelrod, R. (1986), An Evolutionary Approach to Norms. In: American Political Science Review 80 , S. 1095-1111.

Barrett, S. (1992), International Environmental Agreements as Games. In: Conflicts and Cooperation in Managing Environmental Resources. Hrsg. Pethig, R., Berlin 1992, S. 11-36.

Barrett, S. (1994), Self-Enforcing International Environmental Agreements. In: Oxford Economic Papers 46, S. 878-894.

Barrett, S. (1994a), The Biodiversity Supergame. In: Environmental and Resource Economics 4, S. 111-122.

Barrett, S. (1997), The Strategy of Trade Sanctions in International Environmental Agreements. In: Resource and Energy Economics 19, S. 345-361.

Barrett, S. (1997a), Towards a Theory of International Environmental Cooperation. In: New Directions in the Economic Theory of the Environment. Hrsg. Carraro, C./Siniscalco, D., Cheltenham 1997, S. 239-280.

Barrett, S. (1997b), Heterogeneous International Environmental Agreements. In: International Environmental Agreements: Strategic Policy Issues. Hrsg. Carraro, C., Cheltenham 1997, S. 9-25.

Barrett, S. (1998), On the Theory and Diplomacy of Environmental Treaty-Making. In: Environmental and Resource Economics 11, S. 317-333.

Barrett, S./Graddy, K. (1998), Freedom, Growth and the Environment, Diskussionspapier London Business School.

Batabyal, A. (2000), On the Design of International Environmental Agreements for Identical and Heterogenous Countries. In: Oxford Economic Papers 52, S. 560-583.

Bauer, A. (1993), Der Treibhauseffekt. Eine ökonomische Analyse, Tübingen 1993.

Baumol, W./Oates, W. (1988), The Theory of Environmental Policy, Cambridge 1988.

Bazermann, M./Neale, M. (1991), Negotiator Rationality and Negotiator Cognition: The Interactive Roles of Prescriptive and Descriptive Research. In: Negotiation Analysis. Hrsg. Young, P., Ann Arbor 1991, S. 109-129.

Beckerman, W./Pasek, J. (1995), The Equitable International Allocation of Tradable Carbon Permit. In: Global Environmental Change 5, S. 405-413.

Benedick, R. (1991), Ozone Diplomacy. New Directions in Safeguarding the Planet, Cambridge 1991.

Bernauer, T. (1995), The Effect of International Environmental Institutions: How Might We Learn More. In: International Organization 49, S. 351-377.

Bernheim, D./Whinston, M. (1986), Menu Auctions, Resource Allocation, and Economic Influence. In: Quarterly Journal of Economics 101, S. 1-31.

Bernholz, P./Breyer, F. (1994), Grundlagen der politischen Ökonomie Bd. 2: Ökonomische Theorie der Politik, Tübingen, 1994.

Biermann, F. (1998), Finanzierung der Umweltpolitik in Entwicklungsländern – Erfahrungen mit dem internationalen FCKW-Verbotsregime. In: Zeitschrift für angewandte Umweltforschung 11, S. 483-495.

Binmore, K. (1998), Just Playing, Cambridge 1998.

Black, J. et al. (1993), Creating a Good Atmosphere: Minimum Participation for Tackling the ‚Greenhouse Effect'. In: Economica 60, S. 281-293.

Bloch, F. (1997), Non-cooperative Models of Coalition Formation in Games with Spillovers. In: New Directions in the Economic Theory of the Environment. Hrsg. Carraro, C./Siniscalco, D., Cambridge 1997, S. 311-352.

Bodansky, D. (1994), Prologue to the Climate Change Convention. In: Negotiating Climate Change: The Inside Story of the Rio Convention. Mintzer, I./Leonanrd, A., Cambridge 1994, S. 45-74.

Bohm, Peter (1992), Distributional Implications of Allowing International Trade in CO_2 Emission Quotas. In: The World Economy 15, S. 107-114.

Bohm, P. (1997), On the Feasibility of Joint Implementation of Carbon Emissions Reductions. In: The Economics of Environmental Protection. Hrsg. Bohm, P., Cheltenham 1997, S. 249-269.

Bohm, P. (1997a), Efficiency Aspects of Imperfect Treaties on Global Public Bads: Lessons from the Montreal Protocol. In: The Economics of Environmental Protection. Hrsg. Bohm, P., Cheltenham 1997 , S. 204-231.

Bohm, P./Larsen, B. (1994), Fairness in a Tradeable-Permit Treaty for Carbon Emission Reductions in Europe and the former Soviet Union. In: Environmental and Resource Economics 4, S. 219-239.

Bohm, P./Russell, C. (1985), Comparative Analysis of Alternative Policy Instruments. In: Handbook of Natural Resource and Energy Economics. Hrsg. Kneese, A./Sweeny, J., Amsterdam 1985, S. 395-460.

Botteon, M./Carraro, C. (1997), Burden Sharing and Coalition Stability in Environmental Negotiations with Asymmetric Countries. In: International Environmental Agreements: Strategic Policy Issues. Hrsg. Carraro, C., Cheltenham, S. 26-55.

Botteon, M./Carraro, C. (1997a), Environmental Coalitions with Heterogenous Countries: Burden-Sharing and Carbon Leakage. FEEM-Working Paper Nr. 24/98.

Brams, St./Taylor, A. (1996), Fair division. From Cake-cutting to Dispute Resolution, Cambridge 1996.

Bresnahan, T. (1981), Duopoly Models with Consistent Conjectures. In: American Economic Review 71, S. 934-945.

Buchanan, J./Tullock, G. (1975), Polluters Profits and Political Response: Direct Controls Versus Taxes. In: American Economic Review 59, S. 174-177.

Carraro, C./Moriconi, F. (1998), International Games on Climate Change Control, FEEM Working Paper 22/98.

Carraro, C./Siniscalco, D. (1993), Strategies for the International Protection of the Environment. In: Journal of Public Economics 53, S. 309-328.

Carraro, C./Siniscalco, D. (1997), R & D Cooperation and the Stability of International Environmental Agreements. In: International Environmental Agreements: Strategic Policy Issues. Hrsg. Carraro, C., Cheltenham 1997, S. 71-109.

Carraro, C./Siniscalco, D. (1998), International Institutions and Environmental Policy. International Environmental Agreements: Incentives and Political Economy. In: European Economic Review 42, S. 561-572.

Cesar, H./de Zeeuw, A. (1996), Issue Linkage in Global Environmental Problems. In: Economic Policy for the Environment and Natural Resources. Techniques for the Management and Control of Pollution. Hrsg. Xepapadeas, A., Cheltenham 1996, S. 158-173.

Chander, P./Tulkens, H. (1995), A Core-Theoretic Solution for the Design of Cooperative Agreements on Transfrontier Pollution. In: International Tax and Public Finance 2, S. 279-293.

Chander, P./Tulkens, Henry (1997), The Core of an Economy with Multilateral Environmental Externalities. In: International Journal of Game Theory 26, S. 379-401.

Chayes, A./Chayes, A. (1991), Adjustment and Compliance Processes in International Regulatory Regimes. In: Preserving the Global Environment. The Challenge of Shared Leadership. Hrsg. Tuchmann Mathews, J., London 1991, S. 280-308.

Clark, D./Jonathan, T. (1995), Probabilistic Voting, Campaign Contributions and Efficiency. In: American Economic Review 85, S.254-259.

Cline, W. (1991), Scientific Basis for the Greenhouse Effekt. In: The Economic Journal 101, S. 904-919.

Compte, O./Jehiel, P. (1997), International Negotiations and Dispute Resolution Mechanisms: The Case of Environmental Negotiations. In: International Environmental Agreements: Strategic Policy Issues, Hrsg. Carraro, C., Cheltenham 1997, S. 56-70.

Congleton, R. (1992), Political Institutions and Pollution Control. In: The Review of Economics and Statistics 74, S. 412-421.

Cornes, R./Sandler, T. (1984), The Theory of Public Goods: Non-Nash-Behaviour. In: Journal of Public Economics 23, S. 367-379.

Cornes, R./Sandler, T. (1985), On the Consistency of Conjectures with Public Goods. In: Journal of Public Economics 27, S. 125-129.

Cowling, E. (1982), Acid Precipitation in Historical Perspective. In: Environmental Science and Technology 16, S. 110A-123A.

Cropper, M./Oates, W. (1992), Environmental Economics: A Survey. In: Journal of Economic Literature 30, S. 675-740.

Currarini, S./Tulkens, H. (1997), Core-Theoretic and Political Stability of International Agreements on Transfrontier Pollution. CORE Diskussionspapier Nr. 9773.

Daly, H. (1990), Sustainable Development: From Concept and Theory to Operational Principles. Sonderband zu Population and Development Review 16, S. 25-43.

Daly, H./Townsend, K. (1993), Valuing the Earth. Economics, Ecology, Ethics, Cambridge 1993.

Damania, R. (1999), Political Competition, Rent Seeking and the Choice of Environmental Policy Instruments. In: Environmental and Resource Economics 13, S. 415-433.

Dasgupta, P./Mäler, K.-G. (1997), The Environment and Emerging Development Issues, Oxford 1997.

Deacon, R. (1998), Research Trend and Opportunities in Environmental and Natural Resource Economics. In: Environmental and Resource Economics 11, S. 383-397.

Dijkstra, B. (1999), The Political Economy of Environmental Policy. A Public Choice Approach to Market Instruments, Cheltenham 1999.

Dockner, E.J./Long, N.V. (1993), International Pollution Control: Cooperative versus Noncooperative Strategies. In: Journal of Environmental and Resource Economics 24, S. 13-29.

Dupont, C. (1994), Domestic Politics and International Negotiations: A Sequential Bargaining Model. In: Game Theory and International Relations. Hrsg. Allan, P./Schmidt, C., Cheltenham 1994, S. 156-190.

Dutschke, M./Michaelowa, A. (1998), Interest Groups and the Efficient Design of the Clean Development Mechanism under the Kyoto Protocol. Institut für Wirtschaftsforschung-Hamburg, HWWA-Diskussionspapier Nr. 58.

Ecchia, G./Mariotti, M: (1997), The Stability of International Coalitions with Farsighted Countries: Some Theoretical Observations. In: International Environmental Agreements: Strategic Policy Issues. Hrsg. Carraro, C., Cheltenham 1997, S. 172-192.

Ecchia, G./Mariotti, M: (1998), Coalition Formation in International Environmental Agreements and the Role of Institutions. In: European Economic Review 42, S. 573-582.

ECO, Newsletter des Climate Action Network. The State of Play, End of Week One... In: ECO Nr. 6, 1. Dezember 1997.

Eger, T. (1995), Eine ökonomische Analyse von Langzeitverträgen, Marburg 1995.

EMEP (1998), Transboundary Acidifying Air Pollution in Europe. MSC-W Status Report 1998 - Part 1, Blindern 1998.

Endres, A. (1993), Internationale Vereinbarungen zum Schutz der globalen Umweltressourcen – Der Fall proportionaler Emissionsreduktionen. In: Aussenwirtschaft 48, S. 51-76.

Endres, A./Finus (1998), Renegotiation-proof Equilibria in Bargaining over Global Emission Reductions. Does the Instrumental Framework Matter? In: Game Theory and the Environment. Hrsg. Hanley, N./Folmer, H., Oxford 1998, S. 135-164.

Eyckmans, J. et al. (1993), Efficiency and Distribution in Greenhouse Negotiations. In: KYKLOS 46, S. 363-397.

Eyckmans, J. (1997), Nash-Implementation of a Proportional Solution to International Pollution Control Problems. In: Journal of Environmental Economics and Management 33, S. 314-330.

Eyckmans, J. (1999), Strategy Proof Uniform Effort Sharing Schemes for Transfrontier Pollution Problems. In: Environmental and Resource Economics 14, S. 165-189.

Eyckmans, J./Tulkens, H. (1999), Simulating with RICE Coalitionally Stable Burden Sharing Agreements for the Climate Change Problem. Paper presented at the 9th annual congress of Environmental and Resource Economists in Oslo 1999.

Farrell, J./Maskin, E. (1989), Renegotiation in Repeated Games. In: Games and Economic Behavior 1, S. 327-360.

Finus, M./Rundshagen, B. (1998), Towards a Positive Theory of Coalition Formation and Endogenous Instrumental Choice in Global Pollution Control. In: Public Choice 96, 145-186.

Finus, M./Rundshagen, B. (1998a), Renegotiation-proof Equilibria in a Global Emission Game when Players are Impatient. In: Environmental and Resource Economics 12, S. 275-306.

Folmer, H. et al. (1993), Interconnected Games and International Environmental Problems. In: Environmental and Resource Economics 3, S. 313-335.

Frankhauser et al. (1998), Extensions and Alternatives to Climate Change Impact Valuation: On the Critique of IPCC Working Group III's Impact Estimates. In: Environment and Development Economics 3, S. 59-82.

Fredriksson, P. (1997), The Political Economy of Pollution Taxes in a Small Open Economy. In: Journal of Environmental Economics and Management 33, S. 44-58.

Friedman, J. (1977), Oligopoly and the Theory of Games, Amsterdam 1977.

Friedman, J. (1991), Game Theory with Applications to Economics, Oxford 1991.

Fudenberg, D./Tirole, J. (1995), Game Theory, London, 1995.

Gehring, T. (1996), Arguing und Bargaining in Internationalen Umweltverhandlungen. Überlegungen am Beispiel des Ozonschutzregime. In: Verhandeln und Argumentieren. Hrsg. v. Prittwitz, V., Opladen 1996, S. 207-238.

Golier, C. et al (2000), Scientific Progress and Irreversibility: An economic Interpretation of the ‚Precautionary Principle'. In: Journal of Public Economics 75, S. 229-253.

Grossman, G./Helpman, E. (1994), Protection for Sale. In: American Economic Review 84, S. 833-850.

Grossman, G./Helpman, E. (1995), Trade Wars and Trade Talks. In: Journal of Political Economy 103, S. 675-708.

Grubb, M. (1995), Seeking Fair Weather: Ethics and the International Debate on Climate Change. In: International Affairs 71, S. 463-497.

Haas, P. (1989), Do Regimes Matter? Epistemic Communities and Mediterranean Pollution Control. In: International Organization 43, S. 377-403.

Halkos, G. (1994), Optimal Abatement of Sulphur Emissions in Europe. In: Environmental and Resource Economics 4, S. 127-150.

Heal, G. (1992), International Negotiations on Emission Control. In: Structural Change and Economic Dynamics 3, S. 223-240.

Heal, G. (1994), Formation of International Environmental Agreements. In: Trade, Innovation, Environment. Hrsg. Carraro, C., Dordrecht 1994, S. 301-322.

Heister, J. (1997), Der internationale CO_2-Vertrag. Strategien zur Stabilisierung multilateraler Kooperation zwischen Souveränen Staaten, Tübingen 1997.

Helm, C. (1998), International Cooperation Behind the Veil of Uncertainty. The Case of Transboundary Acidification. Environmental and Resource Economics 12, S. 185-201.

Helm, C. (1999), Negotiations about Emission Allowances – The Effect of Trading. Paper presented at the Ninth Annual Conference of Environmental and Resource Economics, Oslo 25-27 Juli.

Hoel, M. (1990), Global Environmental Problem: The Effects of Unilateral Actions Taken by One Country. In: Journal of Environmental Economics and Management 20, S. 55-70.

Hoel, M. (1992), International Environmental Conventions: The Case of Uniform Reductions of Emissions.In: Environmental and Resource Economics 2, S. 141-159.

Hoel, M. (1997), Environmental Policy with Endogenous Plant Locations. In: Scandinavian Journal of Economics 99, S. 241-259.

Hoel, M. (1997a), CO_2 and the Greenhouse Effect: A Game-Theoretic Exploration. In: The Environment and Emerging Development Issues. Hrsg. Dasgupta, P./Mäler, K.-G., S. 339-367, Oxford 1997.

Hoel, M. (1997b), Coordination of Environmental Policy for Transboundary Environmental Problems? In: Journal of Public Economics 66, 199-224.

Hoel, M. (1998), Emission Taxes versus Other Environmental Policies. In: Scandinavian Journal of Economics 100, S. 79-104.

Hoel, M./Schneider, K. (1997), Incentives to Participate in an International Environmental Agreement. In: Environmental and Resource Economics 9, 153-170.

Hordijk, L. et al. (1990), Background to Acidification in Europe. In: The Rains Model of Acidification. Hrsg. Alcamo, J. et al., Dordrecht 1990, S. 31-60.

Hordijk, L. (1991), Use of the RAINS Model in Acid Rain Negotiations in Europe. In: Environmental Science and Technology 25, S. 596-603.

Iida, K. (1993), When and How Do Domestic Constraints Matter? In: Journal of Conflict Resolution 37, S. 403-426.

Iida, K. (1996), Involuntary Defection in Two-Level Games. In: Public Choice 89, S. 283-303.

IPCC (1996), Climate Changes 1995 - Economic and Social Dimensions of Climate Change. Contributions of Working Group III to the Second Assessment Report of the Intergovernmental Panel on Climate Change, Cambridge 1996.

Jachtenfuchs, M. (1990), The European Community and the Protection of the Ozone Layer. In: Journal of Common Market Studies 28, S. 261-277.

Kaneko, M. (1977), The Ratio Equilibrium and a Voting Game in a Public Goods Economy. In: Journal of Economic Theory 15, S. 123-136.

Keohane, R. (1983), The Demand for International Regimes. In: International Regimes. Hrsg. Krasner, S., Ithaca 1983, S. 141-171.

Kirchgässner, G. (1992), Ansatzmöglichkeiten zur Lösung europäischer Umweltprobleme. In: Aussenwirtschaft 47, S.55-77.

Klaassen, G. (1995), Trade-Offs in Sulphur Emission Trading in Europe. In: Environmental and Resource Economics 5, S. 191-219.

Klaassen, G. (1996), Acid Rain and Environmental Degradation: The Economics of Emission Trading, Cheltenham 1996.

Klemisch-Ahlert, M. (1995), International Environmental Negotiations with Compensation or Redistribution. Diskussionspapier, Universität-Gesamthochschule Siegen.

Klemisch-Ahlert, M. (1996), Bargaining in Economic and Ethical Environments, Berlin 1996.

Kreps, D. (1990), A Course in Microeconomic Theory, New York 1990.

Kverndokk, S. (1993), Global CO_2 Agreements: A Cost-Effective Approach. In: The Energy Journal Vol 14, S. 91-112.

Lammers (1988), Efforts to Develop a Protocol on Chlorfluorcarbons to the Vienna Convention for the Protection of the Ozone Layer, In: Hague Yearbook of International Law 1, S. 225-69.

Landsberg, C./Russel, H. (1971), International Environmental Problem – A Taxonomy. In: Science 172, S. 1307-1314.

Lax, D./Sebenius, J. (1986), The Manager as a Negotiator: Bargaining for Cooperation and Competitive Gain, New York 1993.

Levy, M. (1993), European Acid Rain: The Power of Tote-Board Diplomacy. In: Institutions for the Earth: Sources of Effective International Environmental Protection. Hrsg. Haas, P. M. et al., Cambridge 1993, S. 75-132.

Levy, M. et al. (1993), Improving Effectiveness of International Environmental Institutions. In: Institutions for the Earth: Sources of Effective International Environmental Protection. Hrsg. Haas, P. M. et al., Cambridge 1993, S. 397-426.

Levy, M. et al. (1995), The Study of International Regimes. In: European Journal of International Relations 1, S. 267-330.

Levy, P. (1999), Lobbying and International Cooperation in Tariff Setting. In: Journal of International Economics 47, S. 345-370.

Lutz (1993), Towards Improved Accounting for the Environment, World Bank, Washington D. C. 1993.

Mäler, K.-G. (1989), The Acid Rain Game. In: Valuation Methods and Policy Making in Environmental Economics. Hrsg. Folmer, H./van Ierland, E., Amsterdam 1989, S. 231-252.

Mäler, K.-G. (1990), International Environmental Problems. Oxford Review of Economic Policy 6, S. 80-108.

Mäler, K.-G. (1994), Acid Rain in Europe: A Dynamic Perspective on the Use of Economic Incentives. In: International Economics. Theories, Models and Applications to Climate Change, International Trade and Acidification. Hrsg. van Ierland, E., Cheltenham 1994, S. 351-372.

Mäler, K.-G./de Zeeuw, A. (1998), The Acid Rain Differential Game. In: Environmental and Resource Economics 12, S. 167-184.

Maloney, M./McCormick, R. (1982), A Positive Theory of Environmental Quality Regulation. In: Journal of Law and Economics 25, S. 99-123.

Markusen et al. (1995), Competition in Regional Environmental Policies when Plant Locations are Endogenous. In: Journal of Public Economics 56, 55-77.

Mas-Colell, A. et al. (1995), Microeconomic Theorie, New York 1995.

Mason, R./Swanson, T. (1997), The Impact of the Montreal Protocol: A Kuznets Curve Analysis of Ozone Depleting Substances, Mimeo.

Mintzer, I./Leonard, A. (1994), Visions of a Changing World. In: Negotiating Climate Change: The Inside Story of the Rio Convention. Hrsg. Mintzer, I./Leonanrd, A., Cambrigde 1994, S. 3-44.

Mo, J. (1994), The Logic of Two-Level Games with Endogenous Domestic Coalitions. In: Journal of Conflict Resolution 38, S. 402-422.

Montgomery, W. (1972), Markets in Licenses and Efficient Pollution Control Programs. In: Journal of Economic Theory 5, S. 395-418.

Moulin (1994), Serial Cost Sharing of Excludable Public Goods. In: Review of Economic Studies 61, S. 305-325.

Moulin, (1995), Cooperative Microeconomics. A Game-Theoretic Introduction, London 1995.

Mueller, D. (1989), Public Choice II. A Revised Edition of Public Choice, Cambridge 1989.

Murdoch, J. et al. (1997), A Tale of Two Collectives: Sulphur versus Nitrogen Oxides Emission Reductions in Europe. In: Economica 64, S. 281-301.

Na, S./Shin, H. (1998), International Environmental Agreements under Uncertainty. In: Oxford Economic papers 50, S. 173-185.

Nentjes, A./Dijkstra, B. (1994), The Political Economy of Instrument Choice in Environmental Policy. In: Environmental Standards in the European Union in an Interdisciplinary Framework. Hrsg. Faure, M. et al., Antwerpen 1994, S. 197-219.

Newbery, D. (1990), Acid Rain. In: Economic Policy 5, S. 297-346.

Nielson, B. (1998), Environmental Space as Applied to Acidifying Air Pollutants. In: Air Pollution and Climate Series No 9, The Svedish NGO Secretariat on Acid Rain, Göteborg 1998.

Nilsson, J./Grennefelt, P. (1988), Critical Loads for Sulphur and Nitrogen. In: Milljørapport 15.

Niskanen, W. (1971), Bureaucracy and Representative Democracy, Chicago 1971.

Nordhaus, W. D. (1991), To Slow or Not to Slow: The Economics of the Greenhouse Effect. In: The Economic Journal 101, S. 920-937.

Oberthür, S./ Singer, S. (1997), Die internationale Klimapolitik am Scheideweg. Ein Bericht über den Stand der Klimadebatte am Vorabend des entscheidenden Kyoto-Gipfels im Dezember 1997. Umweltstiftung WWF Deutschland Hintergrundinformation.

OECD (1998), OECD Economic Outlook, Paris, 1998.

OECD (1998a), Economic Modelling of Climate Change. OECD Workshop Report vom 17-18 September 1998.

Osborne, M. /Rubinstein, A. (1994), A Course in Game Theory, Cambridge.

Putnam, R. (1988), Diplomacy and Domestic Politics: the Logic of Two-Level Games. In: International Organization 42, S. 427-460.

Rangarajan, L. (1985), The Limitation of Conflict. A Theory of Bargaining and Negotiation, Beckenham 1985.

Rauscher, M. (1994), On Ecological Dumping. In: Oxford Economic Papers 46, S. 822-840.

Ringius, L. (1999), Differentiation, Leaders and Fairness: Negotiating Climate Commitments in the European Community. In: International Negotiation 4, S. 133-166.

Rose, A. (1990), Reducing Conflict in Global Warming. The Potential of Equity as a Unifying Principle. In: Energy Policy 18, S. 927-935.

Rose, A./Tietenberg, T. (1993), An international System of Tradable CO_2 Entitlements: Implications for Economic Development. In: Journal of Environment and Development 2, S. 1-36.

Rose, A. et al. (1998), International Equity and Differentiation in Global Warming Policy. In: Environmental and Resource Economics 12, S. 25-51.

Rothfels, J. (1997), Die Entstehung internationaler Umweltabkommen. Forschungsreihe des Instituts für Wirtschaftsforschung Halle Heft 8, S. 3-45.

Rowlands, I. (1993), The Fourth Meeting of the Parties to the Montreal Protocol: Report and Reflection. In: Environment 35, S. 25-34.

Rubinstein, A. (1982), Perfect Equilibrium in a Bargaining Model. In: Econometrica 50, S. 97-109.

Sand, P. (1991), International Cooperation: The Environmental Experience. In: Preserving the Global Environment. The Challenge of Shared Leadership. Hrsg. Tuchman Mathews, J., New York 1991, S. 236-279.

Schelling, Th. (1960), The Strategie of Conflict, London 1960.

Schwarze, R. (1998), Das Problem der „hot air" und ein Lösungsvorschlag im Rahmen internationaler Klimaschutzzertifikate, In: Zeitschrift für angewandte Umweltforschung 11, S. 401-406.

Sebenius, J. (1992), Challenging Conventional Explanations of International Cooperation: Negotiation Analysis and the Case of Epistemic Communities. In: International Organization 46, S. 323-365.

Sebenius, J. (1992a), Negotiation Analysis: A Characterization and Review. In: Management Science 38, S. 18-38.

Sebenius, J. (1994), Negotiating the Law of the Sea, Harvard 1994.

Shaw, R. et al. (1990), Strategy Development and Assessment Using RAINS. In: The Rains Model of Acidification. Hrsg. Alcamo, J. et al., Dordrechte 1990, S. 319-354.

Siebert, H. (1985), Spatial Aspects of Environmental Economics. In: Handbook of Natural Resource and Energy Economics Bd. 1. Hrsg. Kneese, A./Sweeny, J., Amsterdam 1985, S. 125-164.

Siebert, H. (1995), Economics of the Environment: Theory and Policy, Berlin 1995.

Spulber, D. F. (1985), Effluent Regulation and Long-run Optimality. In: Journal of Environmental Economics and Management 12, S. 103-116.

Stähler, F. (1996), Reflections on Multilateral Environmental Agreements. In: Economic Policy for the Environment and Natural Resources. Techniques for the Management and Pollution Control. Hrsg. Xepapadeas, A., Cheltenham 1996, S. 174-196.

Stieger, R. (1995), Internationaler Umweltschutz. Eine politisch-ökonomische Analyse der Verträge zum Schutz der Ozonschicht, Bern 1995.

Taylor Gaubatz, K. (1996), Democratic States and Commitment in International Relations. In: International Organization 50, S. 109-139.

Tietenberg, T. (1995), Tradable Permits for Pollution Control, when Emission Location Matters: What have We Learned? In: Environmental and Resource Economics 5, S. 95-113.

Torvanger, A./Godal, O. (1999), A Survey of Differentiation Methods for National Greenhouse Gas Reduction Targets, CICERO Report to the Nordic Council of Ministers 1999:5.

Tulkens, H. (1998), Cooperation versus Free-riding in International Environmental Affairs: Two Approaches. In: Game Theory and the Environment. Hrsg. Hanley, N./Folmer, H., Cheltenham 1998, S. 30-44.

Ulph, A. (1994), Environmental Policy, Plant Location and Government Protection. In: Trade, Innovation, Environment. Hrsg. Carraro, C./Siniscalco, D., Dordrecht 1994, S. 123-163.

Ulph, A./Ulph, D. (1996), Who Gains from Learning about Global Warming? In: Economics of Atmospheric Pollution. Hrsg. van Ierland, E./Górka, K., Berlin, S. 31-67.

Ulph, A. (1997), International Environmental Regulation when Governments act strategically. In: The Economic Theory of Environmental Policy in a Federal System. Hrsg. Braden, J./Proost, S., Cheltenham 1997, S. 66-96.

Ulph, A./Maddison, D. (1997), Uncertainty, Learning and International Policy Coordination. In: Environmental and Resource Economics 9, S. 451-466.

Ulph, A. (1999), Harmonization and Optimal Environmental Policy in a Federal System with Asymmetric Information. In: Journal of Environmental and Economics and Management 39, S. 224-241.

Umwelt, Eine Information des Bundesumweltministeriums. Diverse Ausgaben von 1997 bis 1999.

UN/ECE (1991), Report by the Working Group on Abatement Strategies: The Critical Load Concept and the Role of the Best Available Technology and Other Approaches, EB.AIR/WG.5/R. 24/Rev.1.

UN/ECE (1992), Integrated Assessment Modelling. Progress report by the Chairman of the Task Force, EB.AIR/WG.5/R. 27.

UN/ECE (1992a), Second Generation Abatement Strategies for SO_2, NO_x, NH_3 and VOC, EB.AIR/WG.5/R.32.

UN/ECE (1993), Economic Aspects of Abatement Strategies. Progress Report by the Chairman of the Task Force, EB.AIR/WG.5/R.41.

UN/ECE (1993a), Integrated Assessment Modelling. Progress report by the Chairman of the Task Force, EB.AIR/WG.5/R. 35.

UN/ECE (1993b), Integrated Assessment Modelling. Progress report by the Chairman of the Task Force, EB.AIR/WG.5/R. 38.

UN/ECE (1994), Protokoll to the 1979 Convention on Long-Range Transboundary Air Pollution on Further Reduction of Sulphur Emissions, ECE/EB./AIR/40.

UN/FCCC (1995), Report of the Conference of the Parties on its First Session, Held at Berlin from 28 March to 7 April 1995, FCCC/CP/7/Add. 1.

UN/FCCC (1997), Kyoto Protocol to the United Nations Convention on Climate Change.

UN/FCCC (1998), Review of the Implementation of Commitments and of other Provisions of the Convention, FCCC/CP./1998/11/Add. 2.

UN/FCCP (1999), Report of the Conference of the Parties on its fifths session held at Bonn from 25 October to 5 November 1999, UN/FCCP/CP/1999/6/Add 1.

UNEP (1997), Report of the tenth Meeting of the Parties to the Montreal Protocol on Substances that deplete the Ozone Layer, UNEP/OzL.Pro.9/12, 25 September 1997.

UNEP (1998), Report of the tenth Meeting of the Parties to the Montreal Protocol on Substances that deplete the Ozone Layer, UNEP/OzL.Pro.10/9, 3 December 1998.

van der Ploeg, F./de Zeeuw, A. (1992), International Aspects of Pollution Control. In: Environmental and Resource Economics 2, S. 117-139.

van Velthoven, B. (1989), The Endogenization of Government Behaviour in Macroeconomic Models, Berlin 1989.

Verbruggen, H./Jansen, H. (1997), International Coordination of Environmental Policies. In: Principles of Environmental and Resource Economics. Hrsg. Folmer, H. et al., Cheltenham 1997, S. 228-252.

Verdroß, A./Simma, B. (1984), Universelles Völkerrecht. Theorie und Praxis, Berlin 1984.

von Weizäcker, C./Welsch, H. (1991), International Arrangements for Transfrontier Air Pollution. In: Environmental Scarcity: The International Dimension. Hrsg. Siebert, H., Tübingen 1991, S. 117-134.

Weimann, J. (1995), Umweltökonomik: Eine theorieorientierte Einführung, Berlin 1995.

Welsch, H. (1993), An Equilibrium Framework for Global Pollution Problems. In: Journal of Environmental Economics and Management 25, S. 64-79.

Welsch, H. (1993a), A CO_2 Agreement Proposal with Flexible Quotas. In: Energy Policy 21, S. 748.756.

Welsch, H. (1995), Incentives for forty-five Countries to join Various Forms of Carbon Reduction Agreements. In: Resource and Energy Economics 17, S. 213-237.

Wolf, A. (1997), In: Quotas in International Environmental Agreements, London 1997.

Xepapadeas, A. (1997), Advanced Principles in Environmental Economics, Cheltenham 1997.

Young, O. (1989), The Politics of International Regime Formation: Managing Natural Resources and the Environment. In: International Organization 43, S. 349-375.

Young, O. (1991), Political Leadership and Regime Formation: On the Development of Institution in International Society. In: International Organization 45, S. 281-308.

Young, O./Osherenko, G. (1993), International Regime Formation: Findings, Research Priorities, and Applications. In: Polar Politics. Creating International Environmental Regimes. Hrsg. Young, O./Osherenko, G., Ithaca, S. 223-262.

Young, P. (1994), Equity: in Theory and Practice, Princeton 1994.

Zeckhauser, R. (1981), Preferred Policies When there is a Concern for Probability of Adoption. In: Journal of Environmental Economics and Management 8, S. 215-237.

Zylicz, T. (1994), Improving the Environment through Permit Trading: The Limits to the Market Approach. In: International Environmental Economics. Theories, Models and Applications to Climate Change, International Trade and Acidification. Hrsg. van Ierland, E., Amsterdam 1994, S. 283-306.

Zylicz, T. (1995), Goals, Principles and Constraints in Environmental Policies. In: Principles of Environmental and Resource Economics. Hrsg. Folmer, H. et al., Cheltenham 1995, S. 155-176.

Sachregister

Schriften zur angewandten Wirtschaftsforschung

Alphabetische Übersicht

Albert, Max: Das Faktorausgleichstheorem. 1994. *Band 62.*

Bauer, Antonie: Der Treibhauseffekt. 1993. *Band 60.*

Belke, Ansgar: Politische Konjunkturzyklen in Theorie und Empirie. 1996. *Band 73.*

Bergen, Volker: Theoretische und empirische Untersuchungen zur längerfristigen Geldnachfrage in der Bundesrepublik Deutschland (1950-1967). 1970. *Band 27.*

Biehler, H. (Hrsg.): Arbeitsmarktstrukturen und -prozesse. 1981. *Band 41.*

Blum, Reinhard: Soziale Marktwirtschaft. 1969. *Band 18.*

Böhm, Volker: Preise, Löhne und Beschäftigung. 1980. *Band 38.*

Brüning, Hans: Wohlfahrtseffekte einer Zollunion. 1969. *Band 24.*

Bünning, Hans-Helmut: Bestimmungsgründe von Preisniveauänderungen. 1982. *Band 45.*

Buttler, Friedrich: Entwicklungspole und räumliches Wirtschaftswachstum. 1973. *Band 30.*

Erlei, Mathias: Institutionen, Märkte und Marktphasen. 1998. *Band 79.*

Fikentscher, Wolfgang / Moritz, Peter: Die Auswirkungen deutscher Direktinvestitionen in Entwicklungsländern auf Produktion und Beschäftigung in der Bundesrepublik Deutschland. 1980. *Band 39.*

Friedrich, Peter: Volkswirtschaftliche Investititonskriterien für Gemeindeunternehmen. 1969. *Band 22.*

Gahlen, Bernhard: Die Überprüfung produktionstheoretischer Hypothesen für Deutschland 1850-1913. 1968. *Band 19.*

Gahlen, B.(Hrsg): Wachstumszyklen und Einkommensverteilung. 1974. *Band 31.*

– Strukturtheorie und Strukturforschung. 1992. *Band 58.*

Gawel, Erik: Umweltallokation durch Ordnungsrecht. 1994. *Band 65.*

Gerhäusser, Klaus: Preisniveau und Preisstruktur. 1988. *Band 53.*

Graff, Michael: Finanzielle Entwicklung und reales Wirtschaftswachstum. 2000. *Band 87.*

Gries, Thomas: Wachstum, Humankapital und die Dynamik der komparativen Vorteile. 1995. *Band 68.*

Hagedorn, Konrad: Das Institutionenproblem in der agrarökonomischen Politikforschung. 1996. *Band 72.*

Hardes, Heinz-Dieter: Arbeitsmarktstrukturen und Beschäftigungsprobleme im internationalen Vergleich. 1981. *Band 44.*

Heidhues, Franz: Zur Theorie der internationalen Kapitalbewegungen. 1969. *Band 23.*

Helmstädter, E. et al.: Die Input-Output-Analyse als Instrument der Strukturforschung. 1983. *Band 46.*

Helmstädter, E. (Hrsg.): Die Bedingungen des Wirtschaftswachstums in Vergangenheit und Zukunft. Gedenkschrift für Walther G. Hoffmann. 1984. *Band 50.*

Hesse, Helmut: Der Außenhandel in der Entwicklung unterentwickelter Länder unter besonderer Berücksichtigung Lateinamerikas. 1961. *Band 3.*

– Strukturwandlungen im Welthandel 1950-1960/61. 1967. *Band 9.*

Hiemenz, Ulrich / Rabenau, Kurt von: Effektive Protektion. 1973. *Band 32.*

Hoffmann, Lutz: Importsubstitution und wirtschaftliches Wachstum in Entwicklungsländern. 1970. *Band 25.*
Hoffmann, Walther G.: Die branchenmäßige Lohnstruktur der Industrie. 1961. *Band 2.*
Hoffmann, Walther G. / Müller J. Heinz: Das deutsche Volkseinkommen 1851-1957. 1959. *Band 1.*
Hoffmann, W.G. (Hrsg.): Textilwirtschaft im Strukturwandel. 1966. *Band 10.*
– Beiträge zur Wachstumstheorie. 1969. *Band 14.*
– Untersuchungen zum Wachstum der deutschen Wirtschaft. 1971. *Band 26.*
Illing, Gerhard: Neue Keynesianische Makroökonomie. 1992. *Band 56.*
Jäger, Manfred: Ökonomische Konsequenzen der Zuwanderung. 1999. *Band 84.*
Jerger, Jürgen: Nachfragesteuerung, Lohnbildung und Beschäftigung. 1999. *Band 82.*
Jochem, Axel / Sell, Friedrich L.: Währungspolitische Optionen für die Mittel- und Osteuropäischen Beitrittskandidaten zur EU. 2001. *Band 88.*
Joksch, H. C.: Lineares Programmieren. [2]1965. *Band 4.*
Jungblut, Stefan: Wachstumsdynamik und Beschäftigung. 1999. *Band 81.*
Klaus, Joachim: Preisniveau und Wirtschaftswachstum. 1969. *Band 15.*
Klement, Dieter: Strukturwandlungen des Kapitalstocks nach Anlagearten in Deutschland seit der Mitte des 19. Jahrhunderts. 1967. *Band 12.*
Klump, Rainer: Geld, Währungsreform und optimales Wachstum. 1993. *Band 59.*
Knorring, Ekkehard von: Die Berechnung makroökonomischer Konsumfunktionen für Deutschland 1851-1913. 1970. *Band 29.*
Kohler, Wilhelm K.: Faktorproportionen und Internationaler Handel. 1988. *Band 52.*
Kromphardt, Jürgen: Strukturwandel und Einkommensverteilung. 1969. *Band 16.*
Küppers, Markus: Banken in der geldpolitischen Transmission. 2000. *Band 86.*
Läufer, Nikolaus K.A.: Geldangebot. 1994. *Band 64.*
Lang, Günter: Globaler Klimawandel und Agrarsektor. 1999. *Band 80.*
Leipert, Christian: Unzulänglichkeiten des Sozialprodukts in seiner Eigenschaft als Wohlstandsmaß. 1975. *Band 34.*
Lindlar, Ludger: Das mißverstandene Wirtschaftswunder. 1997. *Band 77.*
Markl, Rainer: F&E-Kooperationen. 1996. *Band 76.*
Maußner, Alfred: Monopolistische Preisbildung und Nachfrageerwartungen in makroökonomischen Modellen. 1992. *Band 57.*
Meckl, Jürgen: Investitionsdynamik und strukturelle Anpassung in offenen Volkswirtschaften. 1994. *Band 66.*
Menkhoff, Lukas: Spekulative Verhaltensweisen auf Devisenmärkten. *1995. Band 67.*
Meyer, Bernd: Relative Preise, Produktionsstruktur und Konjunktur. 1981. *Band 42.*
Meyer, Dirk: Technischer Fortschritt im Gesundheitswesen. 1993. *Band 61.*
Meyne, Ilka: Allokations- und Verteilungsregeln in internationalen Umweltabkommen. 2002. *Band 89.*
Möller, Herbert: Ökonometrische Untersuchung zur Bestimmung von Geldmenge, Kreditvolumen und Zinssatz in der Bundesrepublik. 1978. *Band 36.*
Michaelis, Jochen: Zur Ökonomie von Entlohnungssystemen. 1998. *Band 78.*
Nachtkamp, Hans H.: Der kurzfristige optimale Angebotspreis der Unternehmen bei Vollkostenkalkulation und unsicheren Nachfrageerwartungen. 1969. *Band 21.*
Neuberger, Doris: Kreditvergabe durch Banken. 1994. *Band 63.*

Oberender, Peter: Marktdynamik und internationaler Handel. 1988. *Band 49.*
Plath, Friedhelm: Nutzen-Kosten-Analyse für Städtische Verkehrsobjekte. 1977. *Band 35.*
Preuße, Heinz Gert: Handelspessimismus – alt und neu. 1991. *Band 55.*
Rahmeyer, Fritz: Sektorale Preisentwicklung in der Bundesrepublik Deutschland 1951-1977. 1983. *Band 48.*
Ringel, Johannes: Geldtheoretische Ansätze im Lichte der modernen Wissenschaftstheorie. 1970. *Band 28.*
Rühmann, Peter: Der Einfluß der Geldmengenentwicklung auf den Konjunkturverlauf. 1980. *Band 40.*
Rußig, Volker: Siedlungsstruktur im Stadt-Umland. 1979. *Band 37.*
Sautter, Hermann: Regionalisierung und komparative Vorteile im internationalen Handel. 1983. *Band 47.*
Scheele, Erwin: Einkommensverteilung und Wirtschaftswachstum. 1965. *Band 7.*
Schneider, Helmut: Der Einfluß der Steuern auf die unternehmerischen Investitionsentscheidungen. 1964. *Band 6.*
– Das allgemeine Gleichgewicht in der Marktwirtschaft. 1969. *Band 17.*
Schohl, Frank: Die markttheoretische Erklärung der Konjunktur. 2000. *Band 83.*
Schulenburg, J.-Matthias v.d.: Systeme der Honorierung frei praktizierender Ärzte und ihre Allokationswirkungen. 1981. *Band 43.*
– Selbstbeteiligung. 1987. *Band 51.*
Schweckendiek, Dieter: Die Trennung der Struktur- von den Konkurrenzeffekten. 1967. *Band 8.*
Siebert, Horst: Zur Theorie des regionalen Wirtschaftswachstums. 1967. *Band 11.*
Strassl, Wolfgang: Externe Effekte auf Versicherungsmärkten. 1988. *Band 54.*
Tangermann, Stefan: Gemeinsame Agrarpreispolitik und nationale Wirtschaftspolitik in der EWG. 1974. *Band 33.*
Thimann, Christian: Aufbau von Kapitalstock und Vermögen in Ostdeutschland. 1996. *Band 74.*
Thül, Reinhard: Ein interregionales Programmierungsmodell für die Westfälische Zementindustrie. 1968. *Band 13.*
Thum, Marcel: Netzwerkeffekte, Standardisierung und staatlicher Regulierungsbedarf. 1995. *Band 71.*
Vaal, Jürgen: Technischer Fortschritt und Faktorsubstitution in der westdeutschen Textilindustrie 1950-1965. 1969. *Band 20.*
Weichenrieder, Alfons J.: Besteuerung und Direktinvestition. 1995. *Band 70.*
Wellisch, Dietmar: Dezentrale Finanzpolitik bei hoher Mobilität. 1995. *Band 69.*
Winker, Peter: Rationierung auf dem Markt für Unternehmenskredite in der BRD. 1996. *Band 75.*